FadenKUNST

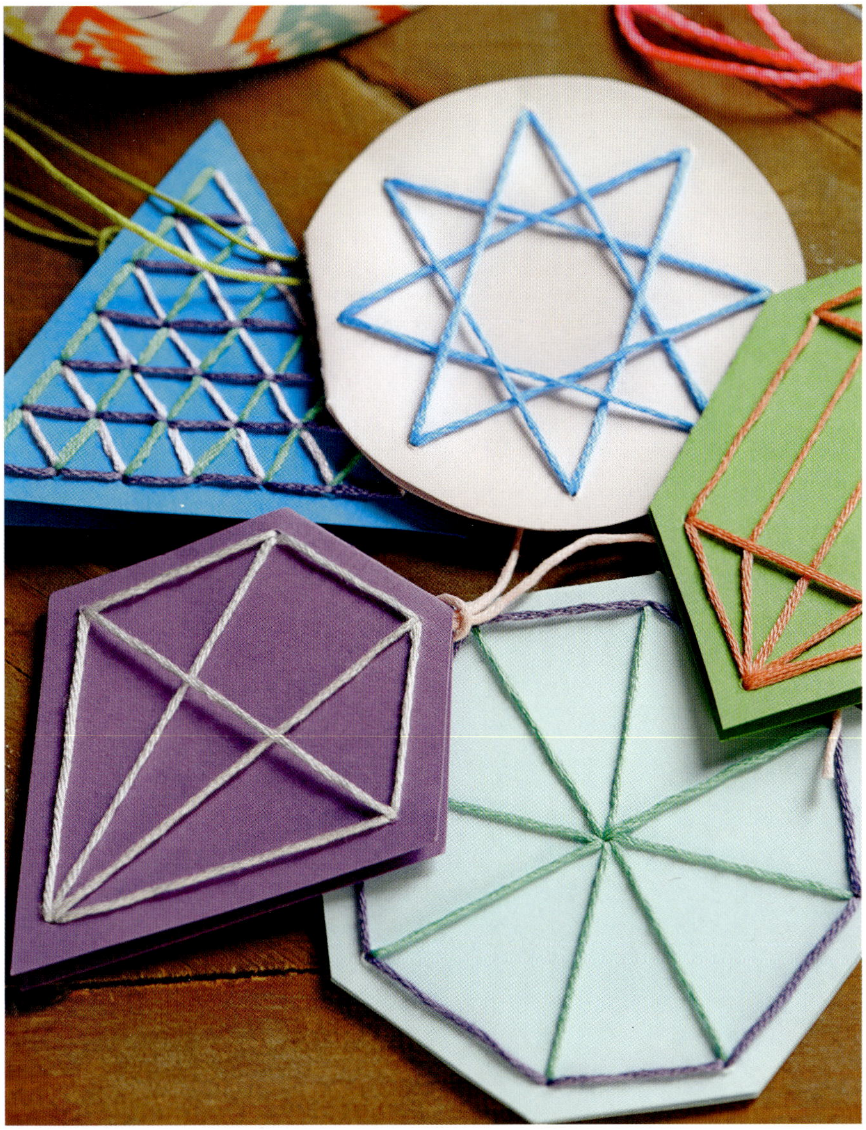

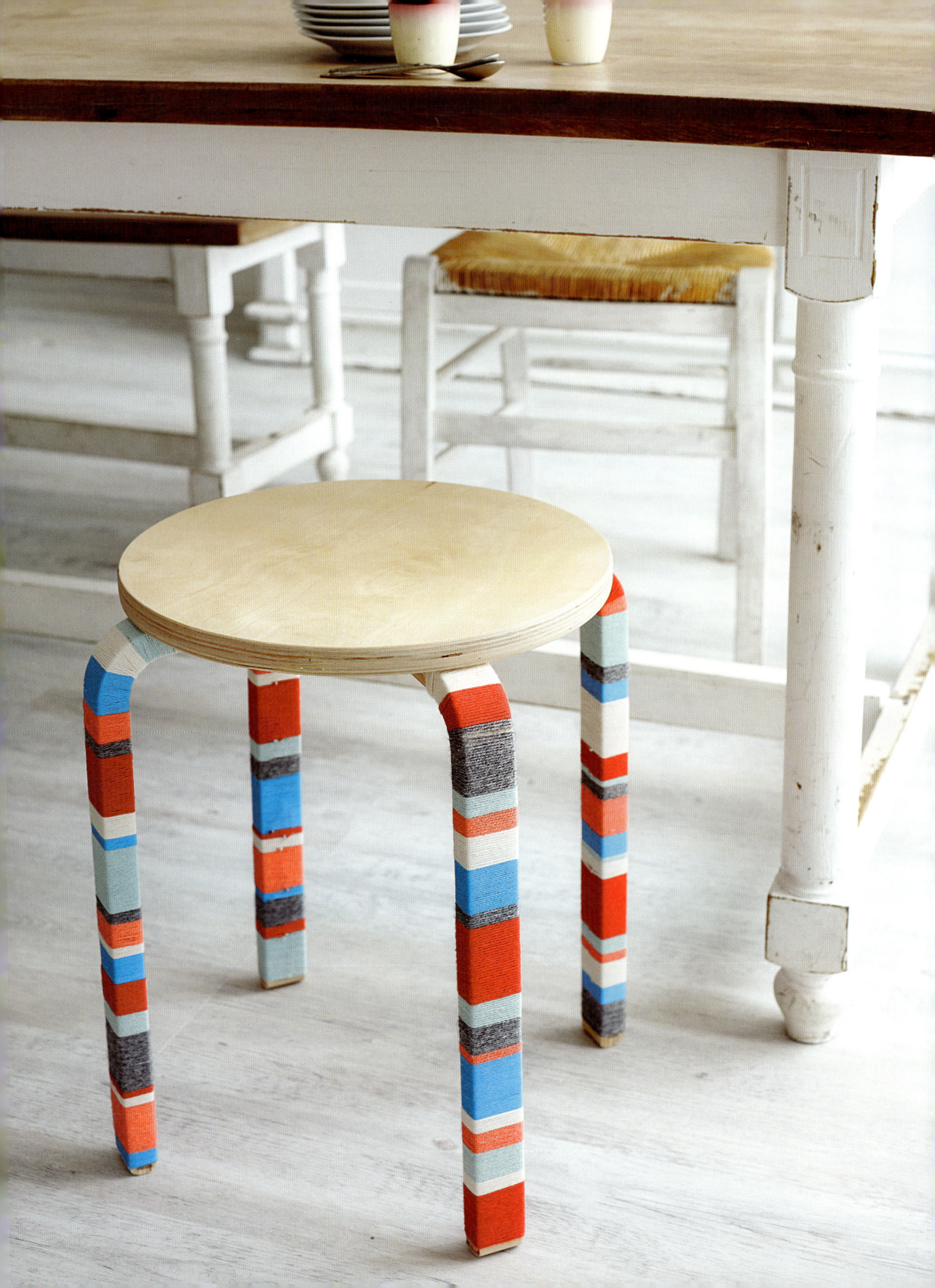

Faden**KUNST**

35 FANTASTISCHE PROJEKTE – UMWICKELT, GESCHLUNGEN ODER BESTICKT

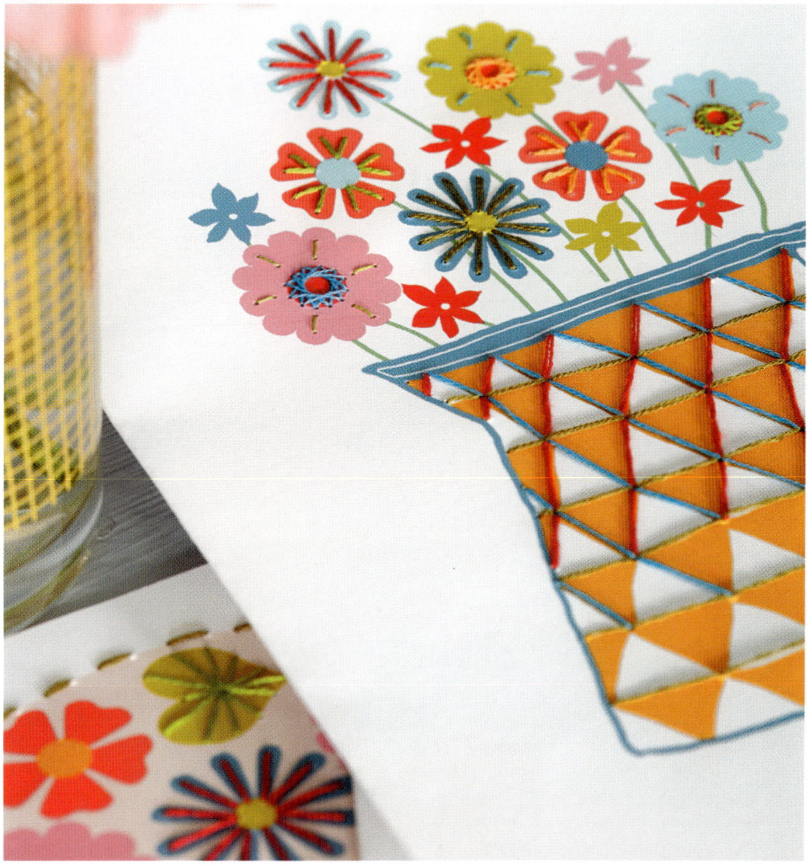

LUCY HOPPING

LEOPOLD STOCKER VERLAG
GRAZ – STUTTGART

Umschlaggestaltung: DSR Werbeagentur Rypka GmbH,
A-8143 Dobl, www.rypka.at

Titelbild: Jo Henderson
Bildnachweis: Jo Henderson

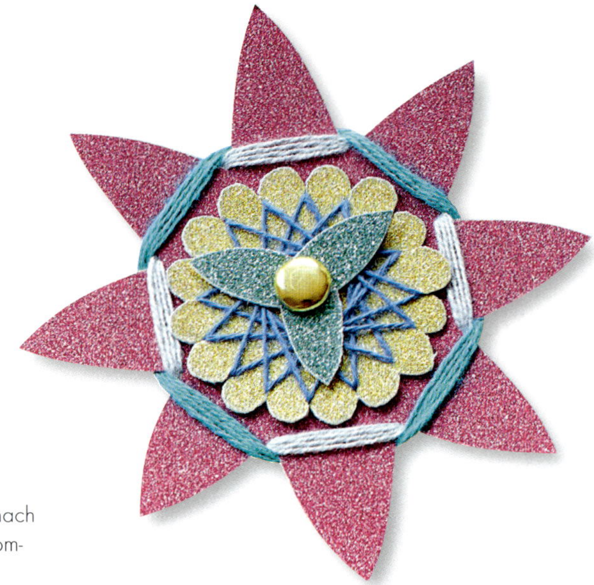

Titel der englischen Originalausgabe: Lucy Hopping: Stringcraft. Create 35 fantastic Projects by winding, looping, and stitching with string.

Aus dem Englischen ins Deutsche übertragen von
Dr. Claudia Tancsits.

Bibliografische Information der Deutschen Nationalbibliothek
Die Deutsche Nationalbibliothek verzeichnet diese Publikation in der Deutschen Nationalbibliografie; detaillierte bibliografische Daten sind im Internet unter http://dnb.d-nb.de abrufbar.

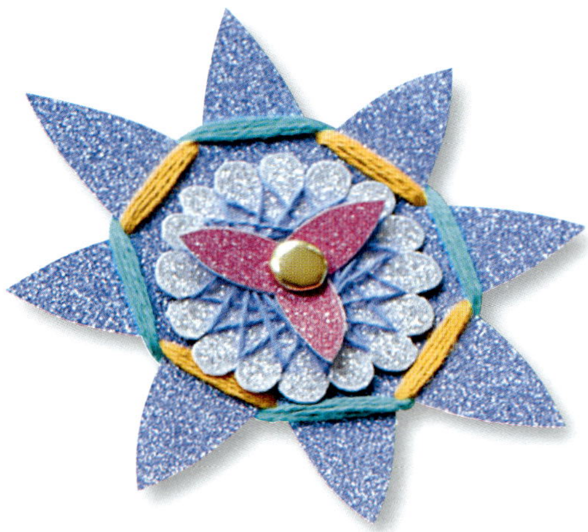

Hinweis: Dieses Buch wurde auf chlorfrei gebleichtem Papier gedruckt. Die zum Schutz vor Verschmutzung verwendete Einschweißfolie ist aus Polyethylen chlor- und schwefelfrei hergestellt. Diese umweltfreundliche Folie verhält sich grundwasserneutral, ist voll recyclingfähig und verbrennt in Müllverbrennungsanlagen völlig ungiftig.

Auf Wunsch senden wir Ihnen gerne kostenlos unser
Verlagsverzeichnis zu:
Leopold Stocker Verlag GmbH
Hofgasse 5/Postfach 438
A-8011 Graz
Tel.: +43 (0)316/82 16 36
Fax: +43 (0)316/83 56 12
E-Mail: stocker-verlag@stocker-verlag.com
www.stocker-verlag.com

ISBN 978-3-7020-1660-9

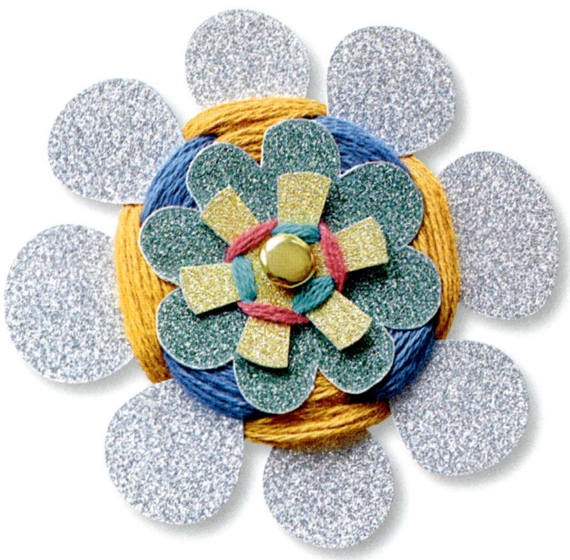

Printed in China

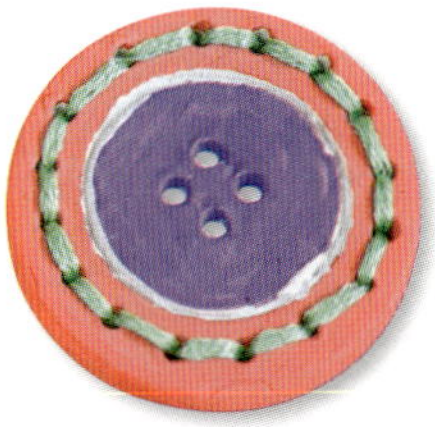

Inhalt

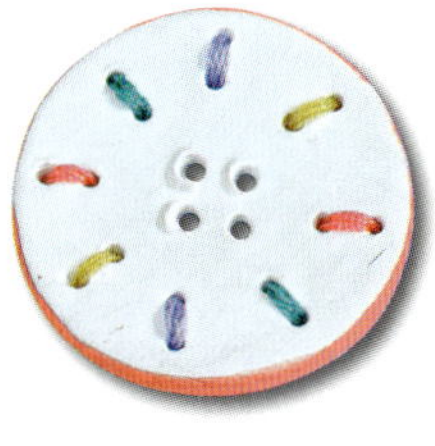
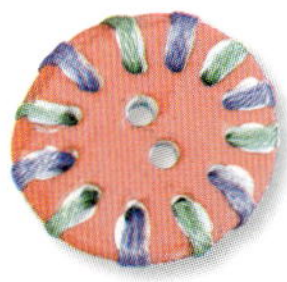
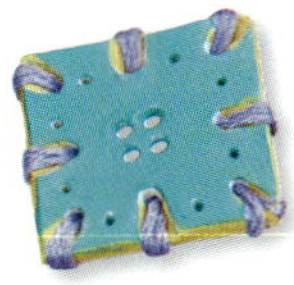

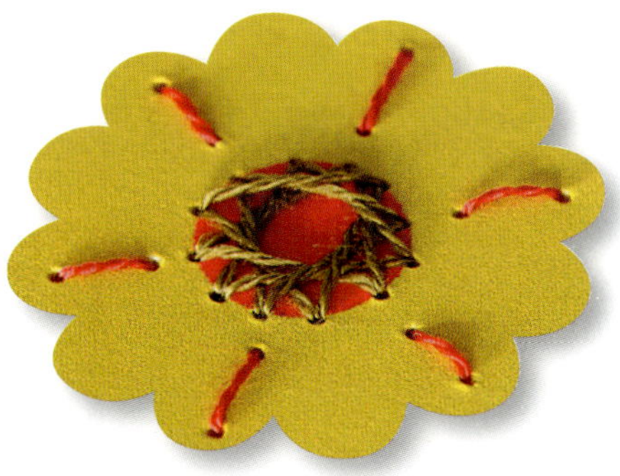

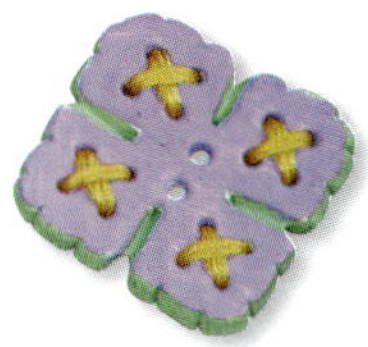

Einleitung

Retro liegt im Trend, textiles Gestalten ist in! Eine halb vergessene Handarbeitstechnik nach der anderen wird wieder hervorgeholt, und auch die Fadenkunst wird gerade neu entdeckt und dem heutigen Geschmack angepasst. Dieses Buch präsentiert die einst so beliebte Technik im zeitgemäßen Gewand – vergessen Sie die orange-braunen Wirbelmuster, die Ihnen vielleicht von früher in Erinnerung sind. Hippe Zufallsmuster aus geometrischen Formen, verblüffende Schattierungseffekte in trendigen Farbkombinationen und jede Menge neue Einsatzmöglichkeiten für die gute, alte Fadenkunst bieten Ihrer kreativen Fantasie ein reiches Betätigungsfeld. Einen prächtigen Wandschmuck oder Wohntextilien für Ihr Zuhause, zierlichen Modeschmuck, originelle Grußkarten und vieles mehr können Sie mithilfe der Fadenkunst gestalten.

Das erste Mal wurde diese faszinierende Technik von der Mathematikerin und Pädagogin Mary Everest Boole (1832–1916) eingesetzt. Durch die Darstellung von Kurven mithilfe von geraden Linien – den Spannfäden – wollte sie Kindern mathematische Zusammenhänge wie die Bézier-Kurve nahebringen. Später, in den 1970er-Jahren, waren „Fadenbilder" der letzte Schrei. Zwischen Stecknadeln oder Nägeln gespannte, lagenweise übereinander angeordnete Fäden wurden zu aufwändigen Bildern und Mustern, die sich heute ihren Platz in der topmodern eingerichteten Wohnung zurückerobern. Bei gestickten Fadenbildern sind die optischen Effekte die gleichen; statt Fäden um Nägel oder Nadeln zu spannen, werden Linien auf einen Untergrund aus Stoff, Karton oder Papier gestickt.

In Kapitel 1 erfahren Sie, wie Sie die Fadenkunst einsetzen können, um Ihre vier Wände schön und fantasievoll zu gestalten. Eindrucksvolle Wandskulpturen aus Treibholz oder leicht verwitterten Holzpaletten geben der nostalgischen Handarbeitstechnik eine neue Dimension; geeignetes Material finden Sie, wenn Sie beim Wandern oder einem Stadtspaziergang die Augen offenhalten! An stylischen Tischsets (Seite 44), einem Lampenschirm mit Retro-Muster (Seite 20) oder einem flippigen Papierkorb (Seite 51) können Sie Ihr Talent im Sticken erproben.

In Kapitel 2 geht es um Schmuck und „tragbare" Accessoires. Bestickte hölzerne Broschen (Seite 64) geben Ihrem alltäglichen Outfit das gewisse pfiffige Etwas; die Einkaufstasche mit dem schaurig-schönen Stickmotiv auf Seite 69 ist ein Hingucker der besonderen Art.

Das dritte und letzte Kapitel beschäftigt sich mit der „Kunst des Schenkens" und stellt eine ganze Sammlung kleinerer Projekte vor, die für Einsteiger wie geschaffen sind. Die farbenfrohen Buchstaben (Seite 84) sind genau das Richtige für ein Kinderzimmer, bunte Notizbücher (Seite 82) beleben den grauen Arbeitsalltag und eine bestickte Grußkarte (Seite 94) eignet sich für jeden feierlichen Anlass.

Die Projekte sollen Sie auf den Geschmack bringen und Ihnen die Fadenkunst in ihrer ganzen Vielfalt präsentieren. Je nach Schwierigkeitsgrad ist jedes Projekt mit einem, zwei oder drei Sternen versehen. Wenn Sie die einfachen Ein-Stern-Projekte gemeistert haben, können Sie zu den Arbeiten mit zwei oder drei Sternen übergehen. Danach wissen Sie genug, um die „neue, alte" Technik in eigenen Entwürfen anzuwenden. Viel Erfolg!

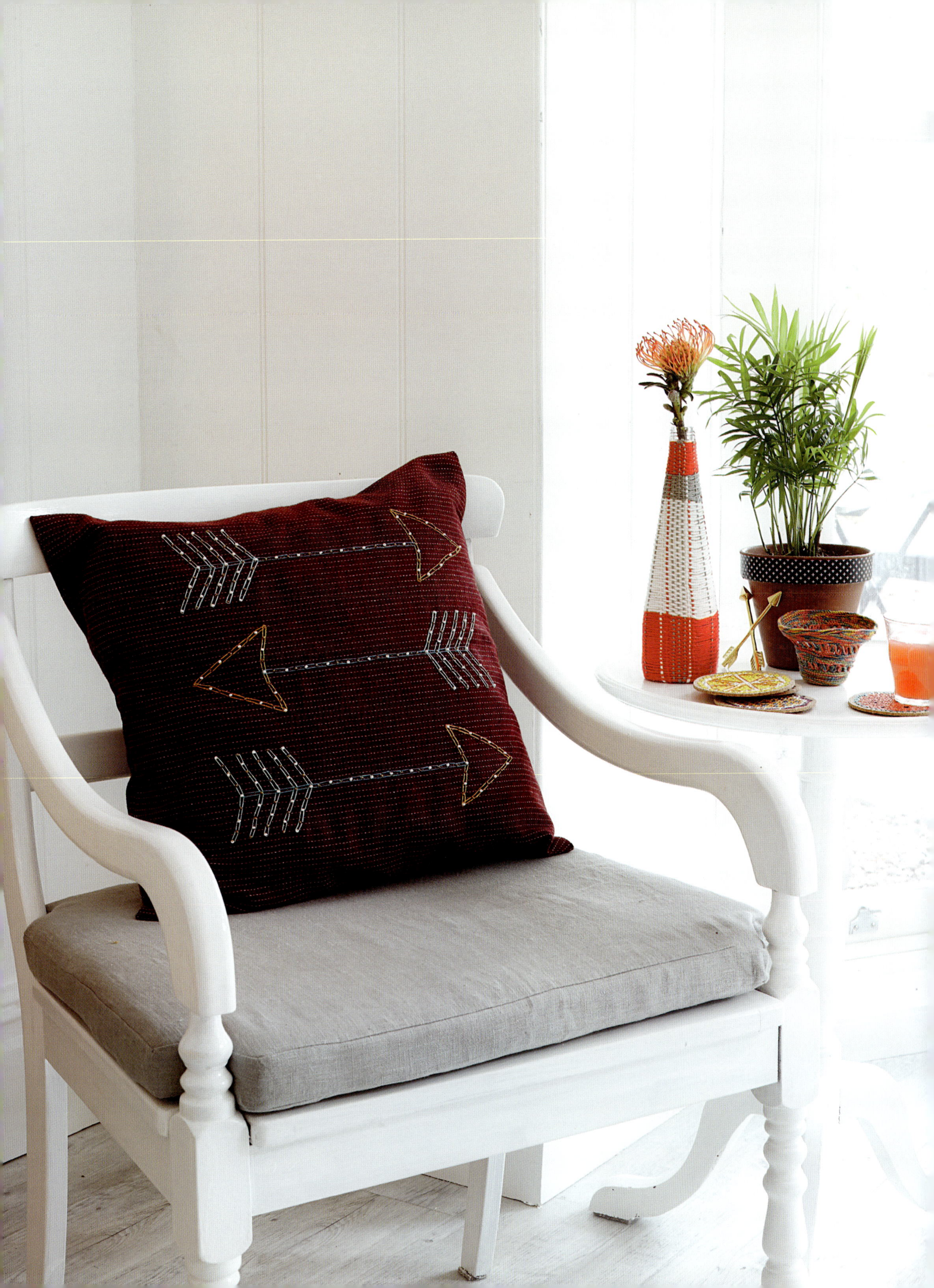

Arbeitstechniken

Vorstich, Spannstich

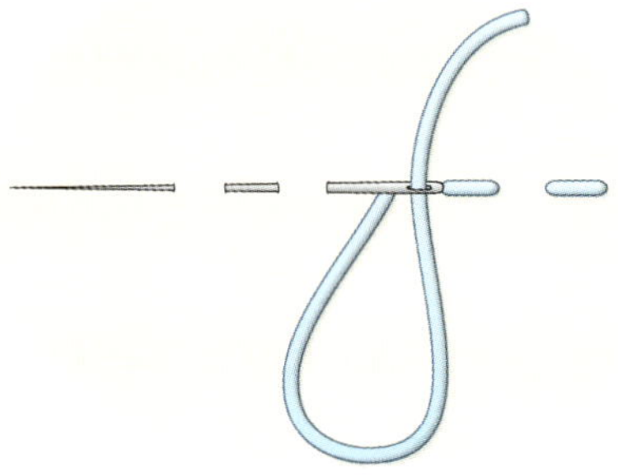

Beim **Vorstich** das Fadenende mit einigen kleinen Stichen sichern, die Nadelspitze durch den Stoff abwärts und eine Stichlänge nach vorne führen, dann durch den Stoff wieder an die Oberseite und nochmals eine Stichlänge nach vorne führen. Diese Schritte wiederholen, sodass eine Reihe von Stichen mit gleicher Länge und gleichem Abstand entsteht. Ein **Spannstich** ist ein auf dieselbe Weise gearbeiteter Einzelstich. Er kann beliebig lang sein und in einem beliebigen Winkel verlaufen.

Überwendlingsstich

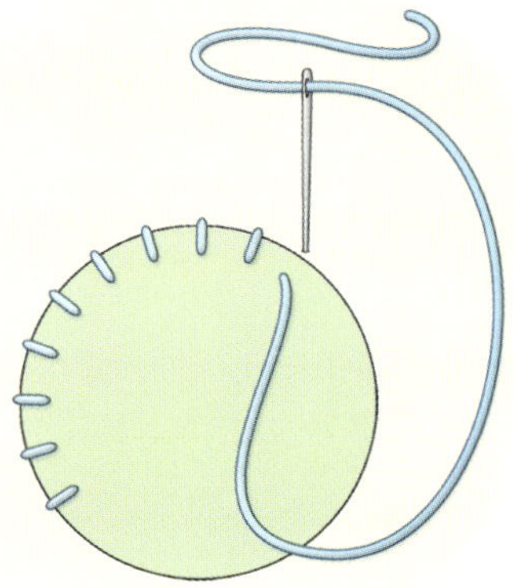

Wenn Spannstiche über eine Kante gearbeitet werden (siehe Abbildung), bezeichnet man sie als Überwendlingsstiche.

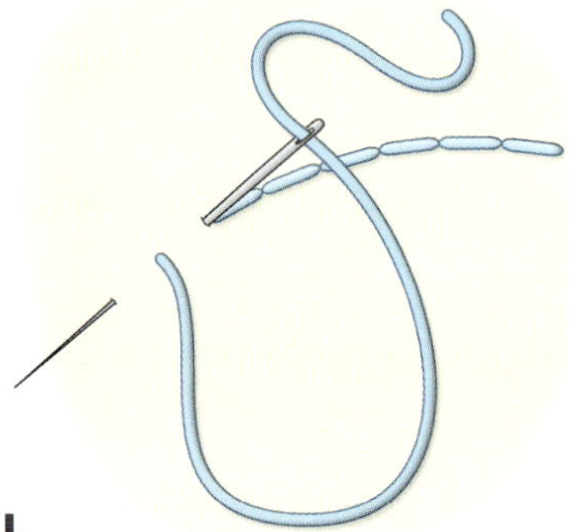

Rückstich

Wie beim Vorstich beginnen. Einen Stich nähen und die Nadel durch den Stoff wieder an die Oberseite führen, um den zweiten Stich zu arbeiten. Dieses Mal die Nadel nicht nach vorne, sondern nach rückwärts führen und am Ende des ersten Stiches durch den Stoff abwärts stechen, dann eine Stichlänge nach der letzten Ausstichstelle den Faden wieder an die Oberseite führen. Diese Schritte wiederholen, sodass eine lückenlose Reihe gleich langer Stiche entsteht, die einander berühren.

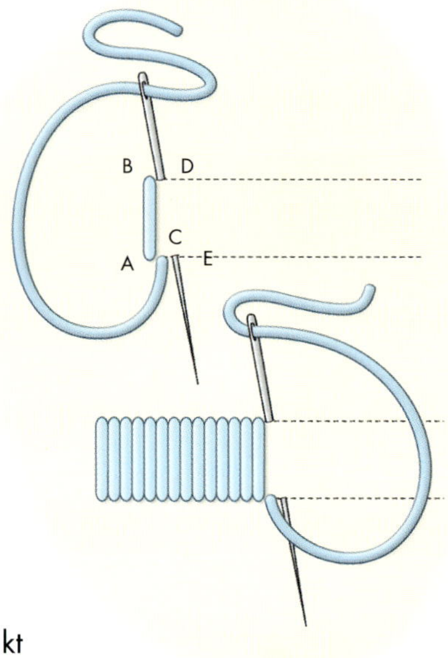

Plattstich

Die Nadel bei Punkt A herauf und bei Punkt B wieder abwärts führen, bei Punkt C (knapp neben Punkt A) wieder herauf, bei Punkt D (knapp neben Punkt B) wieder abwärts, bei E wieder herauf führen usw. Die Stiche werden meist knapp nebeneinander gesetzt, sodass der Stoff dazwischen nicht zu sehen ist.

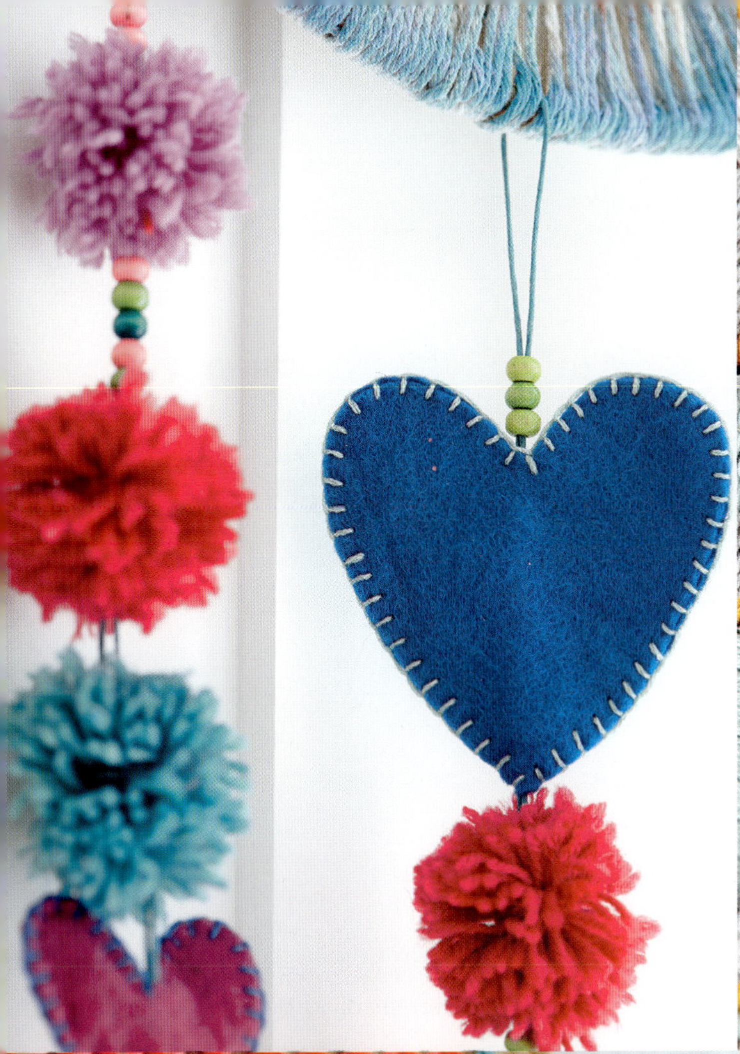
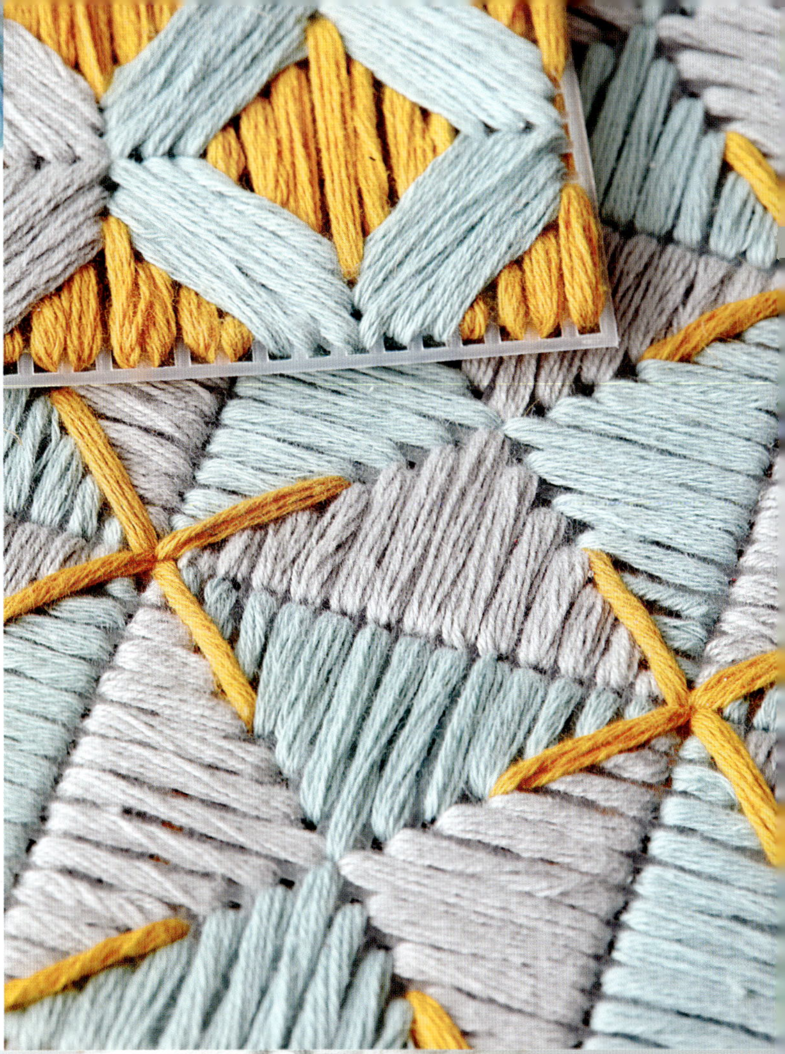
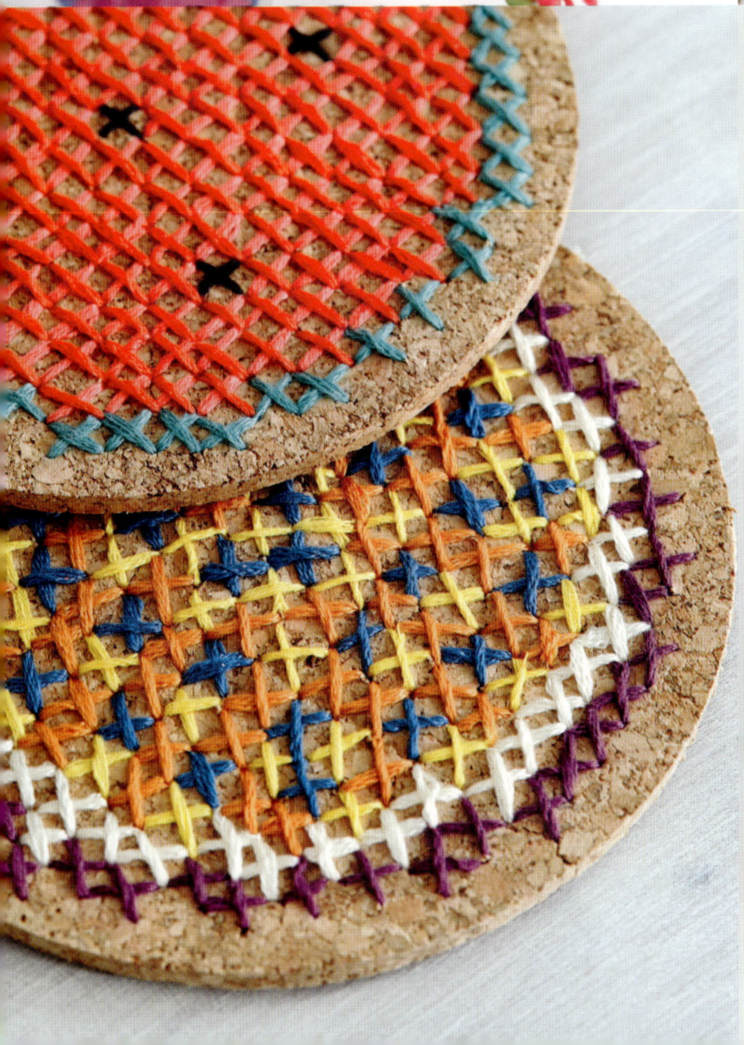
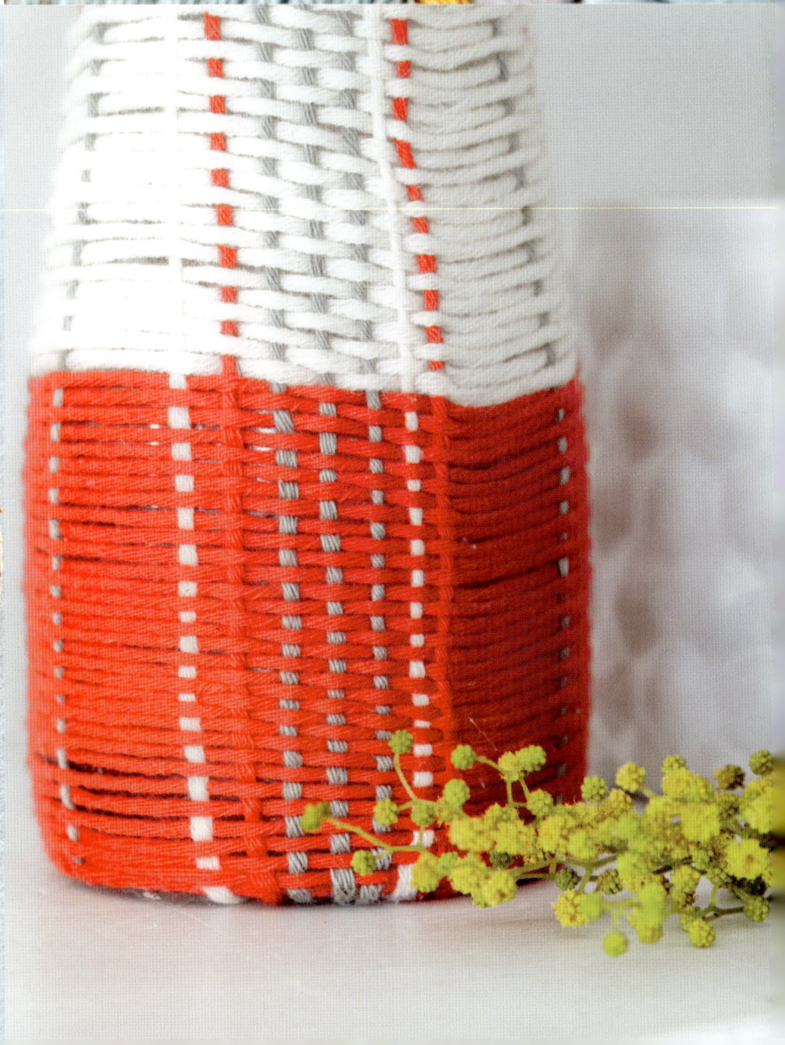

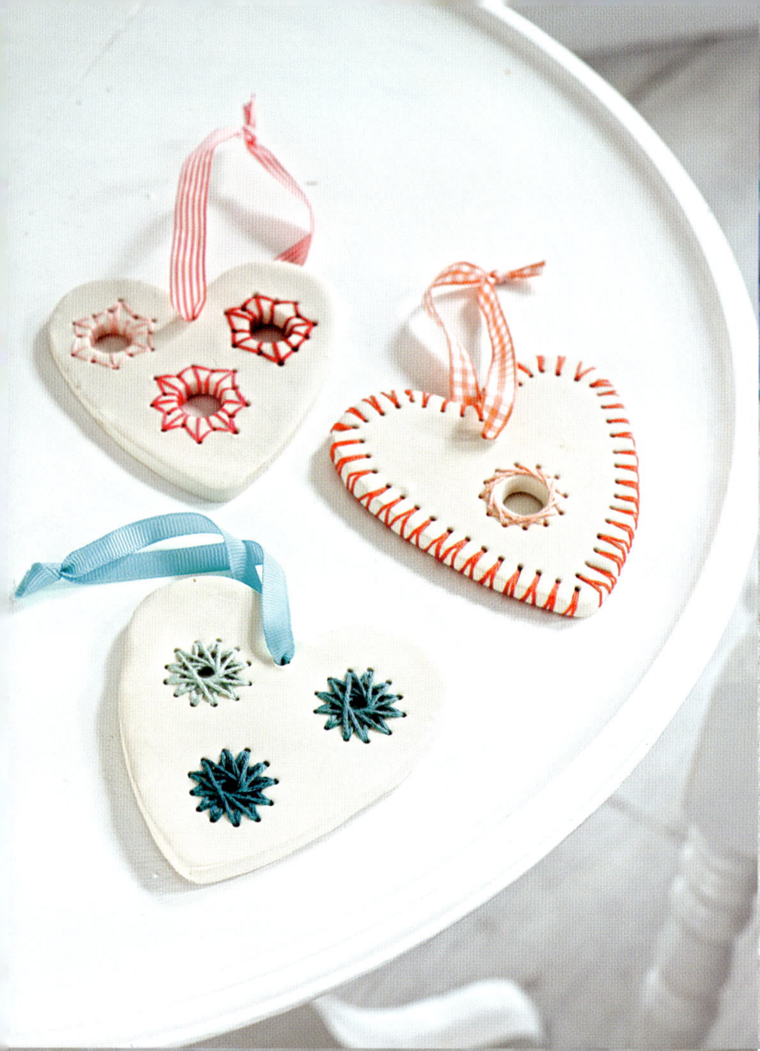
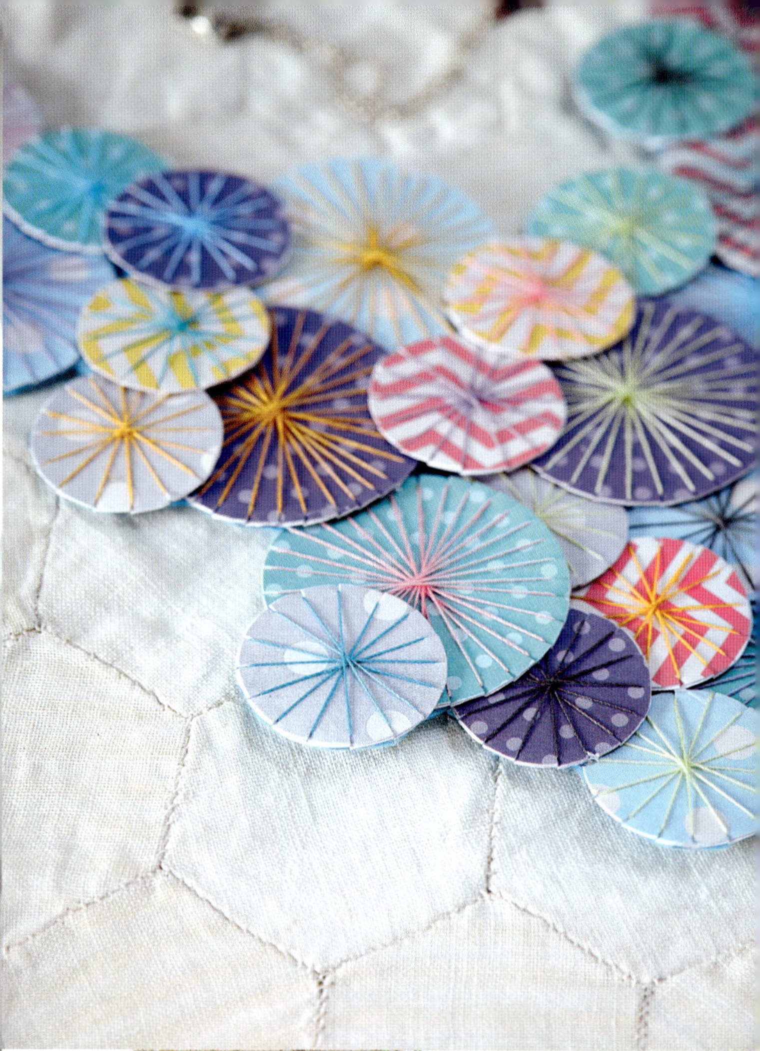
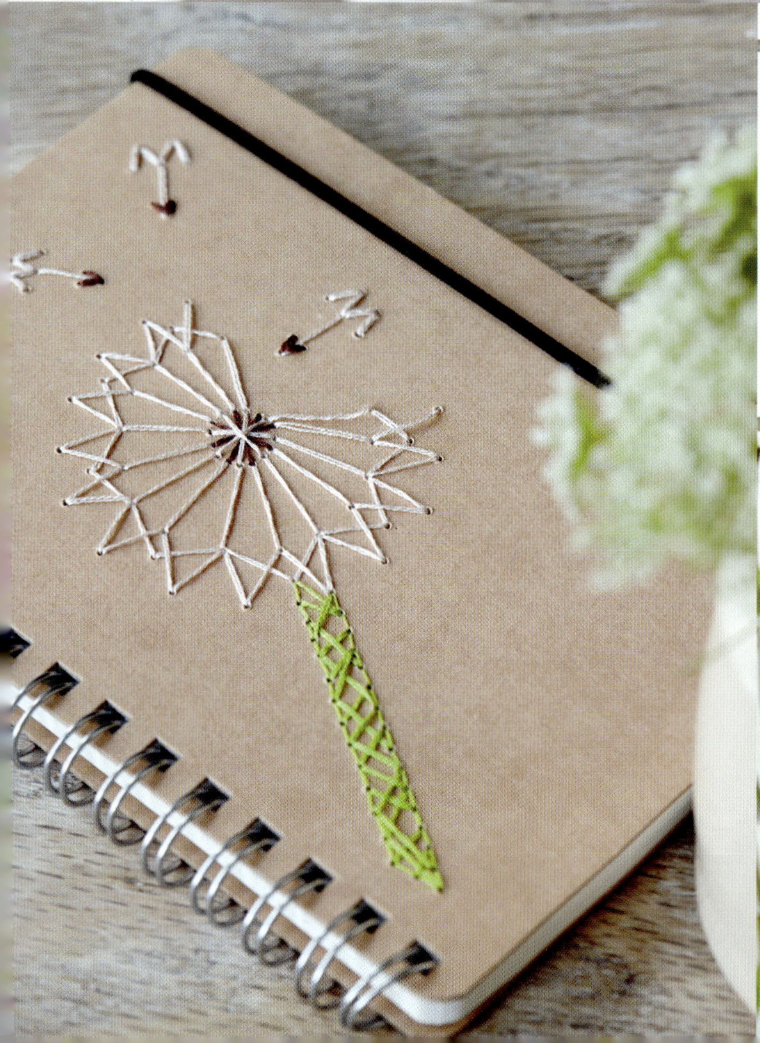
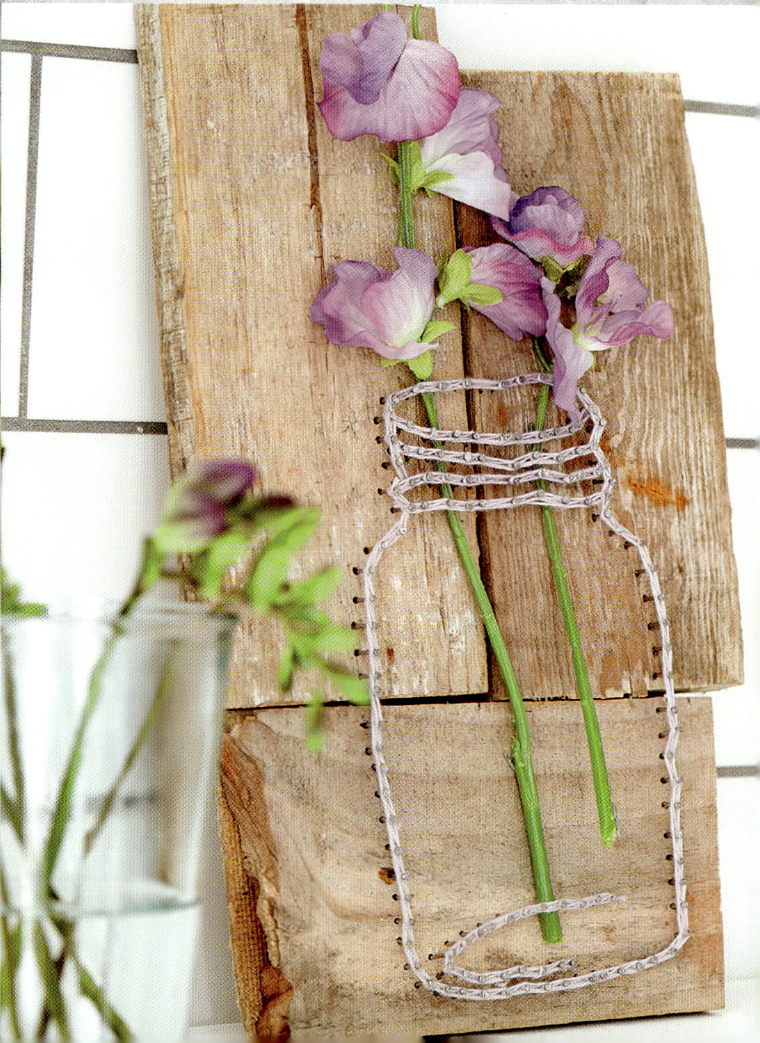

Schlingstich

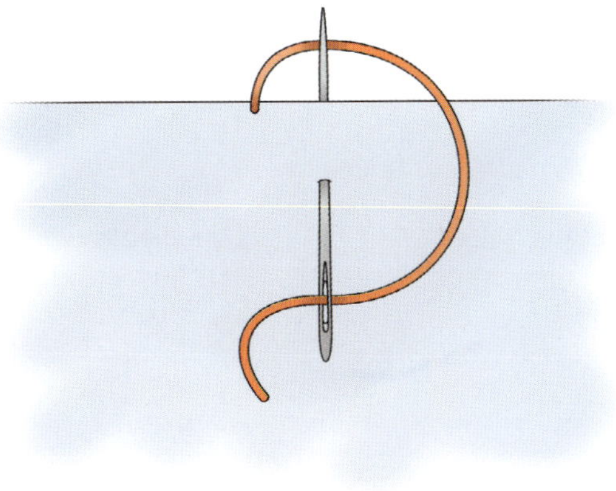

Den Faden an der Kante durch den Stoff an die Vorderseite führen. Eine Stichlänge weiter vorne etwas innerhalb der Stoffkante wieder einstechen. Den Faden in einer Schlinge unter die Nadel legen. Nadel und Faden durchziehen. Der erste Stich ist fertig.

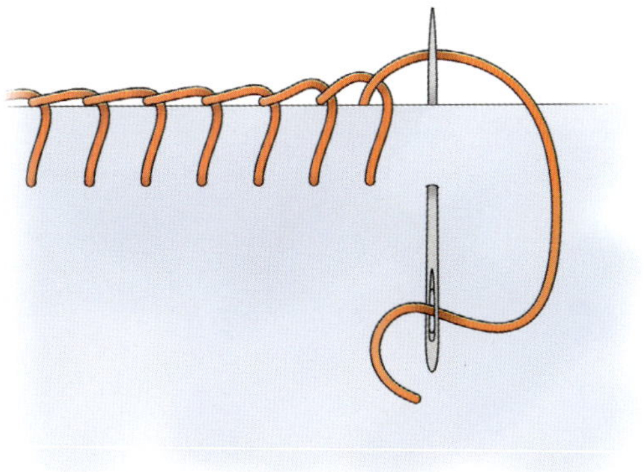

Rechts davon den nächsten Stich arbeiten, den Faden wieder in einer Schlinge unter die Nadel legen. An der Stoffkante entlang fortfahren, mit einigen kleinen Stichen oder einem Knoten an der Rückseite abschließen.

Knötchenstich

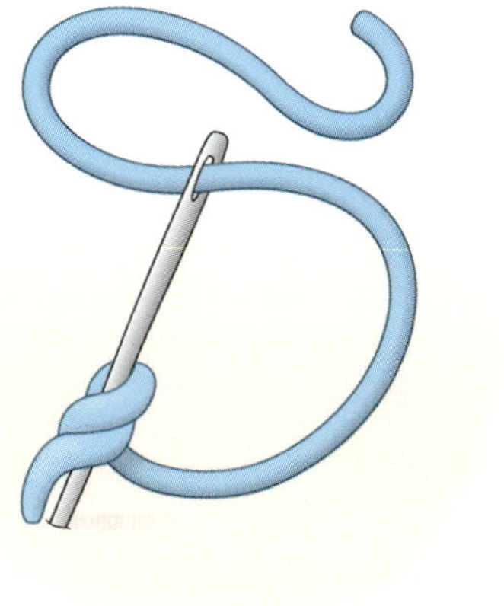

Einen Knoten in den Faden machen und die Nadel von der Rückseite durch den Stoff an die Vorderseite führen. Den Faden ein- bis zweimal um die Nadel wickeln, dann die Nadel mit der einen Hand ganz knapp an der Ausstichstelle wieder einstechen und die Garnwicklungen mit dem Daumennagel der anderen Hand fest gegen den Stoff drücken. Die Nadel ganz durchziehen. Die Wicklungen bilden auf der Oberfläche des Stoffes einen Knoten.

Einen Biegering anbringen

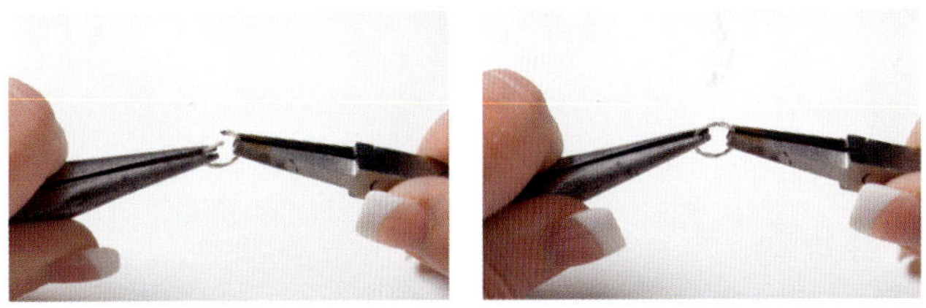

Biegering öffnen: Den Ring links und rechts der Öffnung mit je einer Zange festhalten. Beide Zangen ein Stück in entgegengesetzte Richtungen drehen. Zwischen den Enden des Ringes entsteht eine Lücke, die Enden bleiben jedoch auf einer Linie und der Ring wird nicht verformt.

Biegering schließen: Die Drehbewegung jeweils in die Gegenrichtung ausführen. Die beiden Enden des Ringes werden wieder exakt zusammengeführt. Wenn Sie den Biegering, wie hier gezeigt, öffnen und schließen, behält er seine runde Form.

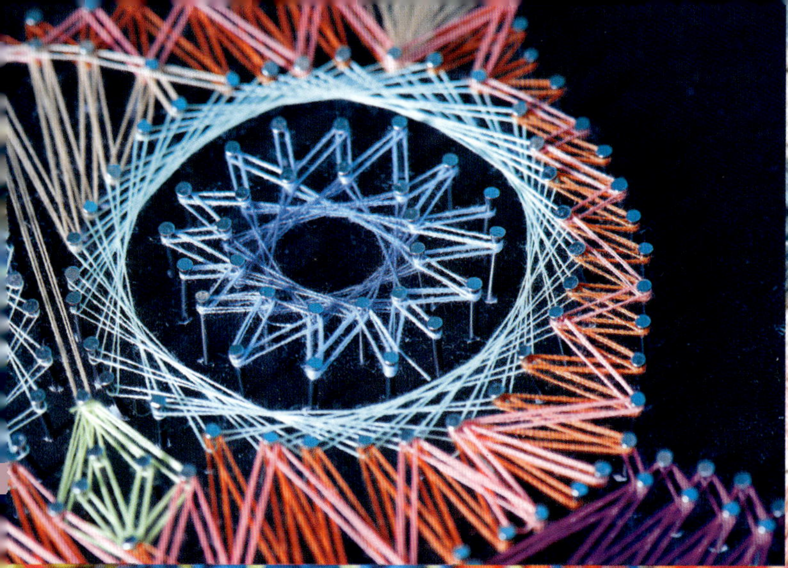

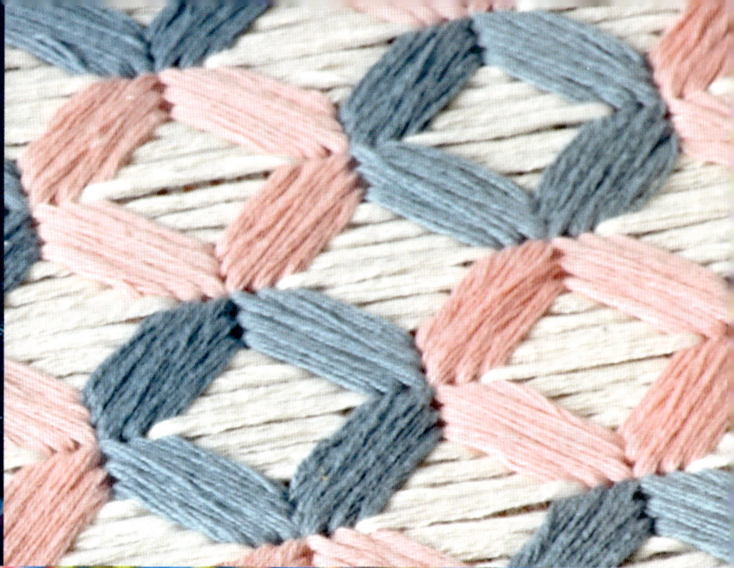

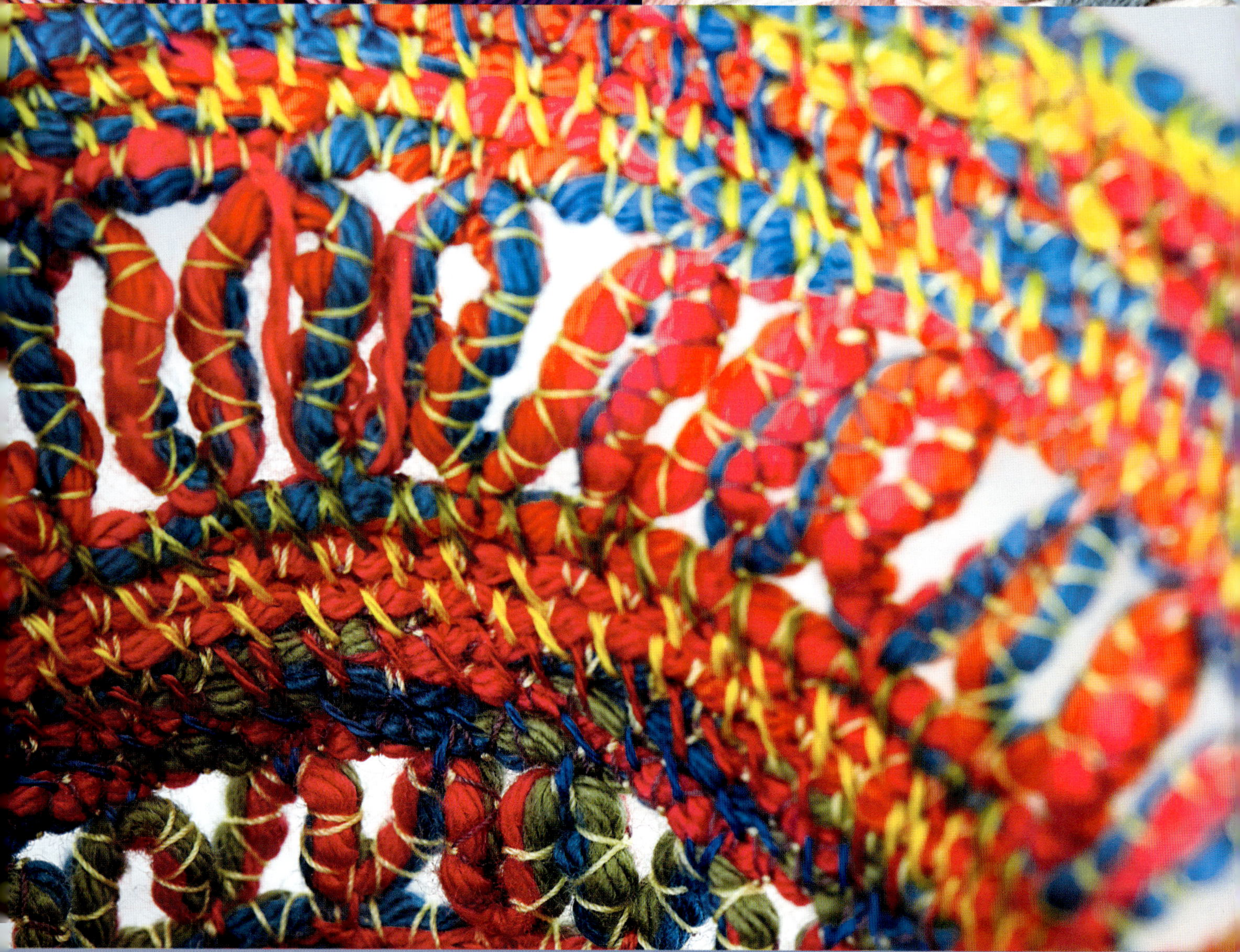

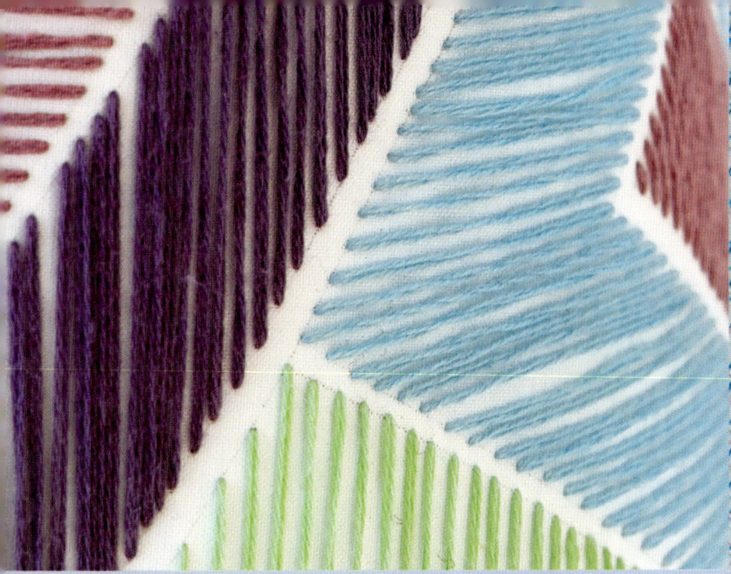

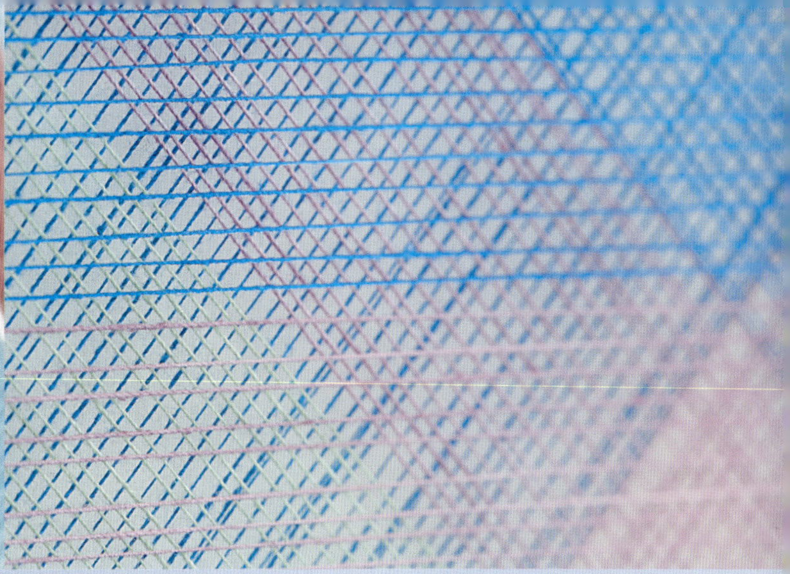

Kapitel 1

Für Ihre vier WÄNDE

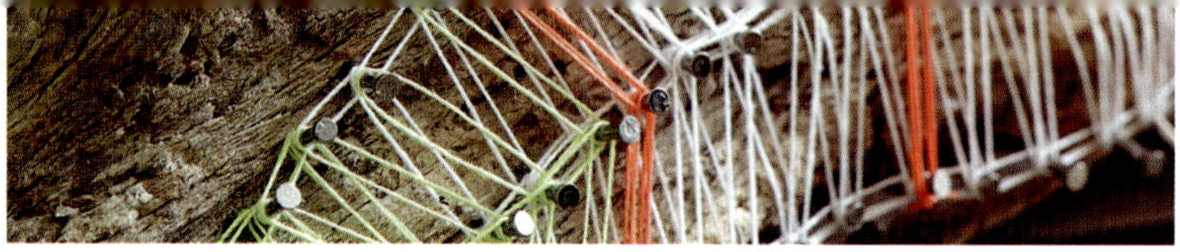

TREIBHOLZ mit Federschmuck

Ein Stück Treibholz wird zur ausgefallenen Wanddekoration. Halten Sie bei Ihrem nächsten Urlaub an der Meeresküste, an einem See- oder Flussufer die Augen offen – Sie werden staunen, welche prächtigen Hölzer da angespült werden!

★★☆

Sie brauchen dazu:

- **Transparentpapier**
- **Bleistift**
- **Treibholz**
- **Abdeckband**
- **Paneelstifte, 13 mm lang**
- **Hammer**
- **Nähgarn in Blaugrün, Hellgrün, Creme und Korallenrot**
- **Schere**

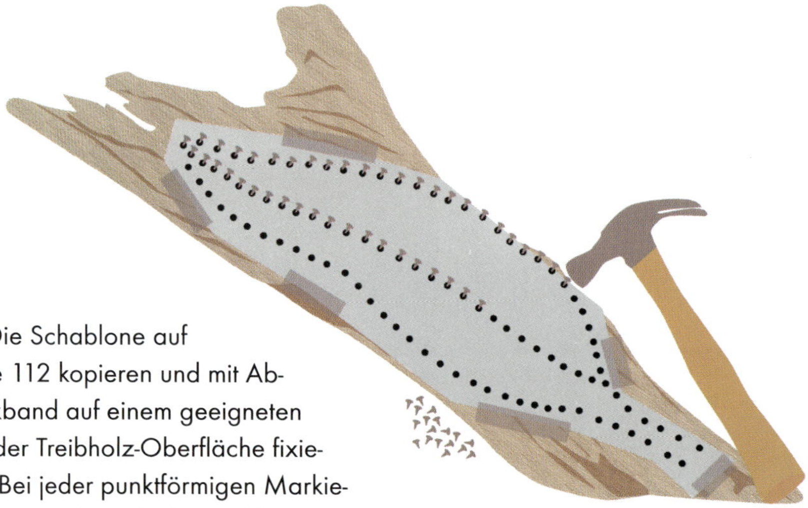

1 Die Schablone auf Seite 112 kopieren und mit Abdeckband auf einem geeigneten Teil der Treibholz-Oberfläche fixieren. Bei jeder punktförmigen Markierung einen Paneelstift einschlagen.

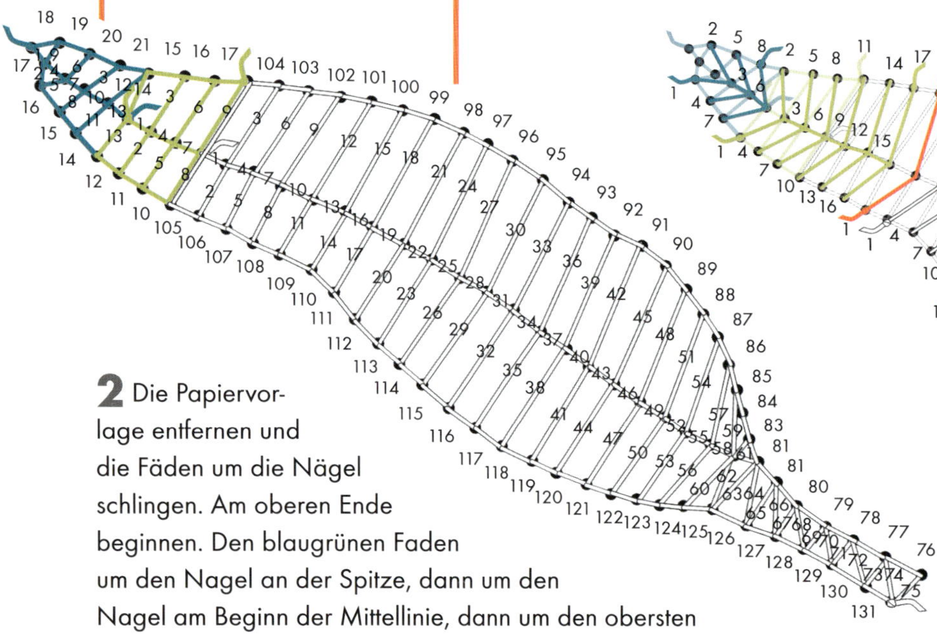

2 Die Papiervorlage entfernen und die Fäden um die Nägel schlingen. Am oberen Ende beginnen. Den blaugrünen Faden um den Nagel an der Spitze, dann um den Nagel am Beginn der Mittellinie, dann um den obersten linken Nagel, dann um den obersten rechten Nagel schlingen, sodass Fadenlinien in der Reihenfolge der Nummerierung (siehe Abbildung) entstehen. Noch einige Nagelgruppen in Blaugrün, dann in Abwärtsrichtung weitere Gruppen in Hellgrün, Creme und Korallenrot bespannen (Nummerierung beachten!).

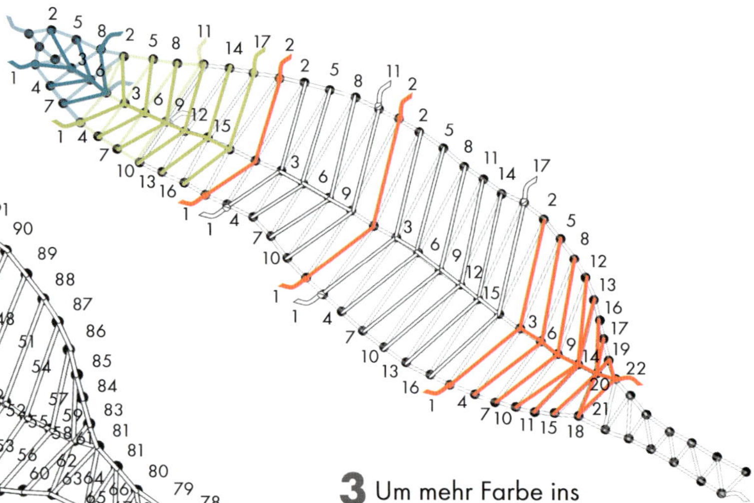

3 Um mehr Farbe ins Spiel zu bringen, peppen Sie einzelne Bereiche mit blaugrünen, hellgrünen und korallenroten Fäden auf. Diesmal spannen Sie einen Teil der Fäden in einem etwas anderen Winkel, um 3-D-Effekte zu erzeugen.

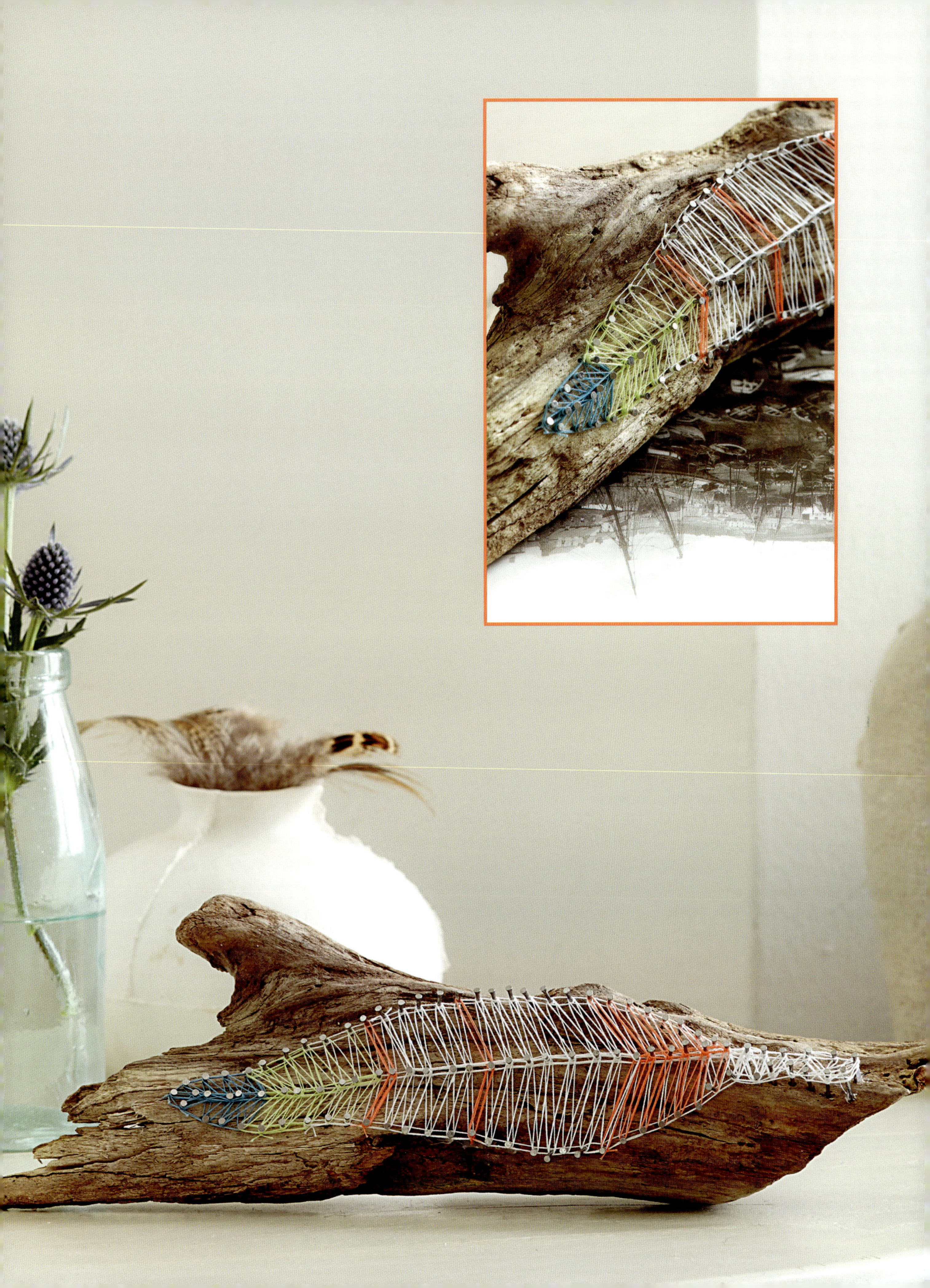

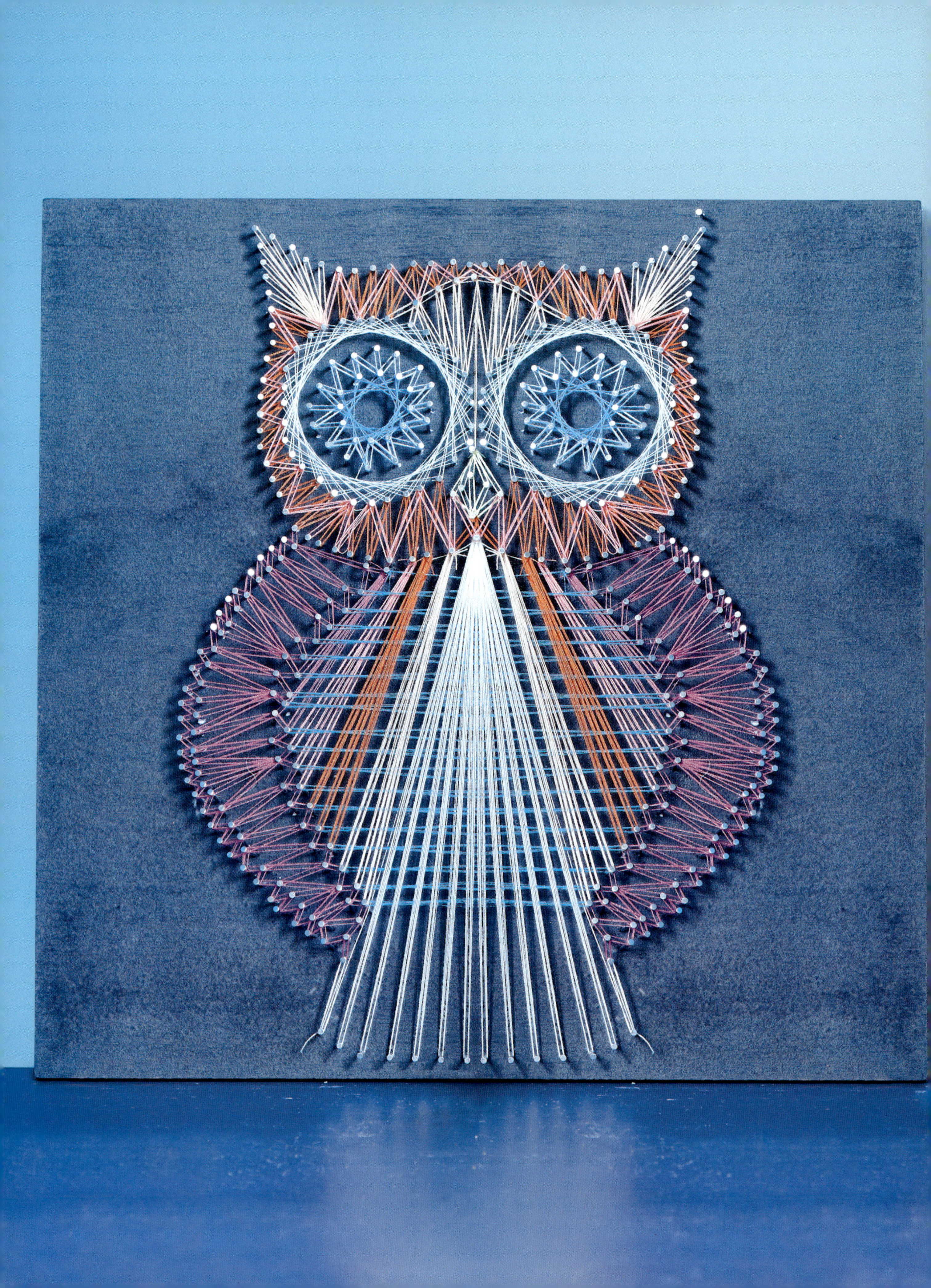

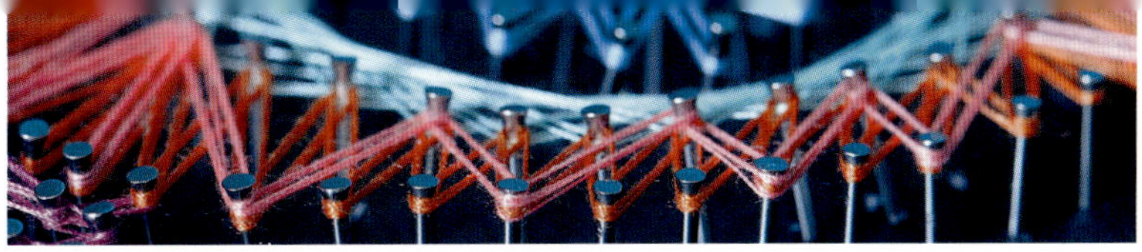

Eule als FADENBILD

Aus Nägeln und Spannfäden entsteht dieser „schräge Vogel". Hier können Sie Ihrer Fantasie freien Lauf lassen, die Fäden lagenweise übereinander anordnen und Bereiche in improvisierter Freestyle-Technik mit klar umrissenen geometrischen Mustern kombinieren.

★★★

Sie brauchen dazu:

- **Holzplatte, 30 cm x 30 cm x 6 mm**
- **Matte schwarze Sprühfarbe**
- **Paneelstifte, 13 mm lang**
- **Hammer**
- **Abdeckband**
- **Nähgarn in Blau, Hellblau, Hellgrün, Gelb, Magenta, Hellrosa, Orange, Hellorange, Pfirsich, Blaugrün**
- **Schere**

1 Die Holzplatte mit schwarzer Farbe einsprühen und trocknen lassen.

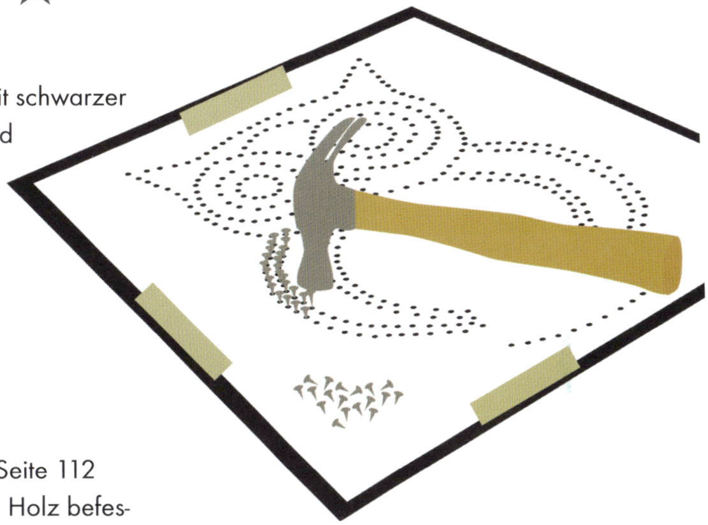

2 Die Vorlage auf Seite 112 mit Abdeckband am Holz befestigen. Bei jeder punktförmigen Markierung einen Paneelstift einschlagen.

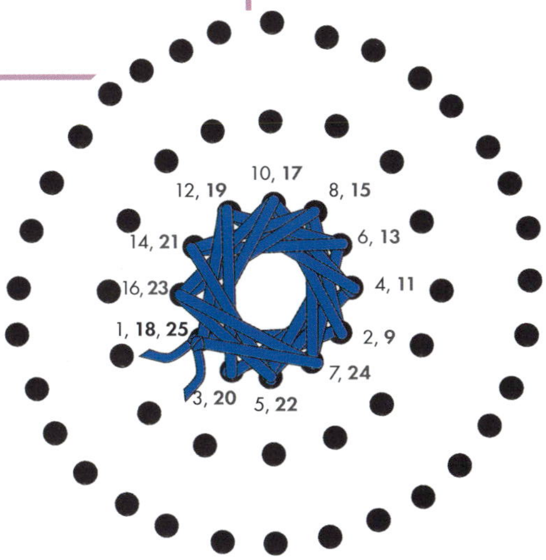

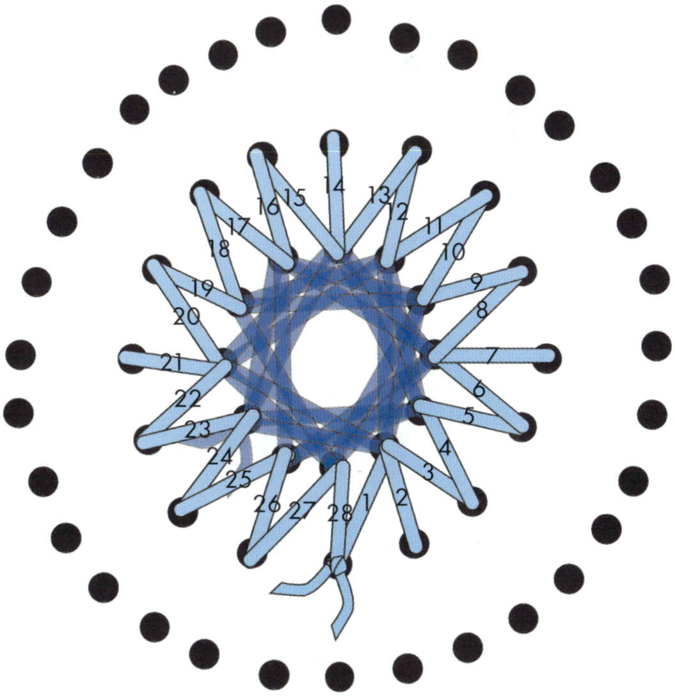

3 Die Papiervorlage vorsichtig abnehmen. Bei den Augen beginnen: Den blauen Faden an einem der Nägel festknoten, die den inneren Kreis bilden, und in der angegebenen Reihenfolge um die Nägel schlingen.

4 Nun den hellblauen Faden in der angegebenen Reihenfolge um die Nägel schlingen.

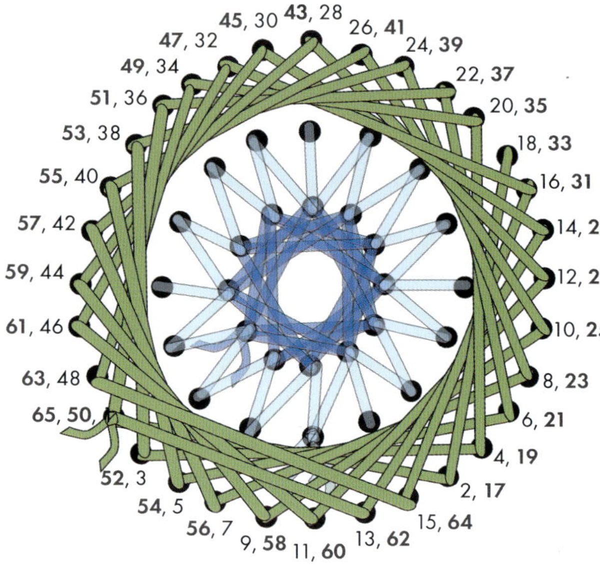

5 Zur Fertigstellung der Augen den hellgrünen Faden in der angegebenen Reihenfolge um die Nägel schlingen.

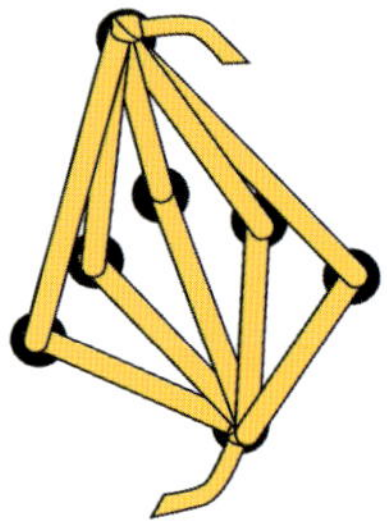

6 Den gelben Faden an einem der Nägel festknoten, die zum Schnabel gehören. Den Faden wie abgebildet um die Nägel schlingen.

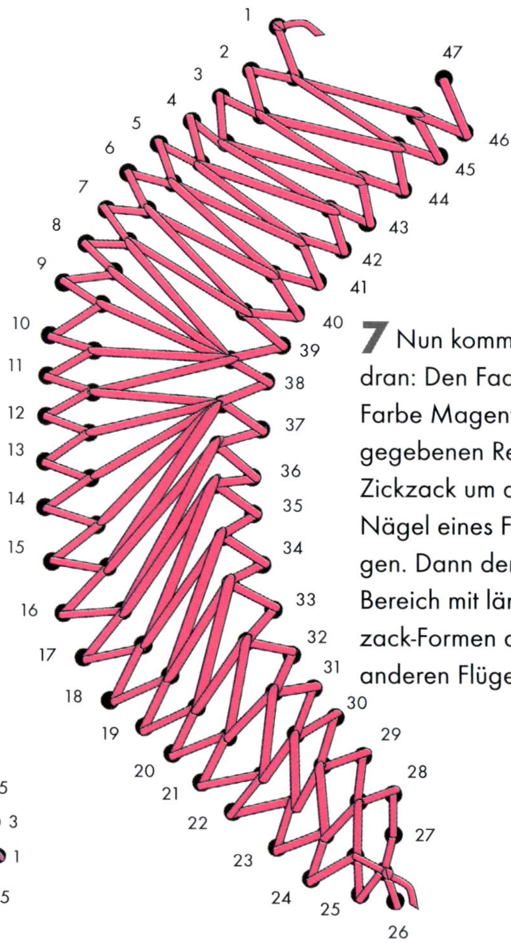

7 Nun kommen die Flügel dran: Den Faden in der Farbe Magenta in der angegebenen Reihenfolge im Zickzack um die Rand-Nägel eines Flügels schlingen. Dann den mittleren Bereich mit längeren Zickzack-Formen ausfüllen. Am anderen Flügel wiederholen.

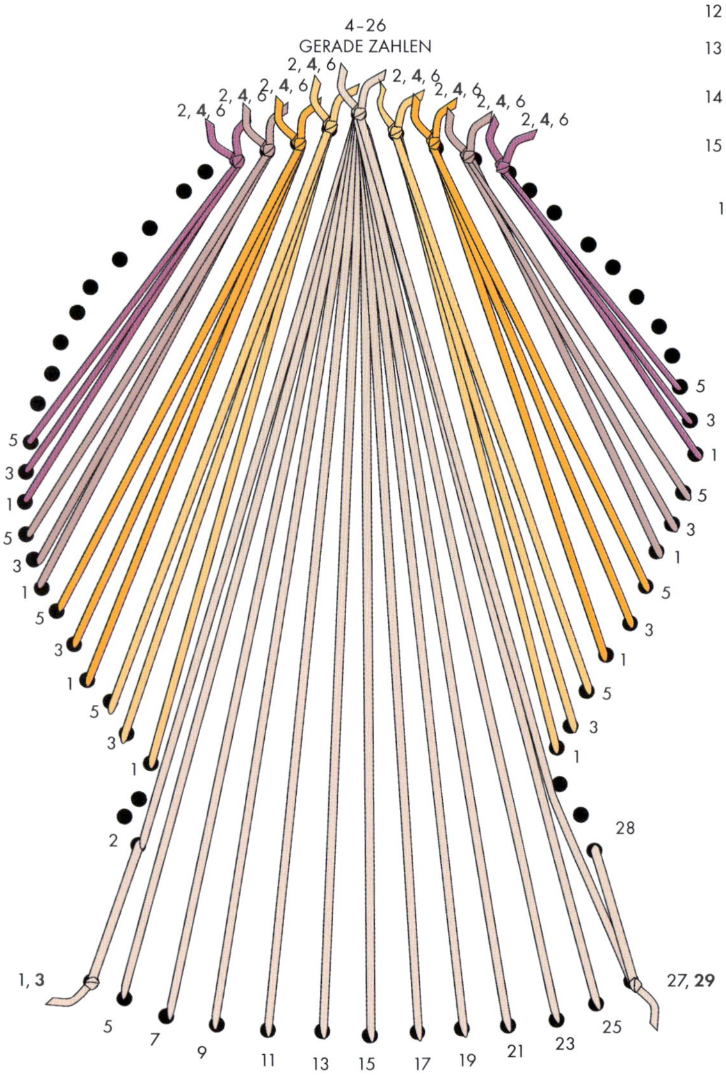

8 Für die Brust und den Schwanz die Fäden so um die Nägel schlingen, dass sie wie abgebildet von oben nach unten verlaufen. Reihenfolge der Farben (von außen nach innen): Magenta, Hellrosa, Orange, Hellorange, Pfirsich. So entsteht ein abgestufter Farbeffekt.

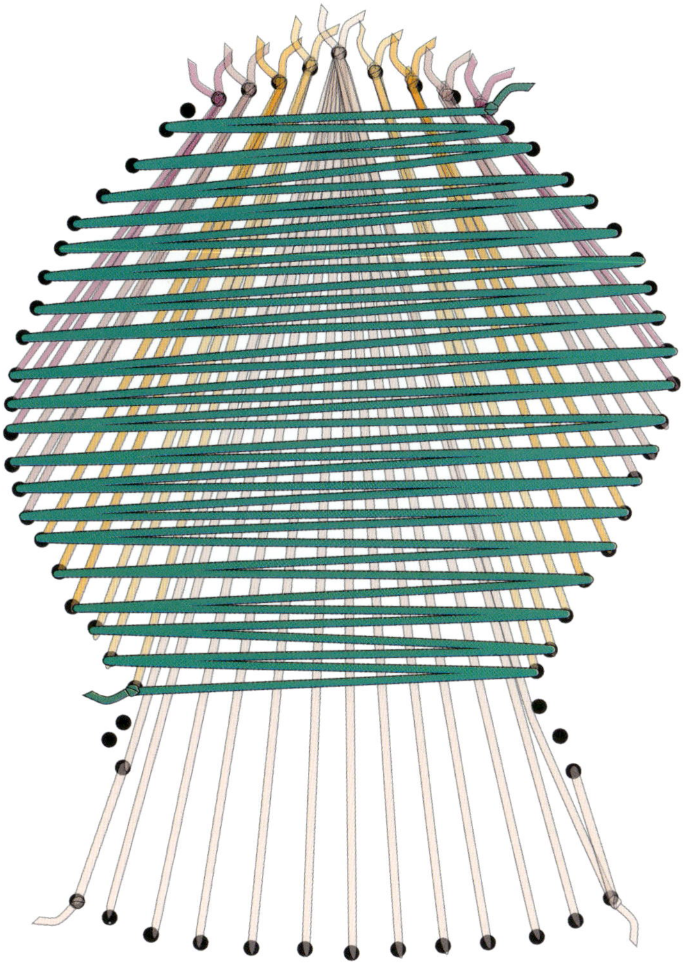

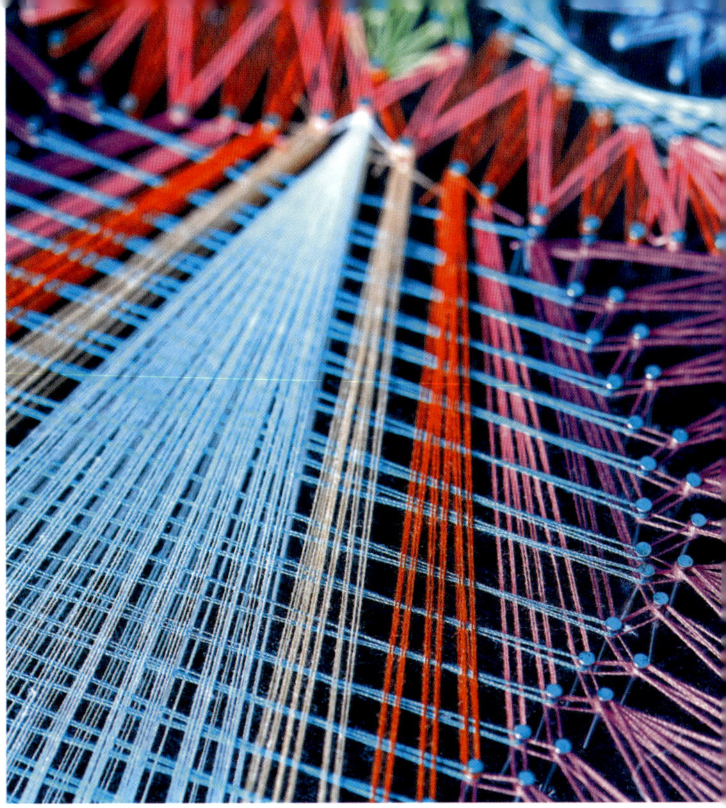

9 Im Brustbereich eine horizontal verlaufende Lage blaugrüne Fäden anbringen.

10 Nun eine weitere Schicht von Fäden in Pfirsich, Hellorange und Orange so befestigen, dass sie von oben nach unten mittig über Brust und Schwanz verlaufen (siehe Schritt 8).

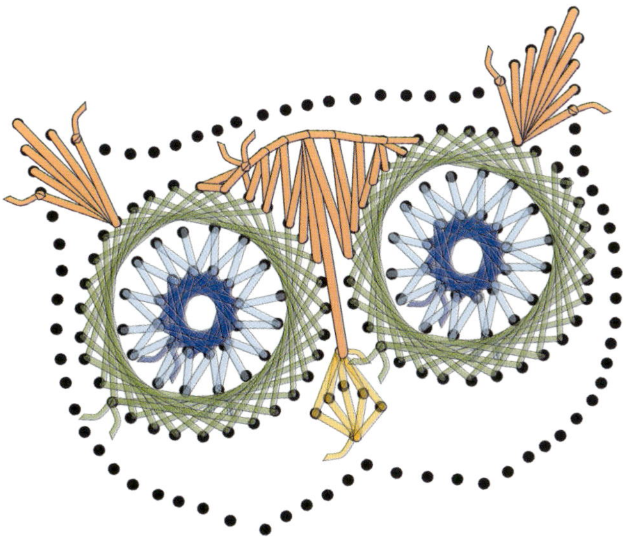

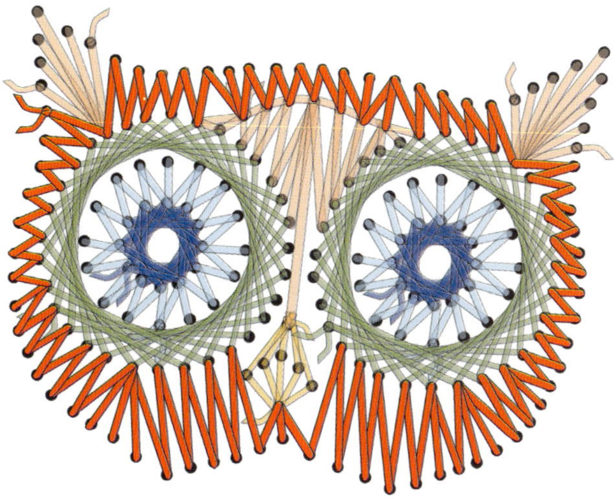

11 Zuletzt das Gesicht fertigstellen. Lagen von rosa und hellrosa Fäden in beliebiger Reihenfolge hinzufügen. Ich habe für die Stirn und die Ohren Hellorange genommen und rund um das Gesicht eine Zickzacklinie in Orange und Hellrosa geführt.

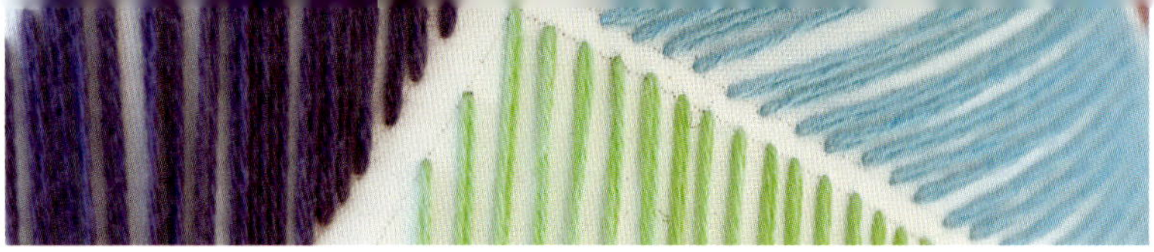

LAMPENSCHIRM mit geometrischem Muster

Sticken Sie dieses raffinierte Muster auf einen einfachen weißen Lampenschirm auf – die Wirkung ist enorm! Wählen Sie Farbtöne, die zu Ihrer bestehenden Einrichtung passen. Oder nehmen Sie die hier vorgeschlagenen Farben, um einen zusätzlichen bunten Akzent zu setzen.

★★★

Sie brauchen dazu:

- Einfacher weißer Lampenschirm mit Ständer
- Lineal
- Bleistift
- Baumwollgarn in Türkis, Hellgrün, Altrosa, Violett und Zitronengelb
- Spitze Nadel
- Schere

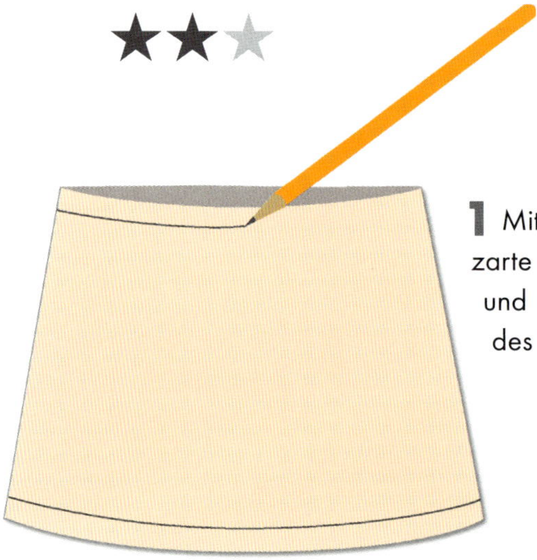

1 Mit Bleistift und Lineal je eine zarte Linie 1 cm unter dem oberen und 1 cm über dem unteren Rand des Lampenschirms ziehen.

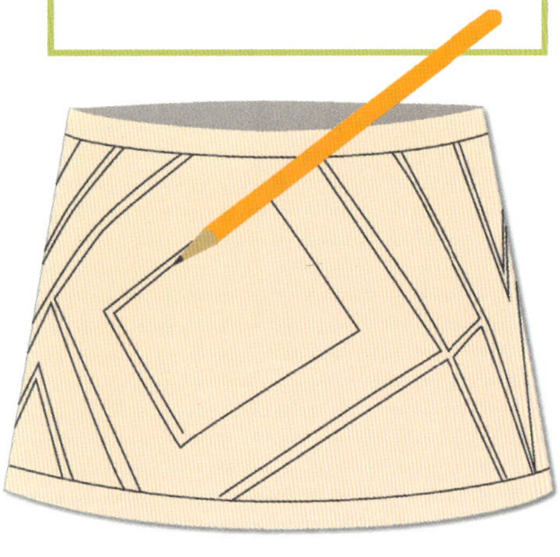

2 Das Muster nach der Vorlage auf Seite 113 mit zarten Linien auf den Lampenschirm übertragen. Die Breite der Felder hängt von der Größe des Lampenschirms ab. Auf „meinem" Lampenschirm beträgt die Breite der Felder 2–3 cm, die Breite der Zwischenräume zwischen den Feldern etwa 5 mm.

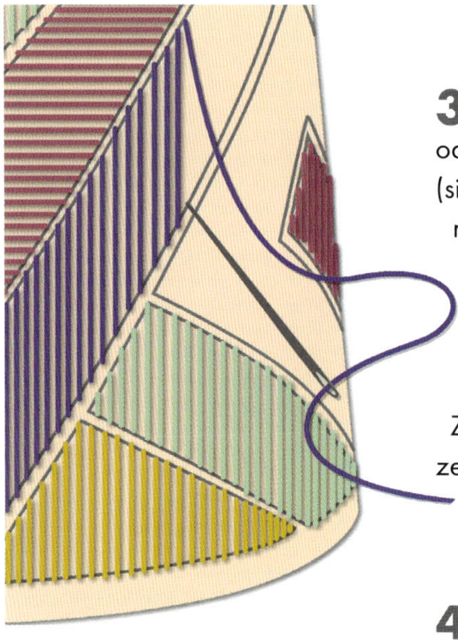

3 Jeden Bereich mit waagrechtem oder senkrechtem Plattstich besticken (siehe Seite 8; zwischen den einzelnen Stichen soll ausnahmsweise etwas Stoff zu sehen sein). Die einzelnen Stiche sind so lang, dass der gesamte streifenförmige Bereich bedeckt wird. Die Zwischenräume zwischen den einzelnen Stichen sind etwa 2 mm breit.

4 Zur Fertigstellung alle Fadenenden auf die Rückseite führen, vernähen und abschneiden.

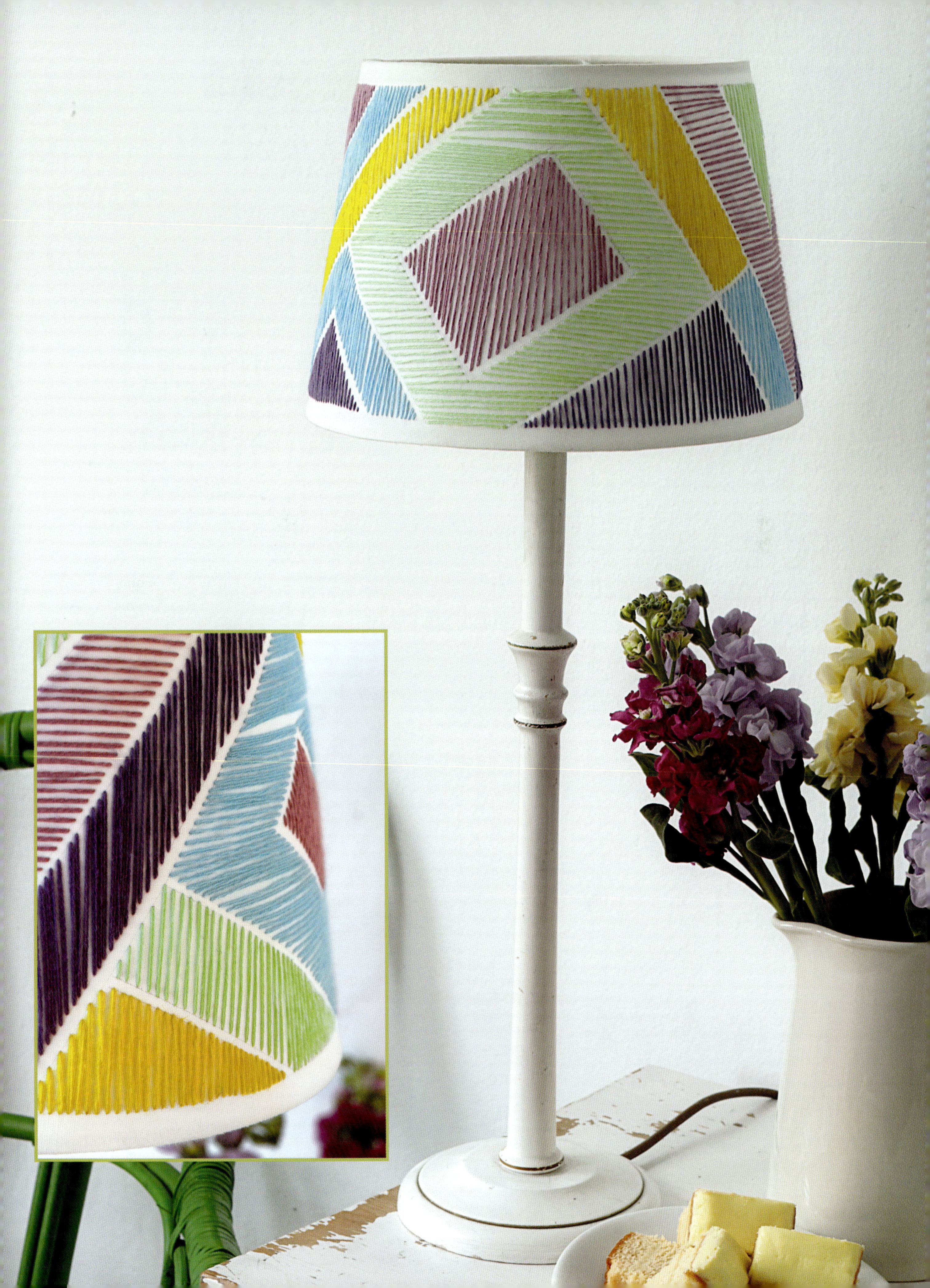

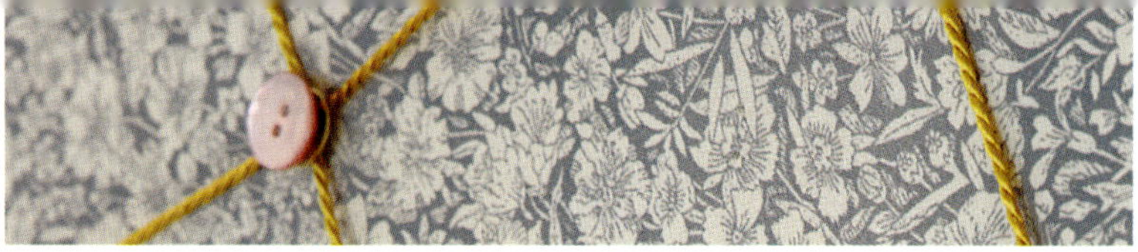

PINNWAND mit Stil

Eine ganz normale, langweilige Pinnwand wird zum angesagten Shabby-Chic-Accessoire, wenn Sie ihr einen hübschen geblümten Stoffüberzug verpassen. Ein praktisches Netz aus einer Goldkordel hält wichtige Notizen, Informationen oder Kartengrüße fest. Die Reißnägel zum Befestigen des Netzes veredeln Sie mit aufgeklebten Knöpfen.

★★★

Sie brauchen dazu:

- Pinnwand, 40 x 30 cm
- Grauer Stoff mit Blumenmuster, 50 x 40 cm
- Heißklebe- und/oder Klammerpistole
- 4 m Goldkordel
- Schere
- ca. 10 Reißnägel mit flachem Kopf
- ca. 10 rosarote Perlmuttknöpfe

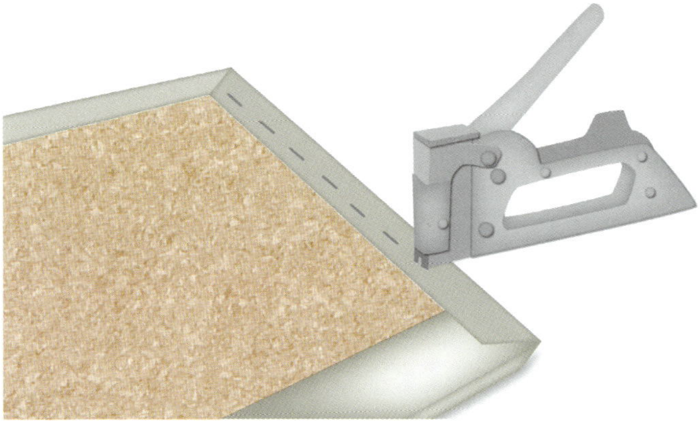

1 Den Stoff mit der rechten Seite nach oben auf der Vorderseite der Pinnwand auflegen, die Stoffkanten auf die Rückseite umschlagen und straff anziehen. Den Stoff auf der Rückseite der Pinnwand mithilfe einer Heißklebe- oder Klammerpistole befestigen.

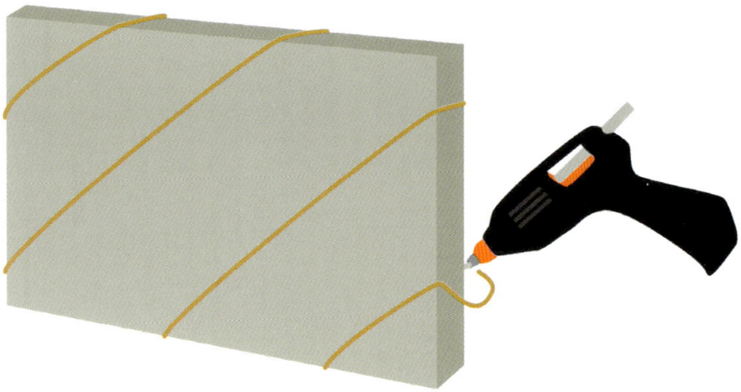

2 Von der Goldkordel Stücke abschneiden und schräg über die Pinnwand legen, sodass ein Raster entsteht. Die Kordelstücke müssen so lang sein, dass sie bis auf die Rückseite der Pinnwand reichen. Die Enden auf der Rückseite ankleben und abschneiden.

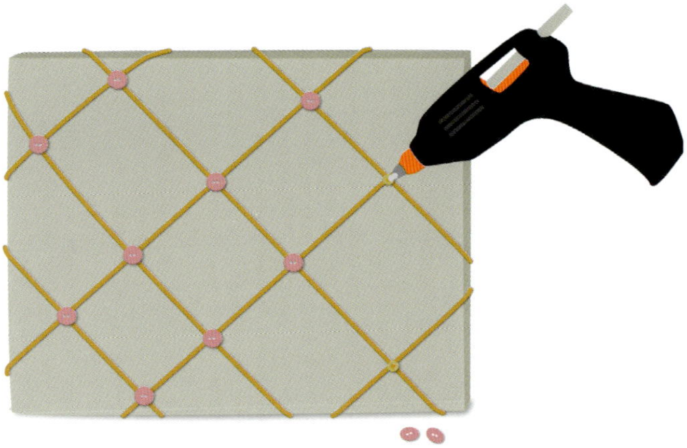

3 Die Kordelstücke an jedem Kreuzungspunkt mit einem Reißnagel befestigen. Auf jeden Reißnagelkopf einen Knopf kleben.

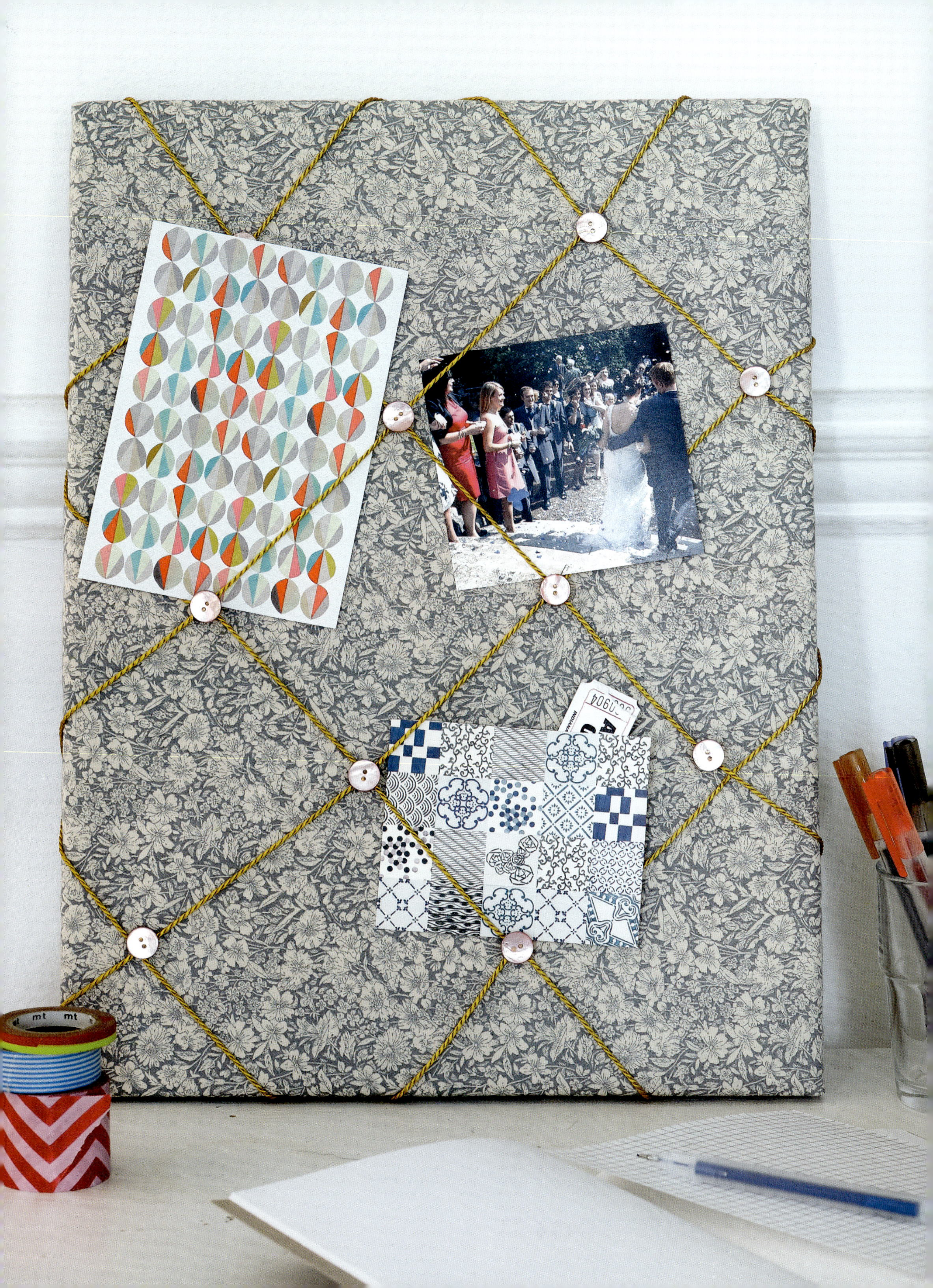

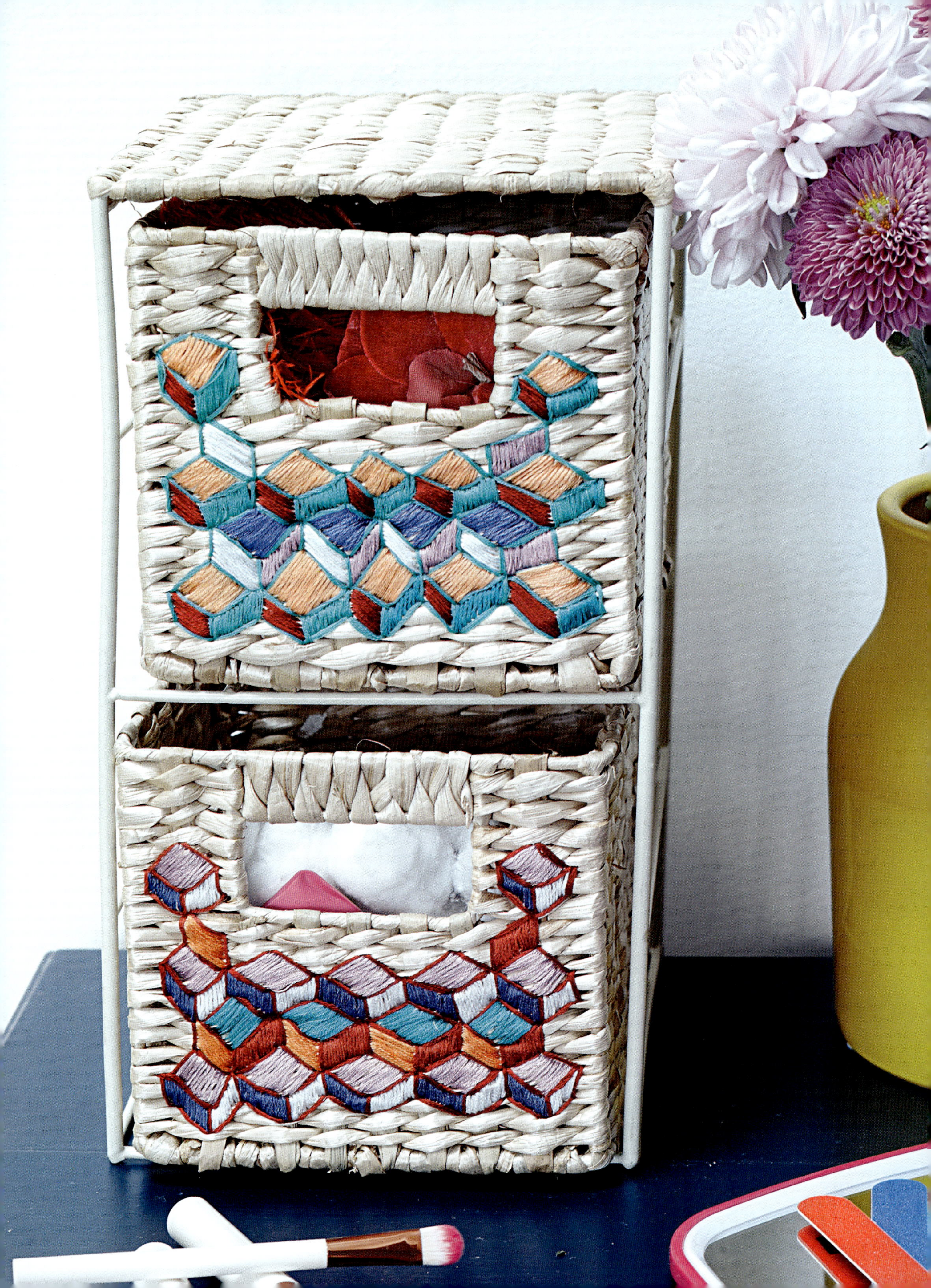

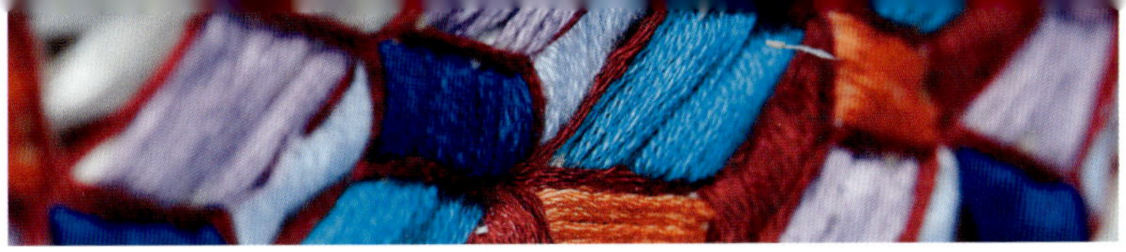

KORBFÄCHER mit Stickmotiven

Ordnung ist das halbe Leben – und mit diesen praktischen geflochtenen Schubfächern mit dem flotten Stickmotiv wird das Aufräumen zum Vergnügen!

★☆☆

Sie brauchen dazu:

- **Schubfächer aus Korbgeflecht**
- **Bleistift und Lineal**
- **Stickgarn in Jadegrün, Orange, Flieder, Rostrot, Violett und Hellgrau**
- **Große Nadel**
- **Schere**

1 Auf eine Seitenfläche jedes Schubfaches einen Raster zeichnen. Der abgebildete Raster ergibt ein dreidimensionales Muster aus übereinandergestapelten Würfeln.

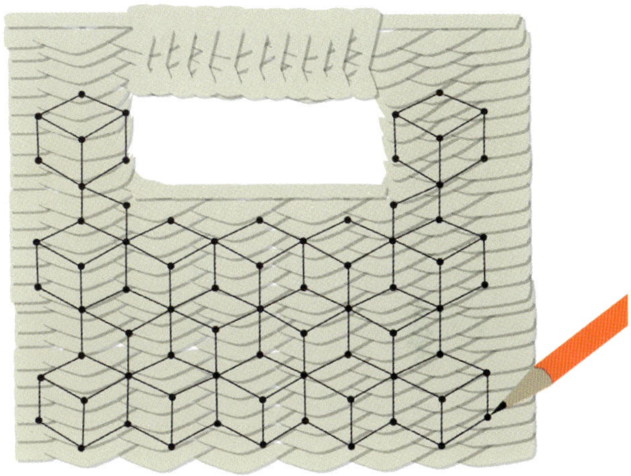

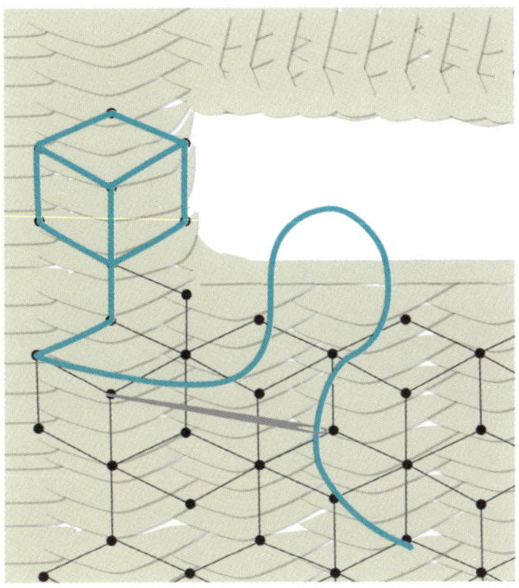

2 Einen Garnstrang in der Farbe einfädeln, die Sie für die Umrisse gewählt haben. Lange Spannstiche an sämtlichen Rasterlinien entlang arbeiten (siehe Seite 8).

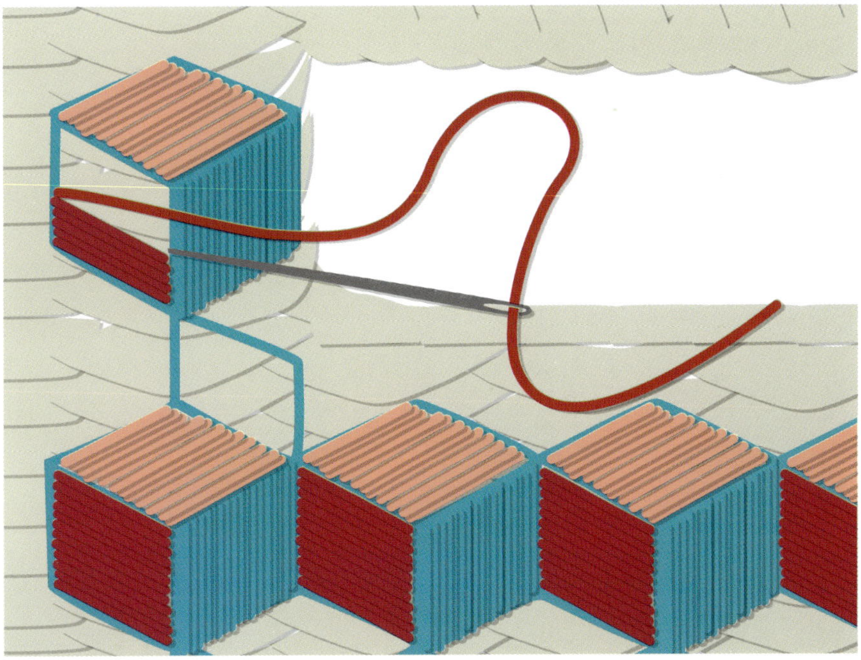

3 Nun die Seiten der „Würfel" im Plattstich ausfüllen (siehe Seite 8). Um den 3-D-Effekt zu erzeugen, in jeder waagrechten Reihe dasselbe Farbschema einhalten: Bei jedem Würfel dasselbe Feld im selben dunklen Farbton, ebenso dasselbe Feld im selben mittleren Farbton bzw. im selben hellen Farbton besticken.

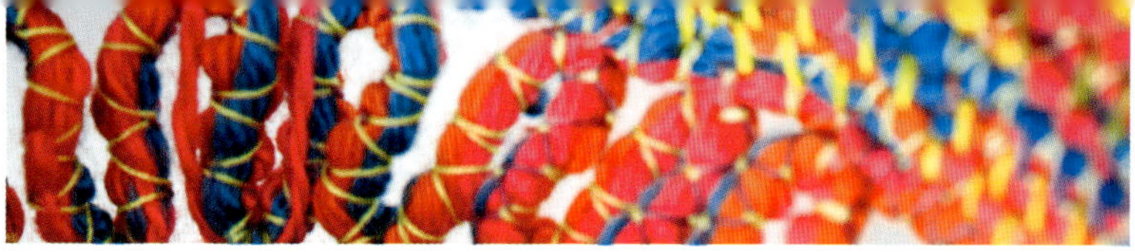

GARNSCHALE

Eine Garnschale besteht meist aus Porzellan, Keramik oder Holz und sorgt dafür, dass sich das Garn beim Stricken und Häkeln nicht verheddert und das Knäuel nicht schmutzig wird. Diese kunterbunte textile Garnschale entsteht aus einer selbst gefertigten, spiralförmig zusammengenähten Schnur.

★★☆

Sie brauchen dazu:

- **Baumwoll-Strickgarn mittlerer Stärke (Aran) in Senfgelb, Blaugrün, Grün, Braunorange und Rosarot**
- **Schere**
- **Nähmaschine**
- **Farblich passendes Nähgarn**
- **Nähnadel**

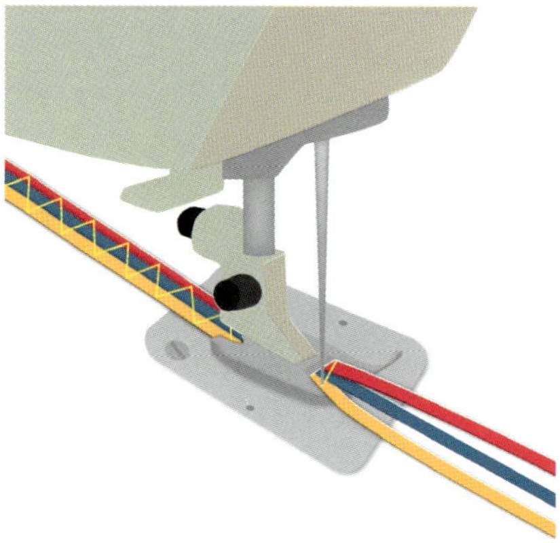

1 Drei Strickgarnfäden in verschiedenen Farben und Längen (50 cm, 75 cm, 100 cm) abschneiden, an einem Ende bündig nebeneinanderlegen und an diesem Ende beginnend mit dem Zickzackstich der Nähmaschine zusammennähen.

2 Immer wenn Sie am Ende eines Fadens ankommen, diesen Faden durch einen andersfarbigen ersetzen. So fortfahren, bis Sie eine etwa 20 m lange, vielfarbige Schnur haben.

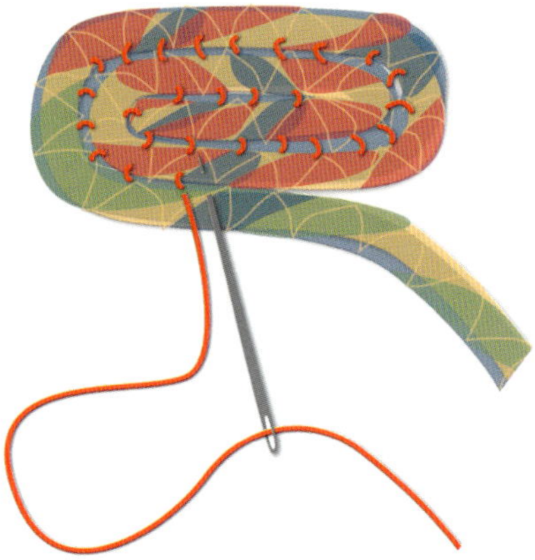

3 Ein Ende der Schnur gerade schneiden und um 1,5 cm umschlagen. Den Umschlag von Hand mit ein paar ganz kleinen Stichen fixieren. Für den Boden der Garnschale die Schnur spiralförmig zusammennähen, bis der Boden die gewünschte Größe hat.

4 Für die Schalenwände die Schnur spiralförmig auf die letzte Runde des Bodens auflegen und abschnittsweise annähen.

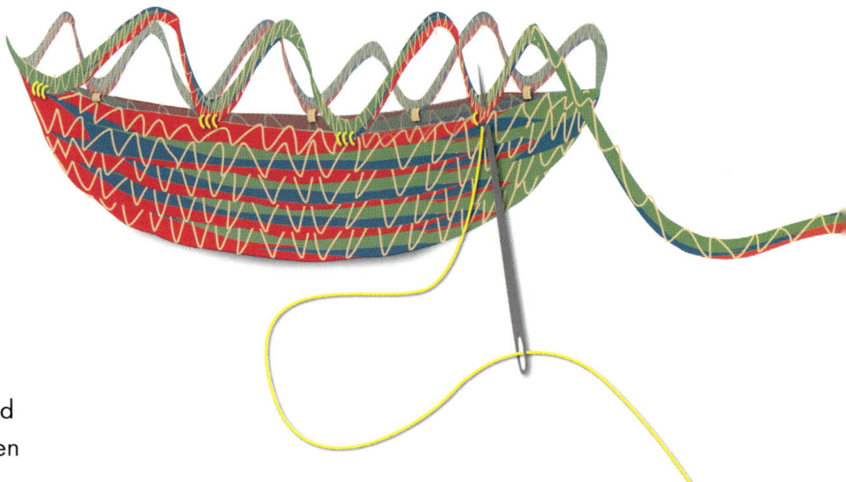

5 Für das Wellenmuster rund um den gesamten Umfang der Schale mit der Schnur Wellen bilden und jedes „Wellental“ mit ein paar Stichen annähen.

6 Weiter „normale“ Reihen und Wellenmuster-Reihen arbeiten, bis die Schale die gewünschte Form und Größe hat.

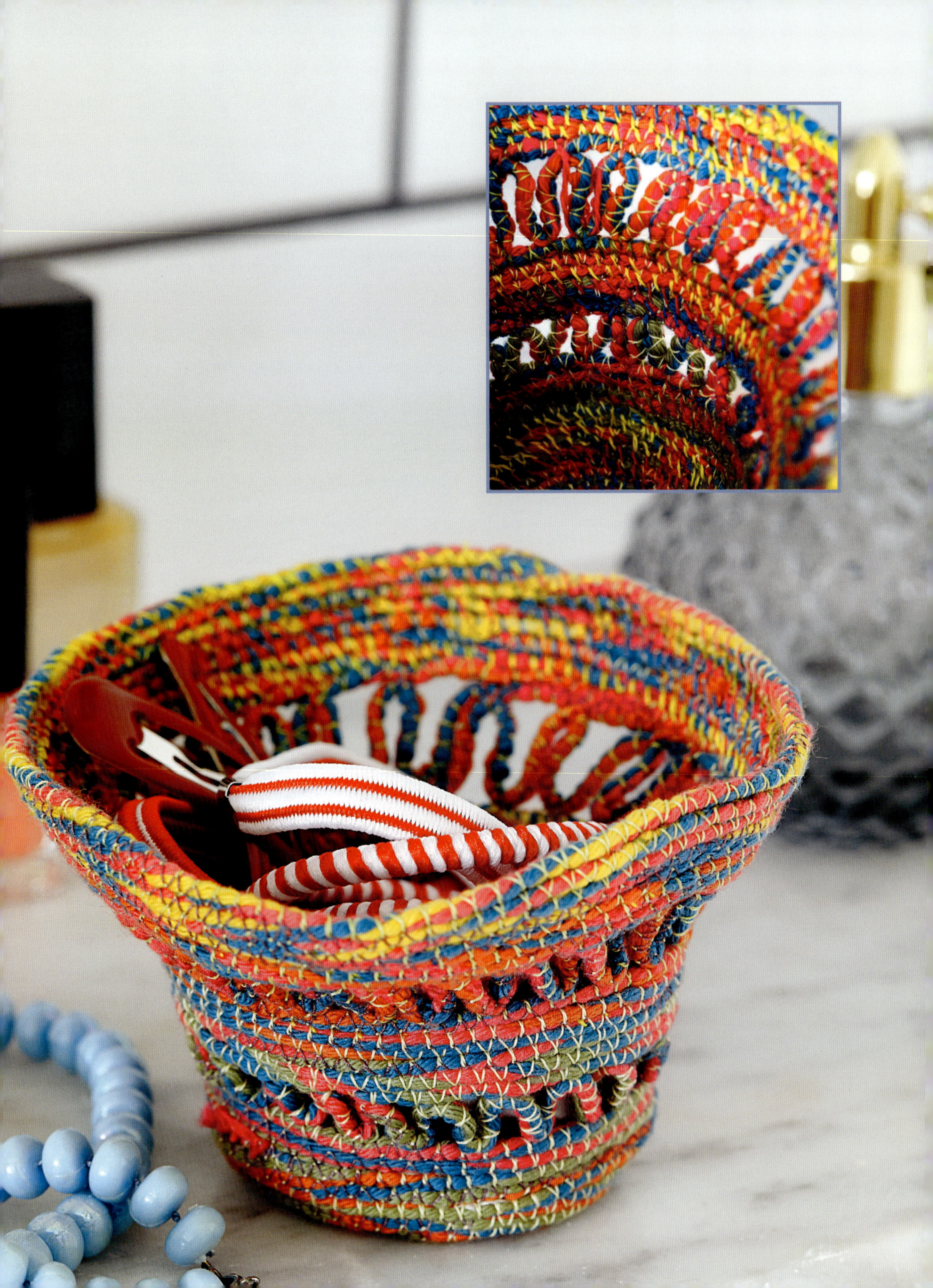

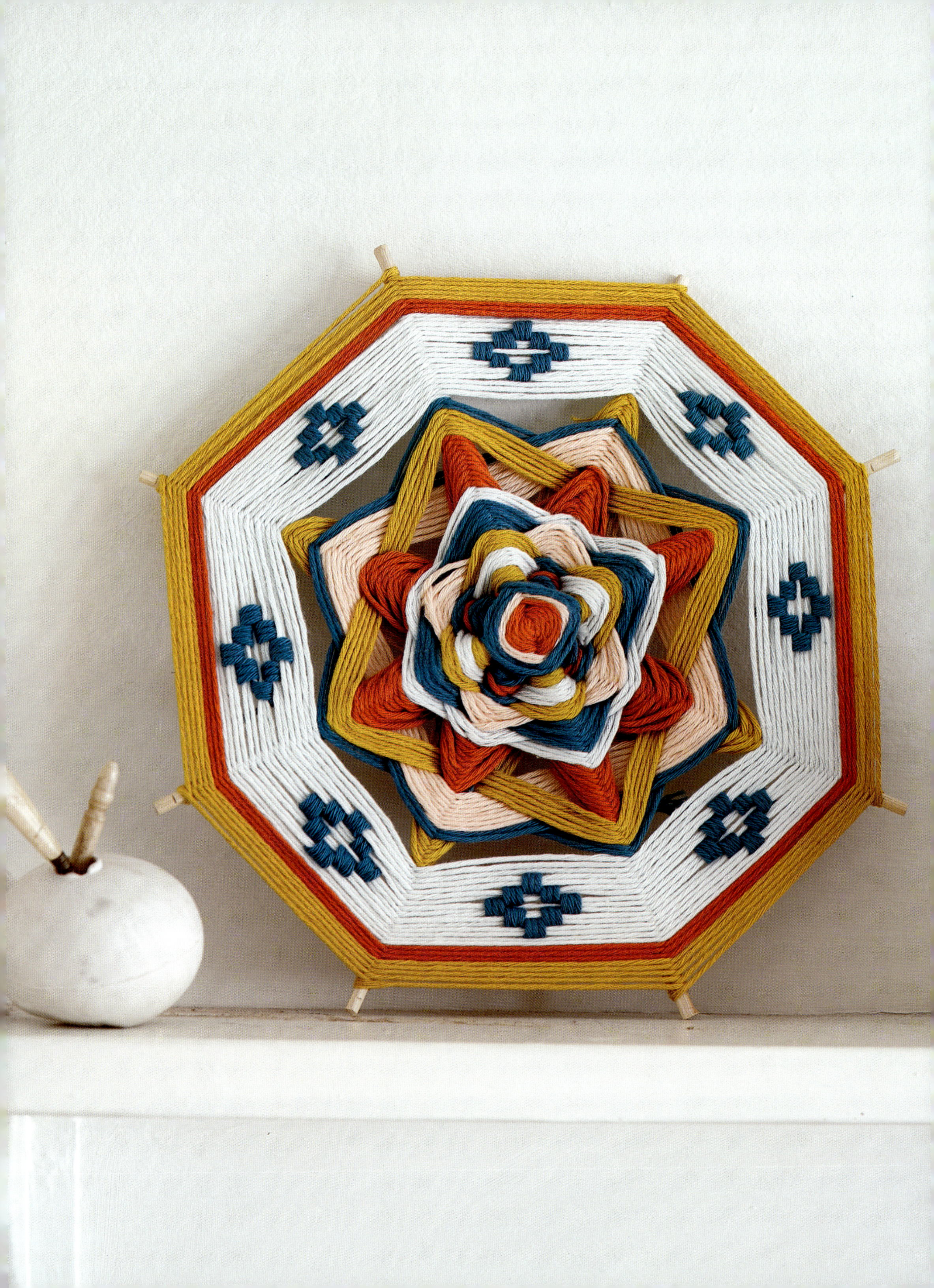

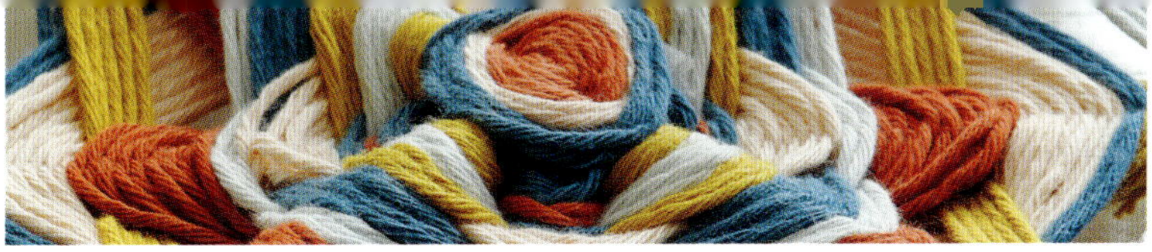

Dekoratives MANDALA

„Ojos de Dios" (Augen Gottes) nennt man die gewickelten Mandalas, die bei manchen indigenen Völkern Mittel- und Südamerikas als Schutz gegen böse Geister gelten und bei uns als eindrucksvoller Wandschmuck Verwendung finden. Die hier gezeigte Variante wird in zwei Lagen gearbeitet und bestickt.

★★★

Sie brauchen dazu:

- Vier Holzstäbe, 27 cm lang
- Bogensäge
- Bastelmesser
- Lineal
- Bleistift
- Baumwollgarn in Rostrot, Pfirsich, Blaugrün, Senfgelb und Hellblau
- Schere
- Wollnadel

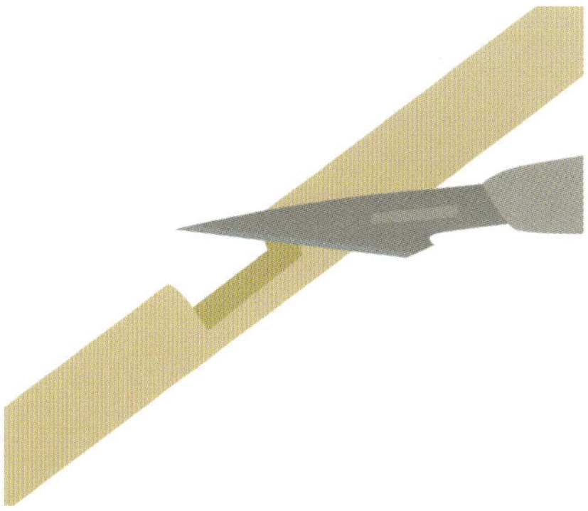

1 In der Mitte jedes Holzstabes eine kleine Kerbe (5 x 2 mm) anbringen. Dazu zwei senkrechte Schnitte mit der Säge machen und das Holz dazwischen mit dem Bastelmesser herausschneiden.

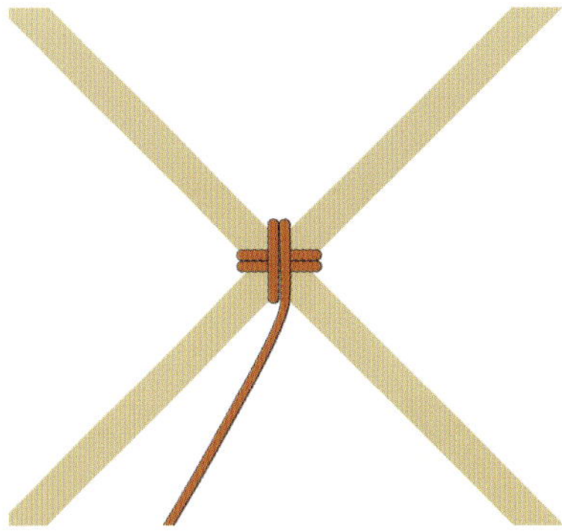

2 Die Holzstäbe kreuzförmig übereinanderlegen, sodass die Kerben ineinandergreifen. Das rostrote Garn ein paarmal um die Verbindungsstelle wickeln, um die Stäbe in dieser Position zu fixieren.

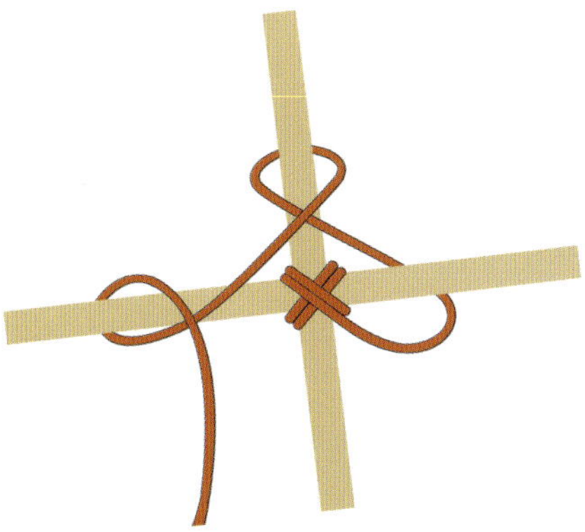

3 Mit dem rostroten Garn weiterarbeiten. Den Faden gegen den Uhrzeigersinn unter dem rechten Stab durchführen. Nun den Faden nach links über den benachbarten Stab, unter demselben Stab durch- und über denselben Stab wieder nach links zum nächsten Stab führen. Die Wickelbewegung an diesem Stab wiederholen.

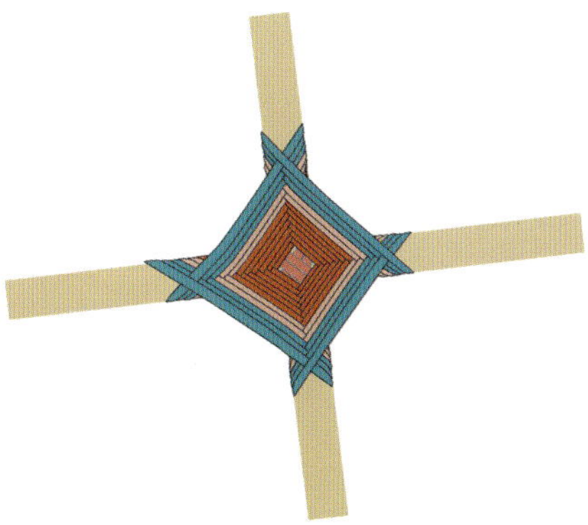

4 Auf diese Weise 6 Runden in Rostrot, dann 2 Runden in Pfirsich und 3 Runden in Blaugrün arbeiten.

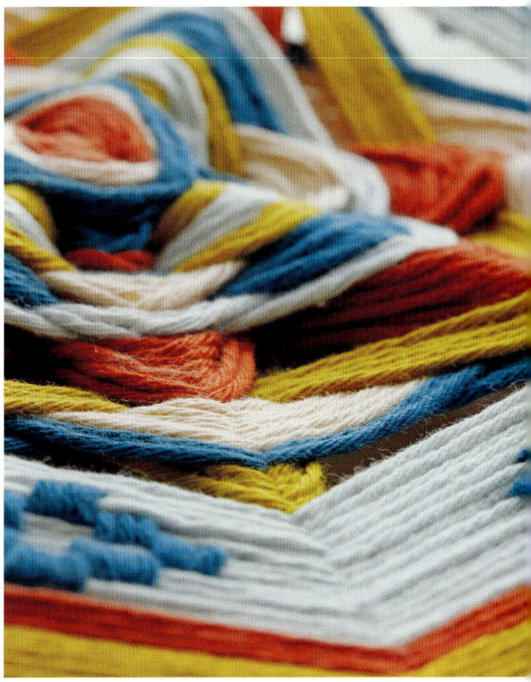

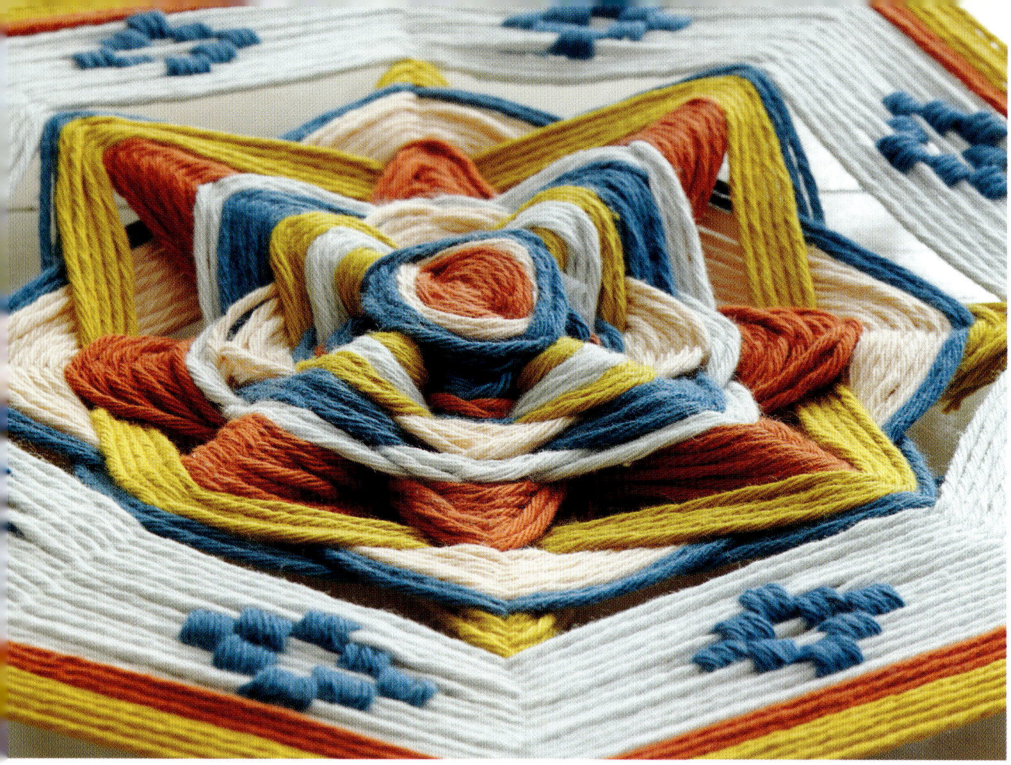

5 Schritt 1–4 am zweiten Paar Holzstäbe wiederholen, am Schluss jedoch 8 statt 3 Runden in Blaugrün arbeiten.

Tipp

Bei manchen Runden müssen Sie das Garn unter der Vorrunde durchziehen, um ein regelmäßiges, symmetrisches Muster zu erhalten.

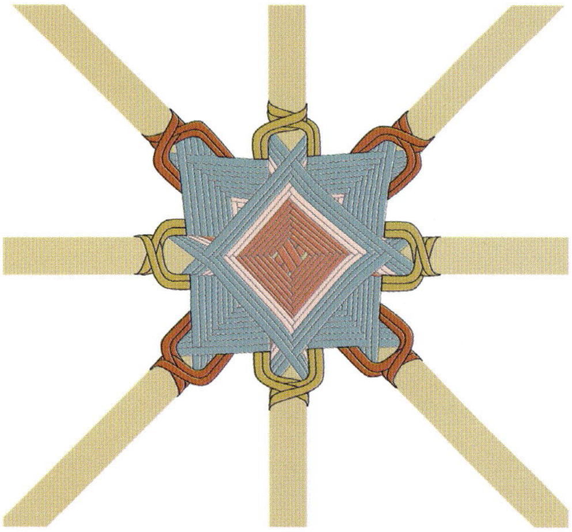

6 Das kleinere Faden-Quadrat diagonal auf das größere legen und in dieser Position festhalten. 2 Runden in Senfgelb auf die oberen Stäbe und zwei Runden in Rostrot auf die unteren Stäbe wickeln. Bei diesen Runden die Fäden quer über die Rückseite führen, sodass sie die beiden Quadrate zusammenhalten und an den Stäben Zapfenformen bilden.

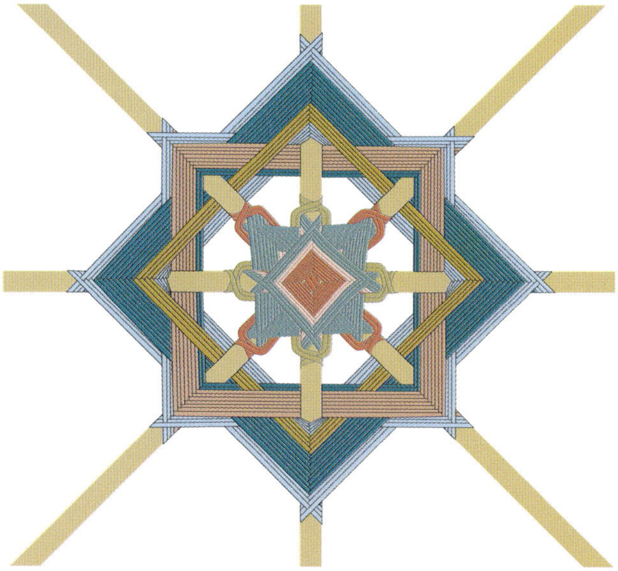

7 Weitere Runden arbeiten, dabei immer ein Paar Stäbe umwickeln und den Faden unter dem anderen Stäbepaar durchstecken: Zuerst 4 Runden in Hellblau nur auf die oberen Stäbe wickeln (unter den unteren Stäben durch), 2 Runden in Blaugrün nur auf die unteren Stäbe (unter den oberen Stäben und den hellblauen Fäden durch), vier Runden in Senfgelb auf die oberen Stäbe (unter den unteren Stäben durch), 7 Runden in Pfirsich auf die unteren Stäbe (unter den oberen Stäben und den senfgelben Fäden durch), 8 Runden in Blaugrün auf die oberen Stäbe (unter den unteren Stäben durch), 3 Runden in Hellblau auf die unteren Stäbe (unter den oberen Stäben und den blaugrünen Fäden durch), 3 Runden in Hellblau auf die oberen Stäbe (unter den unteren Stäben durch).

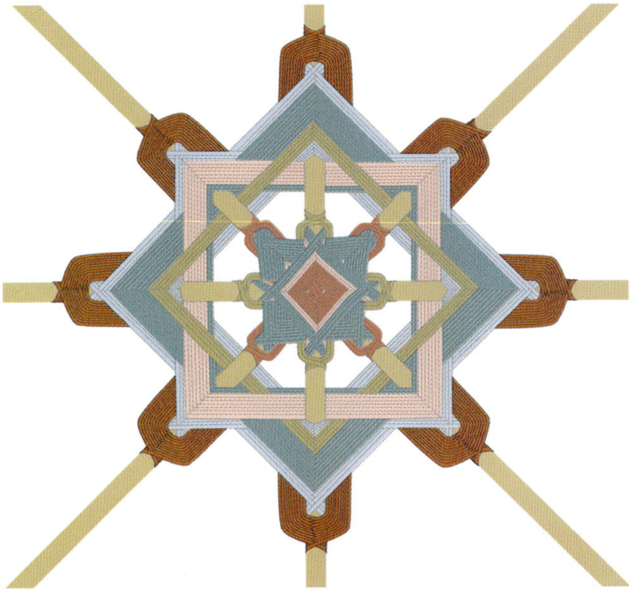

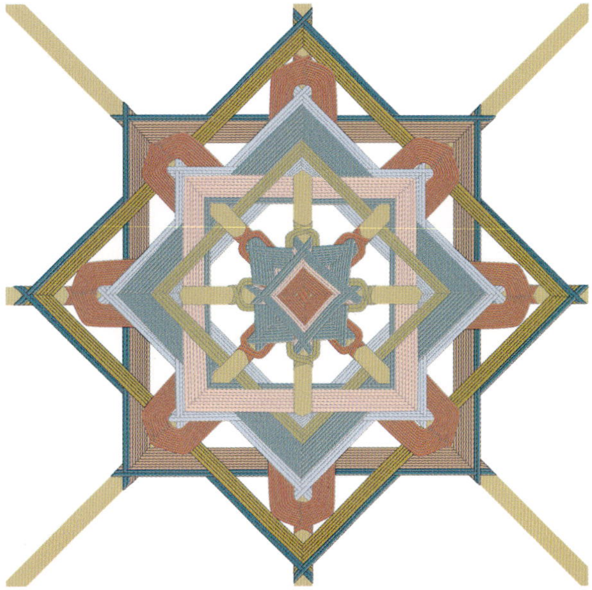

8 Nun 10 Runden in Rostrot auf die unteren Stäbe und 10 Runden in Rostrot auf die oberen Stäbe wickeln. Dabei das Garn quer über die Rückseite führen, sodass sich auf den Stäben Zapfenformen bilden (siehe Schritt 6).

9 Mit derselben Rundentechnik wie in Schritt 3, 4, 5 und 7 wie folgt weiterarbeiten: 8 Runden in Pfirsich auf den unteren Stäben (unter den oberen Stäben durch), 5 Runden in Senfgelb auf den oberen Stäben (über die pfirsichfarbenen Fäden und unter den unteren Stäben durch), 2 Runden in Blaugrün auf den unteren Stäben (unter den oberen Stäben und unter den senfgelben Fäden durch), 2 Runden in Blaugrün auf den oberen Stäben (unter den unteren Stäben und unter den blaugrünen und pfirsichfarbenen Fäden durch).

10 Als Nächstes 6 Runden in Senfgelb auf die unteren Stäbe wickeln, dabei das Garn schräg über die Rückseite führen, sodass auf den Stäben Zapfenformen entstehen (siehe Schritt 6 und 8).

11 Zum Abschluss über alle Stäbe gegen den Uhrzeigersinn 16 Runden in Hellblau, 3 Runden in Rostrot und 5 Runden in Senfgelb arbeiten.

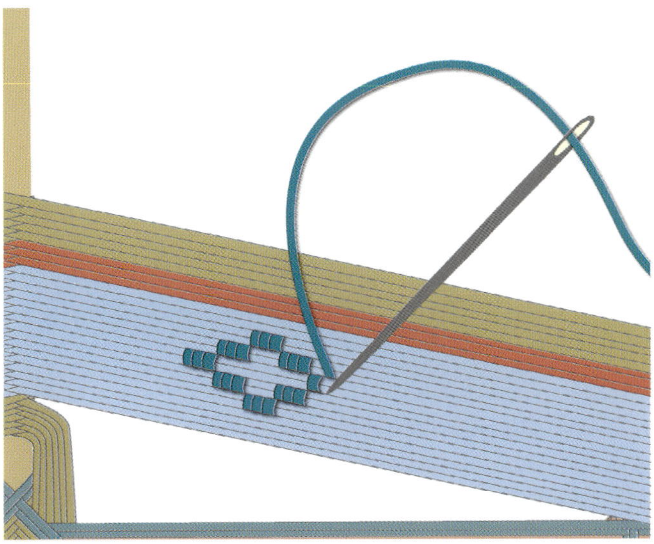

12 Zuallerletzt die breiten hellblauen Bereiche mit blaugrünem Faden mit einem Plattstich-Muster (siehe Seite 8) verzieren.

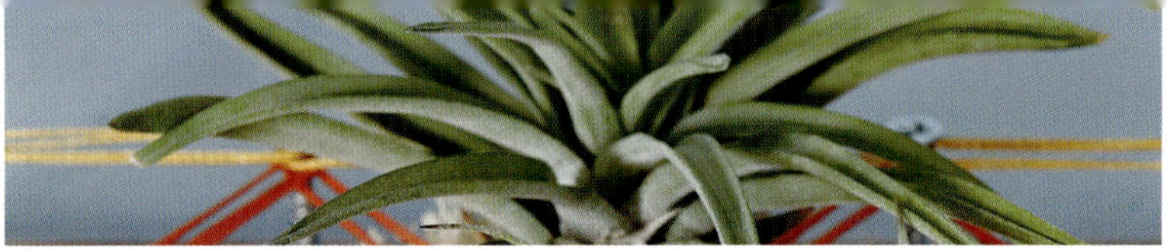

WANDGARTEN mit Luftpflanzen

Luftpflanzen lassen sich mithilfe der Fadenkunst kreativ in Szene setzen. Auch wenn Sie keinen grünen Daumen haben – diese pflegeleichten Pflanzen werden sich bei Ihnen garantiert wohlfühlen!

★★☆

Sie brauchen dazu:

- 3 hölzerne Tischsets oder Holzbretter in ähnlicher Größe
- Bleistift
- Lineal
- Bohrmaschine mit 2-mm-Bohrer
- 3,5-mm-Schrauben
- Schraubenzieher
- Schnur zum Perlenauffädeln (oder ähnliche Schnur) in Orange, Senfgelb und Grün
- Schere
- Luftpflanzen
- Heißklebepistole
- Moos

Dreieck

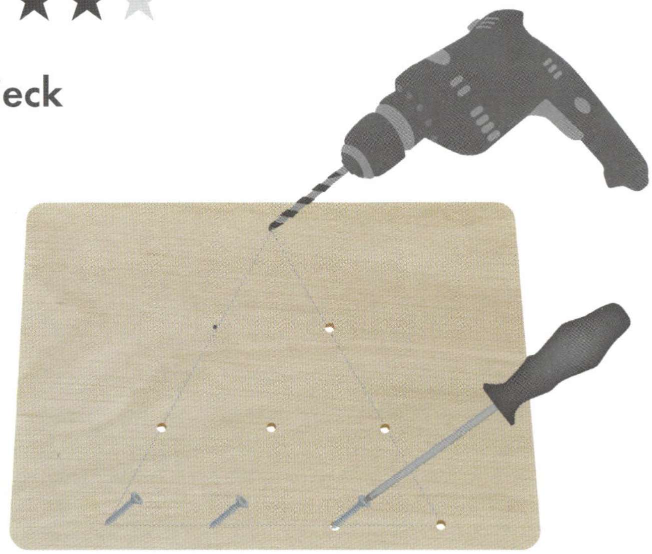

1 Ein gleichseitiges Dreieck auf die Rückseite des Holzhintergrundes zeichnen. Jede Seite in drei gleiche Teile teilen. An allen Ecken und Teilungspunkten Löcher bohren. Die Strecke zwischen dem jeweils unteren Teilungspunkt an den beiden Schenkeln des Dreiecks halbieren und am Halbierungspunkt ein weiteres Loch bohren. In jedes Bohrloch eine Schraube drehen.

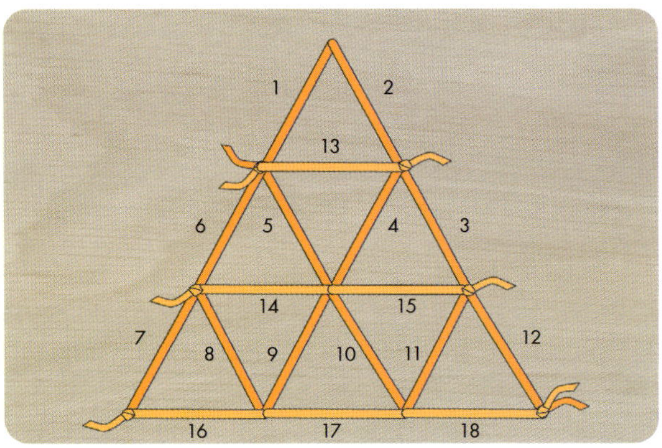

2 Die Schnur in Orange an der obersten Schraube festknoten und in der Reihenfolge der Nummerierung von 1 bis 12 (siehe Abbildung) um die anderen Schrauben schlingen. Bei den meisten Schrauben müssen Sie die Schnur eineinhalbmal herumwickeln, um die richtige Position zum Umwickeln der nächsten zwei Schrauben zu erreichen. Nur bei Nr. 3 und Nr. 7 müssen Sie die Schraube zweimal umwickeln. Die Schnur an der letzten Schraube festbinden und abschneiden. Nun mit der senfgelben Schnur die Strecke Nr. 13, dann Nr. 14 und 15, dann Nr. 16 bis 18 arbeiten, nach jeder dieser Sequenzen den Faden festbinden und abschneiden. Bei Nr. 13 müssen Sie die Schraube zweimal umwickeln, ansonsten eineinhalbmal.

3 Die Wurzeln der Pflanzen mithilfe der Heißklebepistole nach Belieben in den Lücken zwischen den Schnüren befestigen. Wurzeln und Kleber mit dem Moos kaschieren.

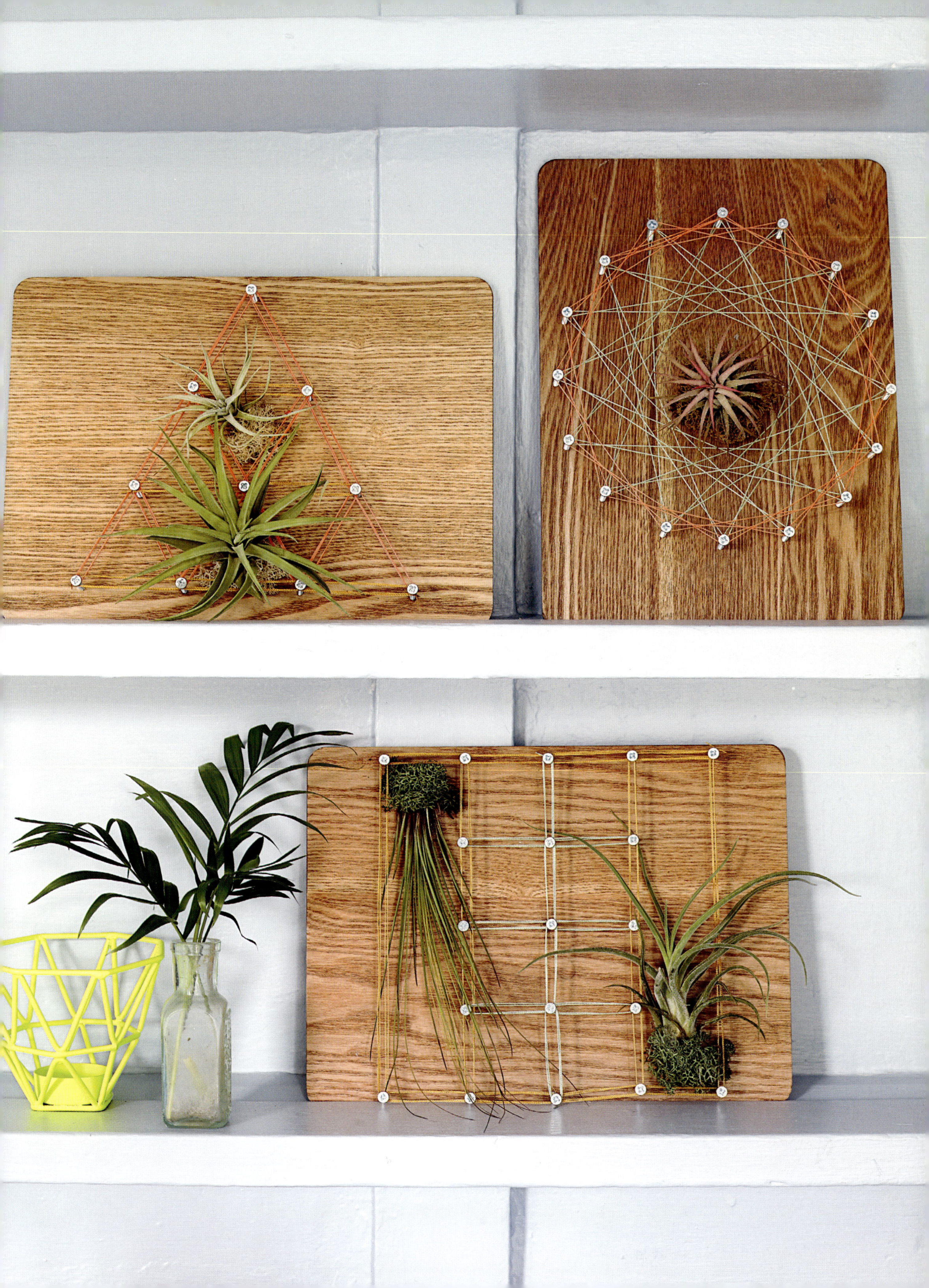

Rechteck

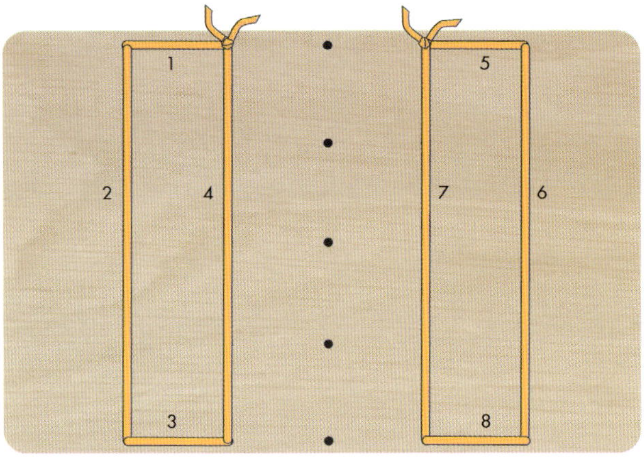

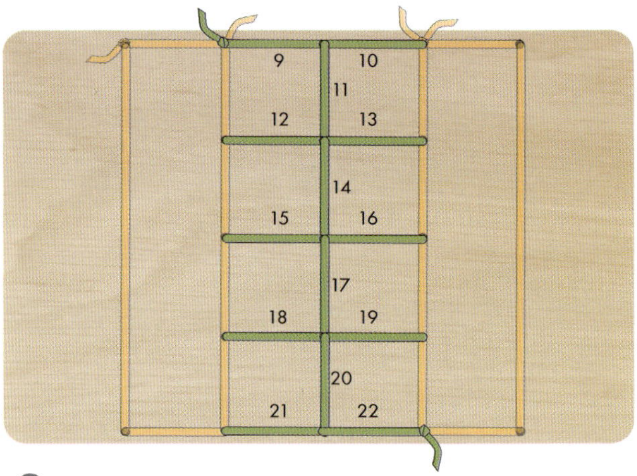

1 Die Schrauben gemäß der Abbildung befestigen. Die Schnur in der Reihenfolge der Nummerierung um die Schrauben schlingen. Zuerst mit der senfgelben Schnur die Sequenzen Nr. 1–4 und Nr. 5–8 arbeiten.

2 Für Nr. 9–22 den grünen Faden nehmen. Bei Nr. 9, 11, 14, 17, 20 und 22 die Schnur eineinhalbmal um die Schrauben wickeln, ansonsten zweimal.

3 Die Pflanzen nach Wunsch platzieren. Ich hatte zwei hochgewachsene Exemplare zur Verfügung und habe eines auf jede Seite „gepflanzt".

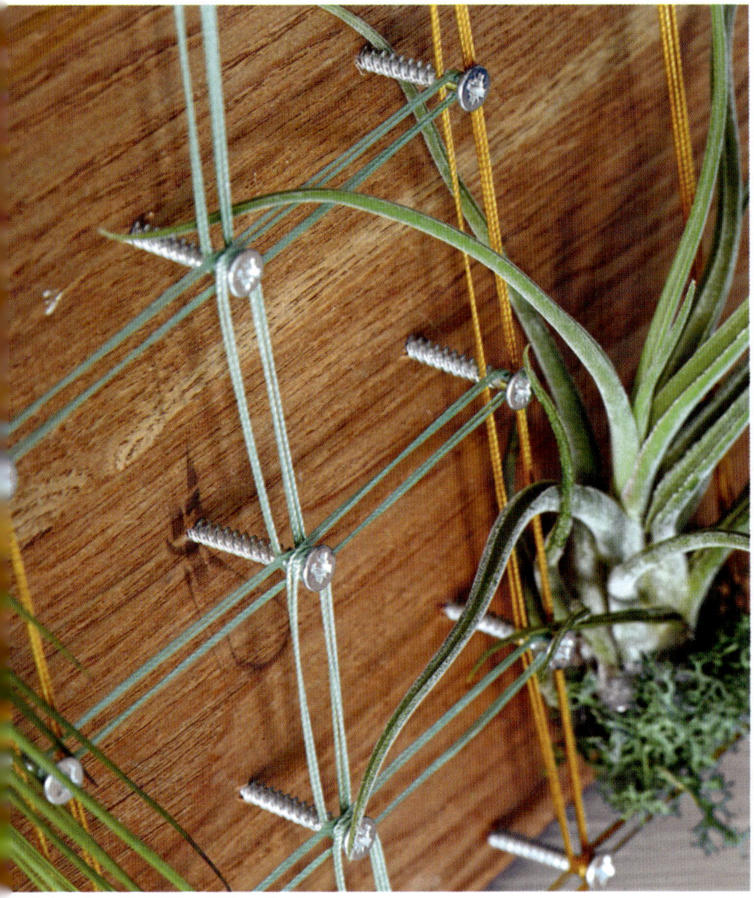

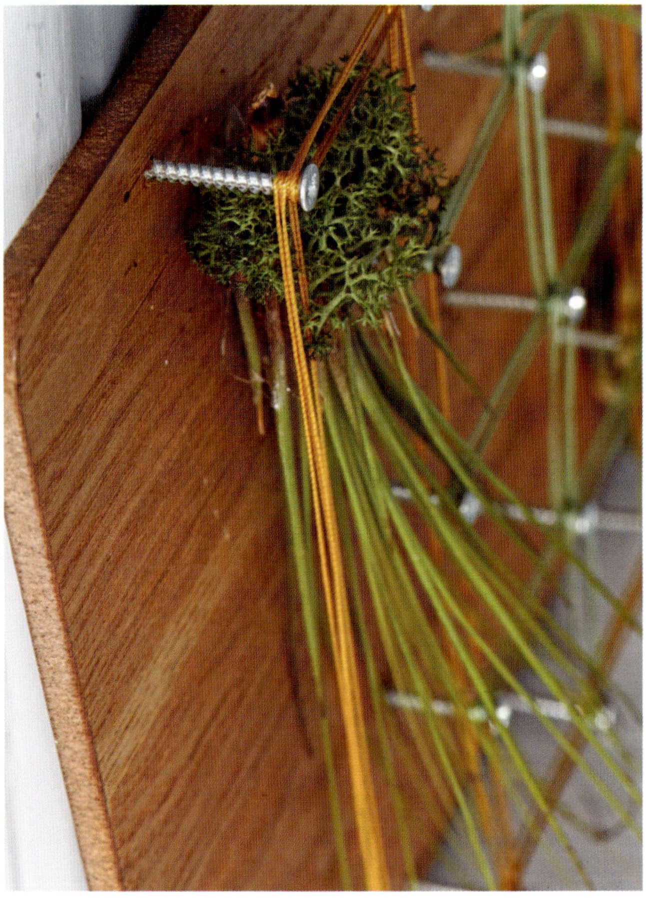

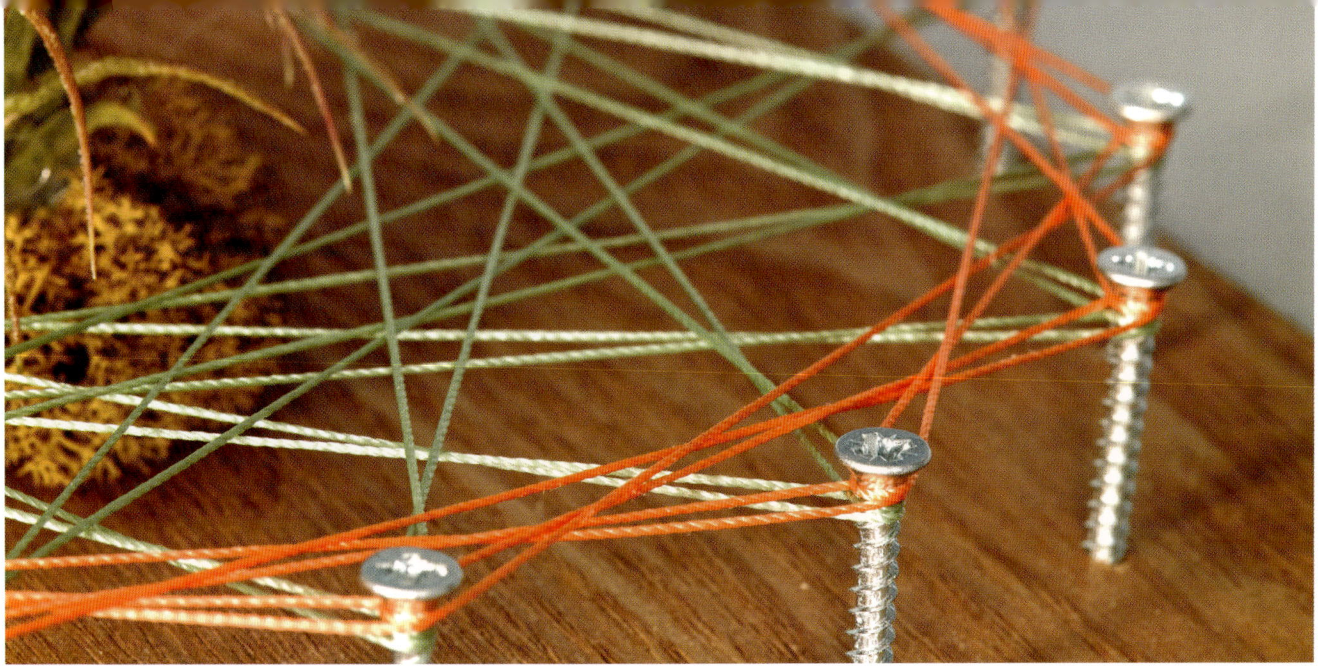

Kreisform

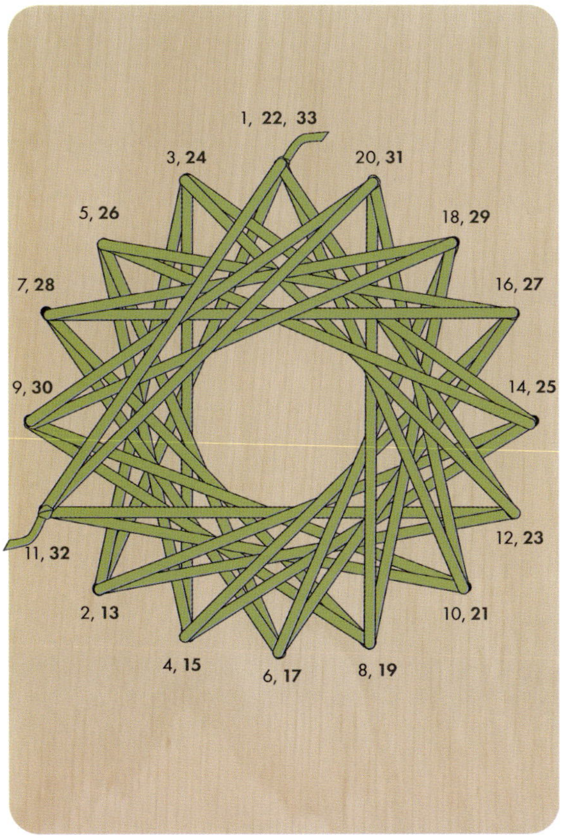

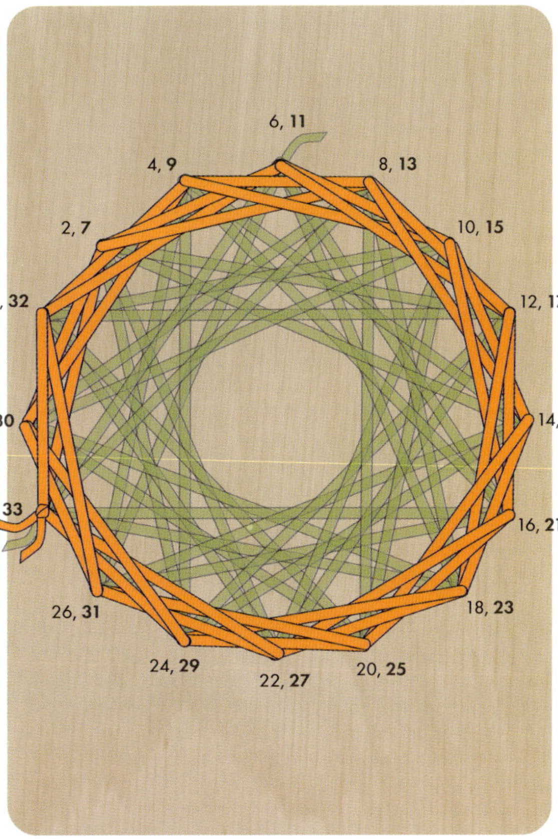

1 16 Schrauben in gleichmäßigen Abständen rund um einen Kreis platzieren. Die grüne Schnur in der Reihenfolge der Nummerierung von 1 bis 32 um die Schrauben wickeln.

2 Nun die Schnur in Orange in der angegebenen Reihenfolge (Nummerierung von 1 bis 33) um die Schrauben wickeln.

3 Die Pflanze und das Moos in der Mitte platzieren.

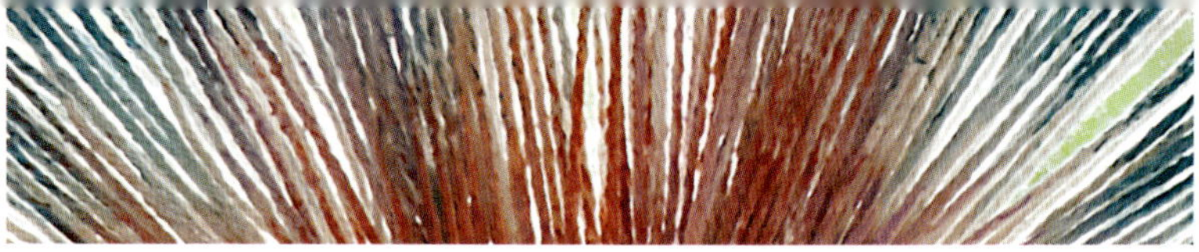

Kultiger TRAUMFÄNGER

Der Traumfänger ist ein indianisches Kultobjekt, das in unseren Breiten gerne als fantasievoller Zimmerschmuck verwendet wird. Bei unserem Traumfänger wurde ein Fadenkunstwerk mit Filzelementen und Pompons kombiniert.

★★★

Sie brauchen dazu:

- Draht
- Stickrahmen
- Schnur
- Schere
- Stofffarbe in Rot, Flieder und Türkis
- Pinsel
- Wolle in Türkis, Rosa, Orange und Flieder
- Filz in Olivgrün, Magenta, Türkis und Hellgrün
- Nähnadel
- Stickgarn in Olivgrün, Magenta, Türkis und Hellgrün
- Baumwollkordel in Türkis
- Holzperlen in Limettengrün, Türkis und Rosa

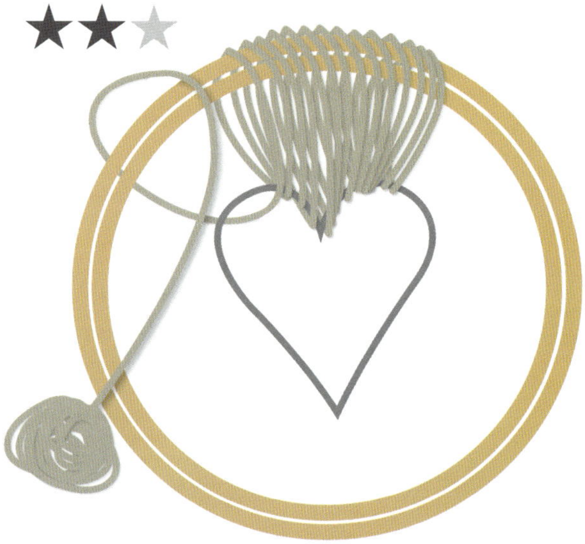

1 Den Draht zu einer Herzform biegen. Das Herz in die Mitte des Stickrahmens legen. Rahmen und Herzform durch Umwickeln mit der Schnur aneinander befestigen.

2 Die Schnüre mit Stofffarbe bemalen: in der Mitte rot, im mittleren Bereich fliederfarben und ganz außen türkis. Trocknen lassen.

3 Für den ersten Pompon türkise Wolle zu einer dicken Strähne um drei Finger wickeln. Die Enden um die Mitte der Strähne wickeln und zu einem festen Knoten binden.

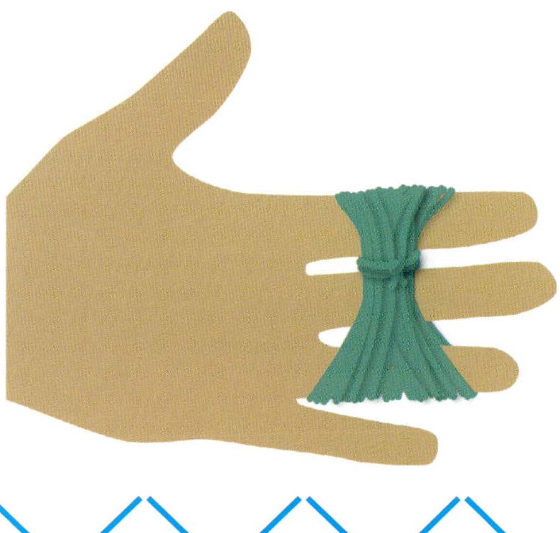

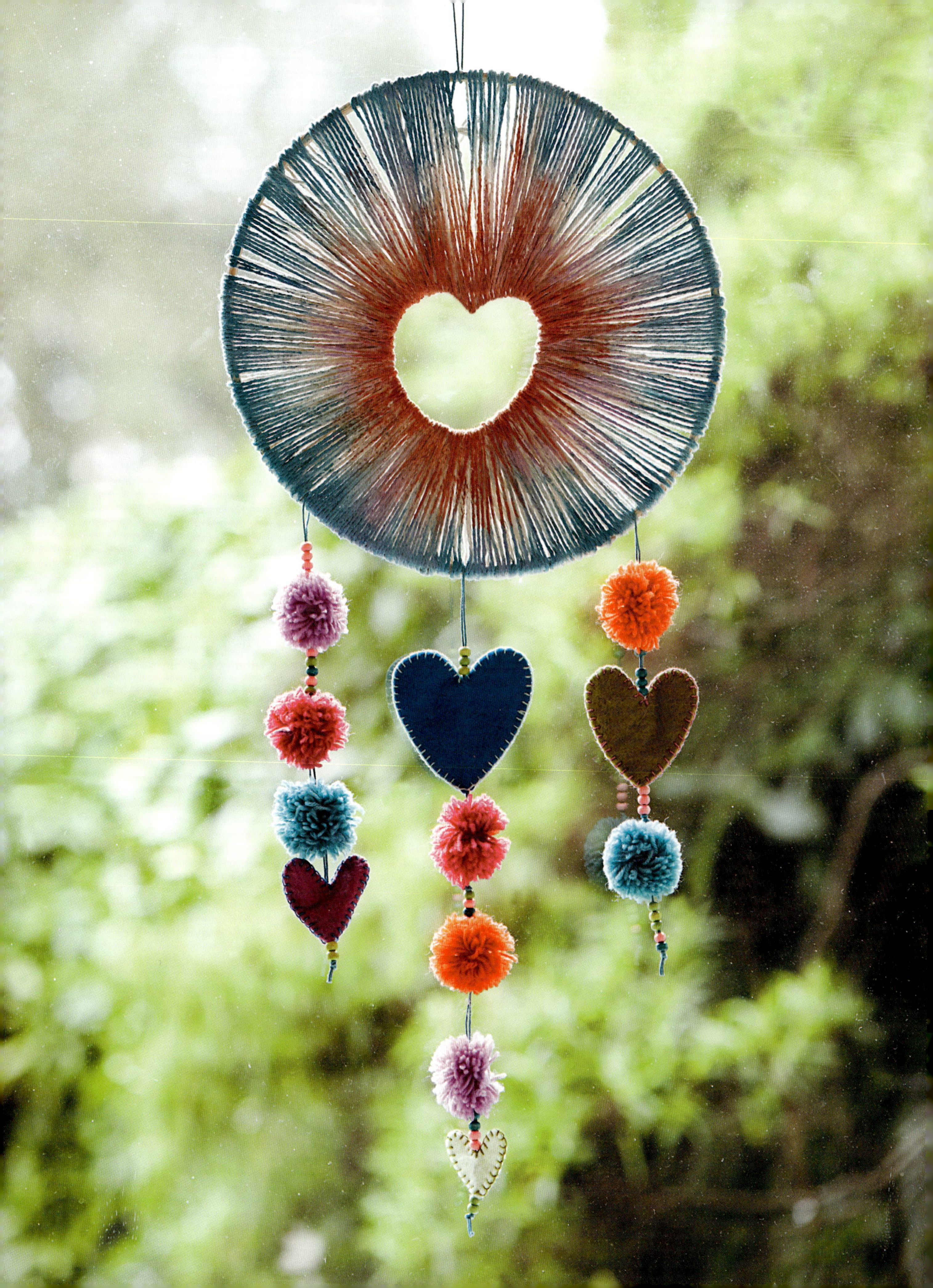

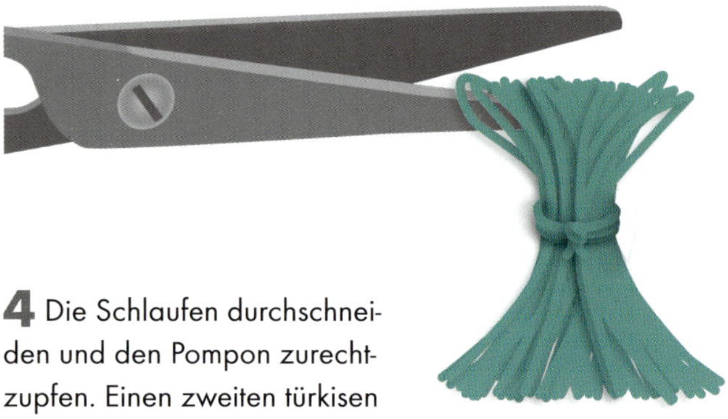

4 Die Schlaufen durchschneiden und den Pompon zurechtzupfen. Einen zweiten türkisen sowie zwei rosa, zwei orange und zwei fliederfarbene Pompons ebenso herstellen.

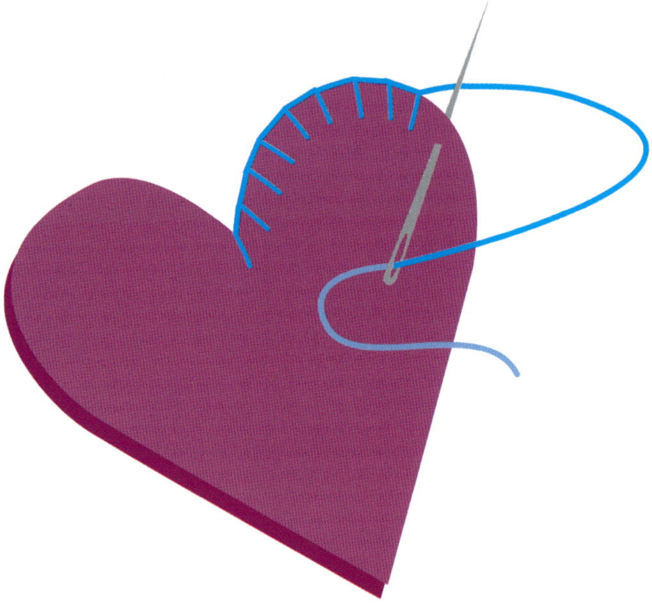

5 Mithilfe der Schablone auf Seite 113 zwei Herzen in jeder Größe aus dem Filz ausschneiden (Farben: siehe Foto) und mit einem kontrastierenden Garn mit Schlingstich (siehe Seite 11) an der Kante entlang zusammennähen.

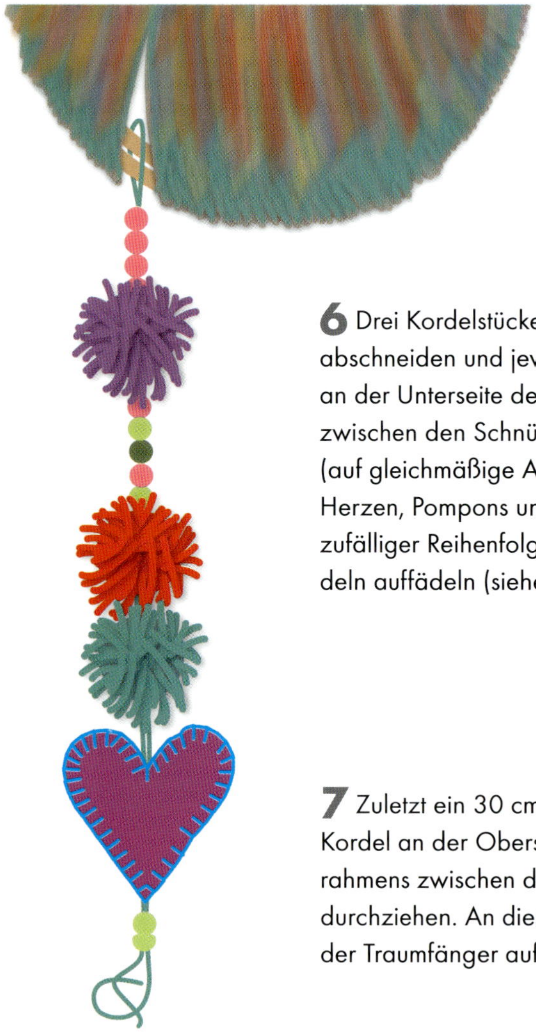

6 Drei Kordelstücke zu je 100 cm abschneiden und jeweils ein Ende an der Unterseite des Stickrahmens zwischen den Schnüren durchziehen (auf gleichmäßige Abstände achten). Herzen, Pompons und Holzperlen in zufälliger Reihenfolge auf die Kordeln auffädeln (siehe Foto).

7 Zuletzt ein 30 cm langes Stück Kordel an der Oberseite des Stickrahmens zwischen den Schnüren durchziehen. An dieser Kordel wird der Traumfänger aufgehängt.

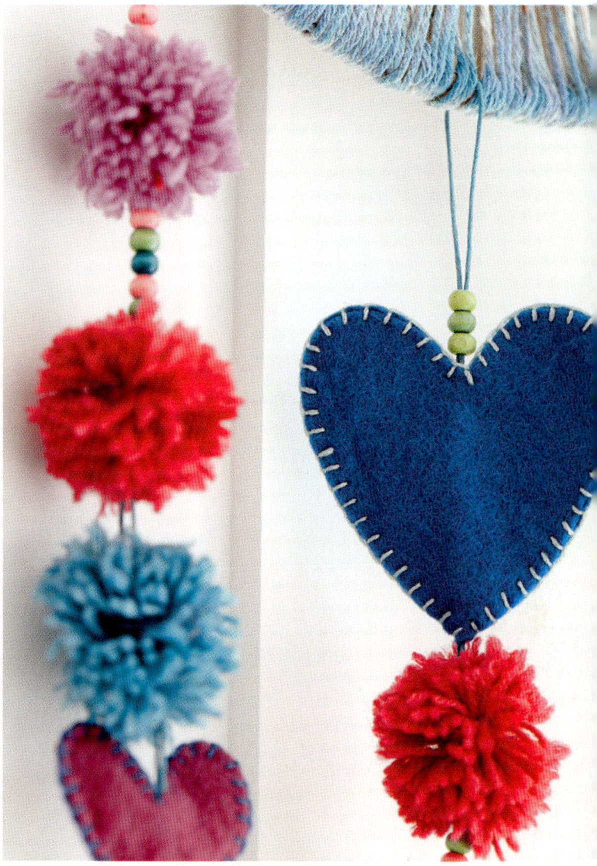

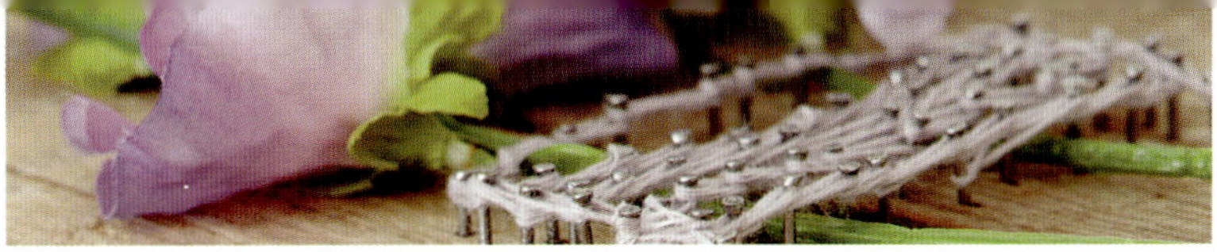

Trendiger BLUMENGRUSS

Rosen, Tulpen, Nelken, alle drei verwelken …
aber diese Blumen nicht! Und die Vase kann auch nicht zerbrechen!

★★☆

Sie brauchen dazu:

- **Transparentpapier**
- **Bleistift**
- **3 Holzstücke, je ca. 18 x 9 cm**
- **1 Holzbrett, ca. 15 x 25 cm**
- **130 Nägel, 15 mm lang**
- **Hammer**
- **Klebeband**
- **Baumwollgarn in Flieder**
- **Kunstblumen**
- **Heißklebepistole (optional)**

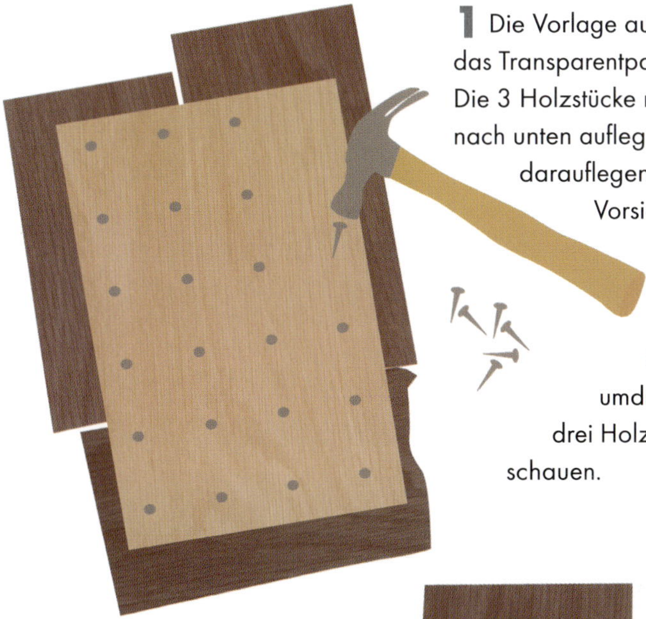

1 Die Vorlage auf Seite 114 auf das Transparentpapier abpausen. Die 3 Holzstücke mit der Vorderseite nach unten auflegen, das Holzbrett darauflegen und festnageln. Vorsicht: Die Nägel dürfen nicht bis an die Vorderseite durchdringen! Nun das Ganze umdrehen, sodass die drei Holzstücke nach oben schauen.

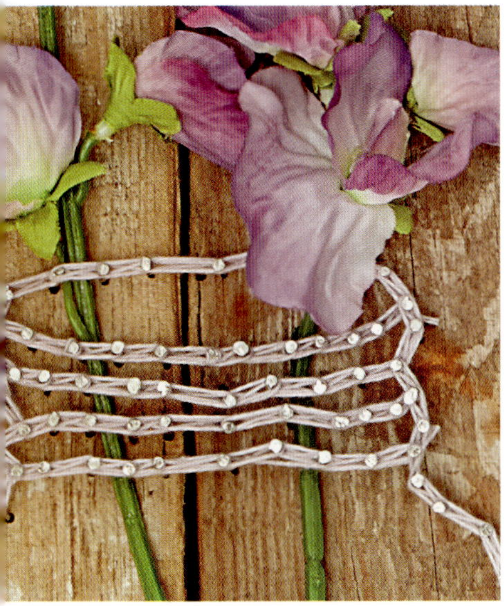

2 Das Transparentpapier mit Klebeband auf der „gestückelten" Holzoberfläche befestigen. Bei jeder punktförmigen Markierung einen Nagel teilweise einschlagen. Das Transparentpapier entfernen.

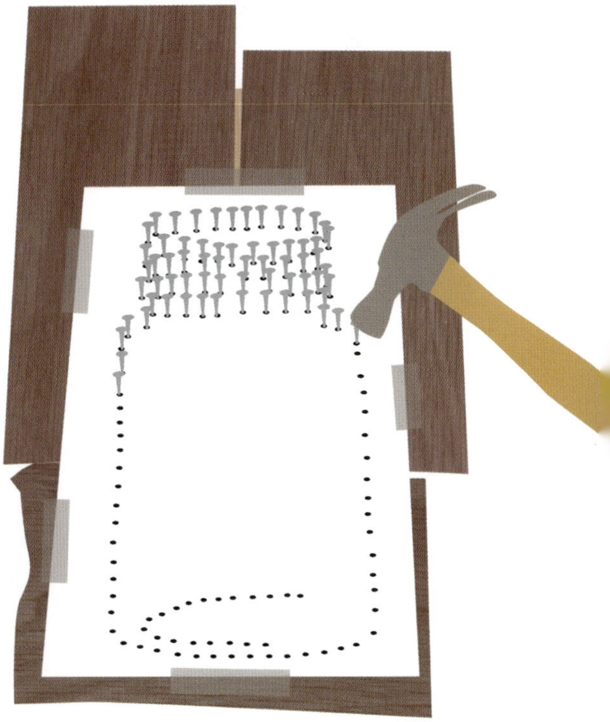

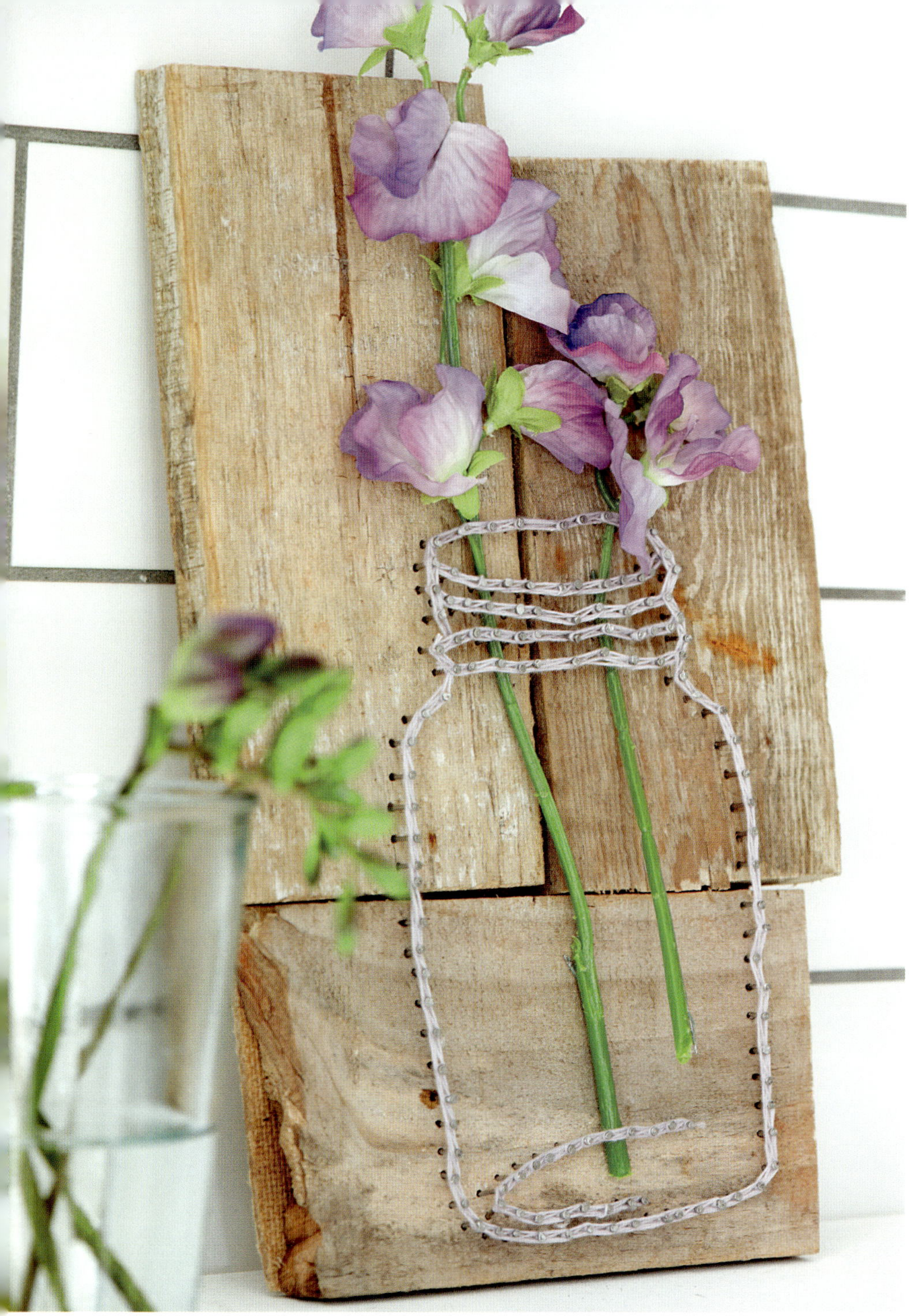

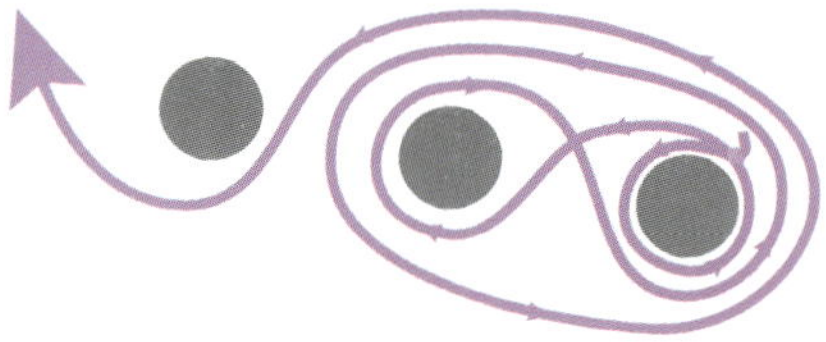

3 Das Ende eines fliederfarbenen Fadens an einem Nagel am Ende einer Linie festbinden, eine Achterschlinge um diesen und den nächsten Nagel wickeln und den Faden um beide Nägel herumführen. Zum nächsten Nagel übergehen, eine Achterschlinge um diesen und den vorherigen Nagel wickeln und den Faden um diese beiden Nägel herumführen.

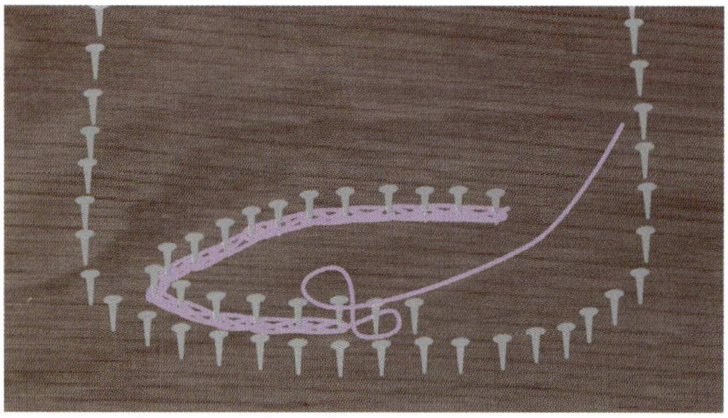

4 Diesen Vorgang bei allen Nägeln entlang der Linie wiederholen. Am Ende der Linie den Faden festbinden und abschneiden. Schritt 3 und 4 bei allen anderen Linien wiederholen.

5 Die Blumen durch die „Öffnung" in die „Vase" stecken. Wenn nötig, die Stängel mithilfe der Heißklebepistole am Hintergrund ankleben.

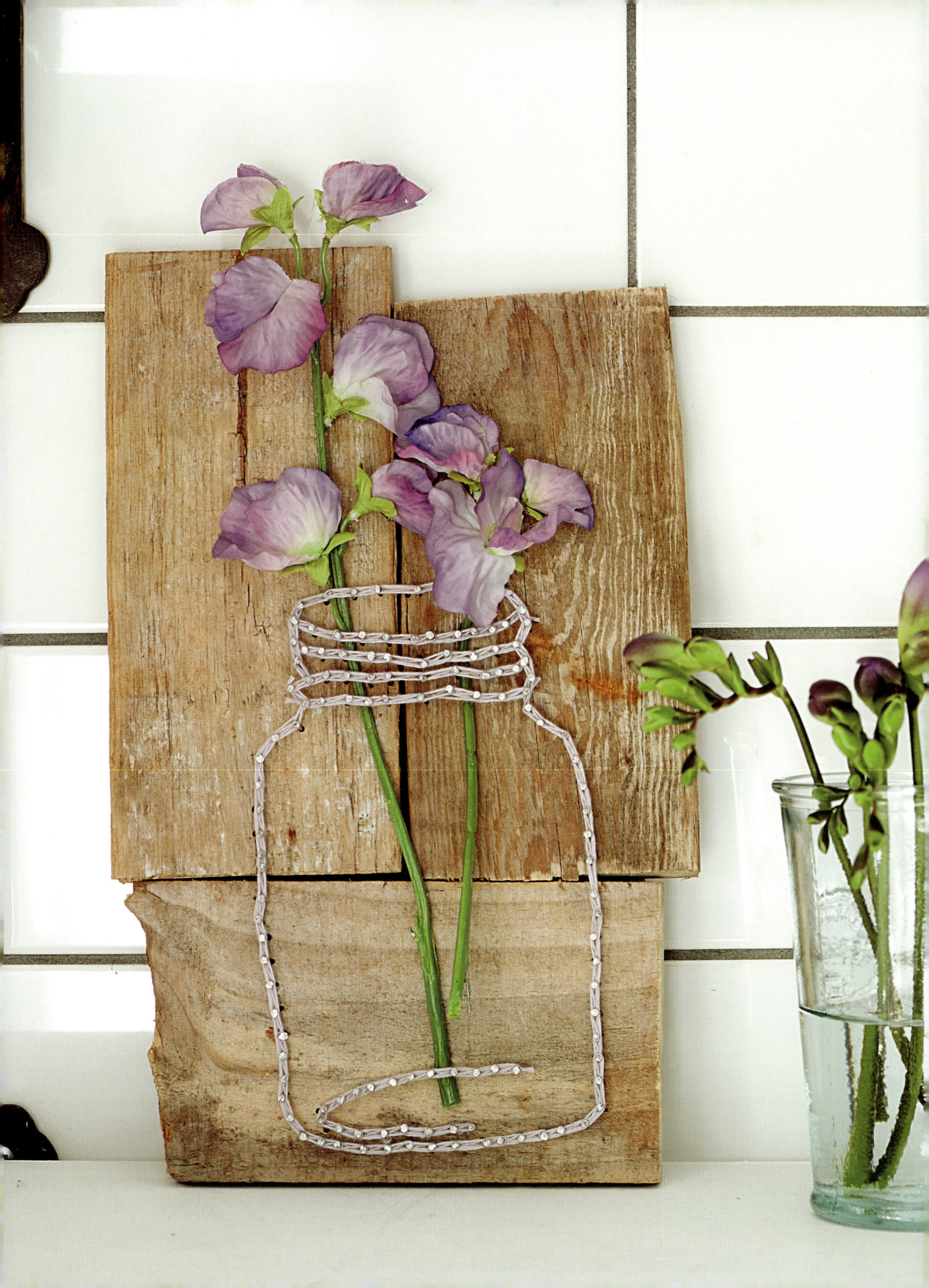

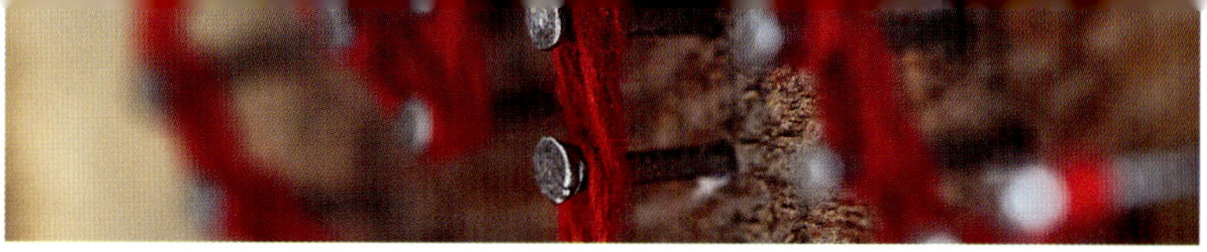

Hirsch als WANDBILD

Aus Nägeln, Baumwollfäden und einer wettergegerbten Holzpalette entstehen sechzehn Einzelteile, die zusammengefügt ein imposantes Tierporträt ergeben.

Sie brauchen dazu:

- **Transparentpapier**
- **Bleistift**
- **Schere**
- **Holzpalette (oder Holzbretter, 7,5 cm breit, 2 cm dick)**
- **Lineal**
- **Säge**
- **Schleifpapier**
- **Klebeband**
- **520 Nägel, 15 mm lang**
- **Hammer**
- **Baumwollfaden in Weinrot**
- **16 Bilderhaken**

1 Die Vorlage auf Seite 115 auf dem Transparentpapier nachziehen (auch den Raster!). Die Transparentpapiervorlage nach dem Raster in 16 Quadrate schneiden.

2 Das Holz in 16 Quadrate (Seitenlänge 7,5 cm) schneiden. Die Quadrate abschleifen, um alle Splitter zu entfernen. Jedes der 16 Papierquadrate mit Klebeband auf ein Holzquadrat kleben.

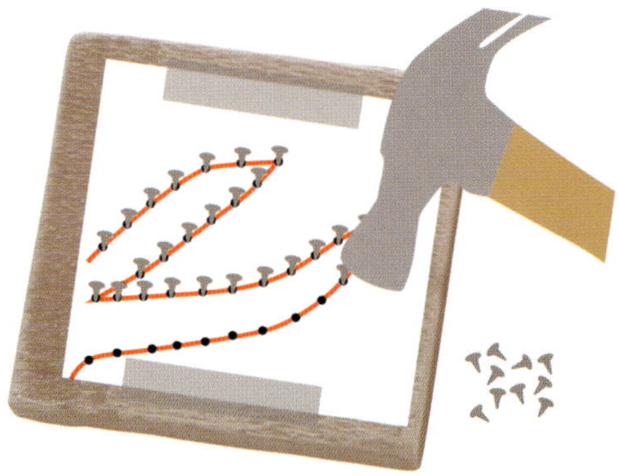

3 Bei jeder punktförmigen Markierung einen Nagel in das Holz schlagen.

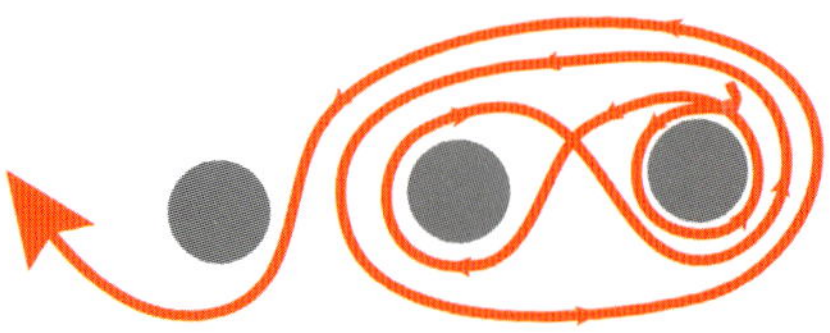

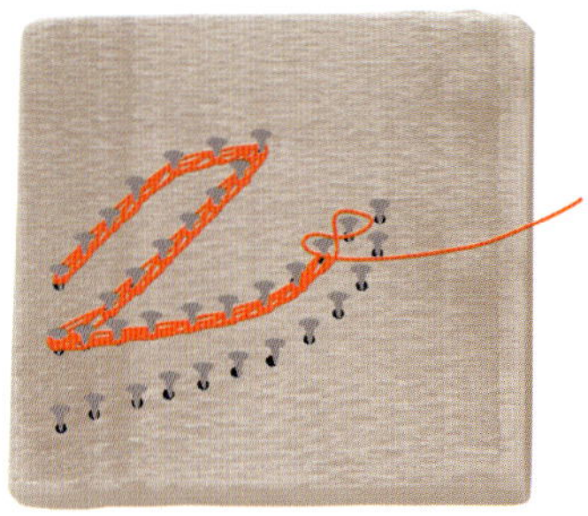

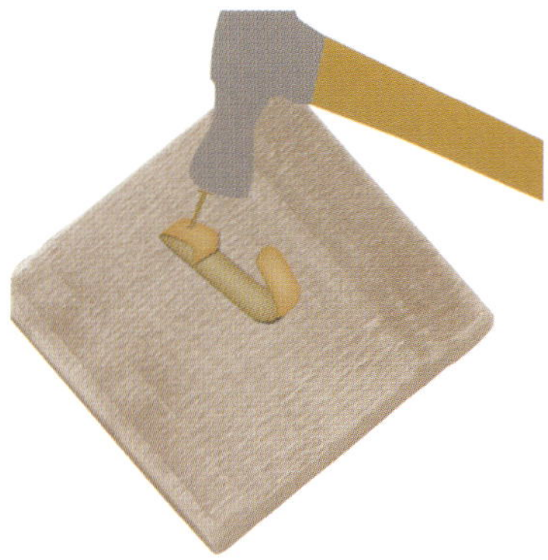

4 Das Transparentpapier vom Holz abnehmen. Das Ende eines weinroten Baumwollfadens an einem Nagel am Ende einer Linie festbinden, um diesen und den nächsten Nagel eine Achterschlinge wickeln und den Faden um beide Nägel herumführen. Zum nächsten Nagel übergehen, um diesen und den vorherigen Nagel eine Achterschlinge wickeln und den Faden um diese beiden Nägel herumführen.

5 Diesen Vorgang bei allen Nägeln entlang der Linie wiederholen. Am Ende der Linie den Faden festbinden und abschneiden.

6 Den Vorgang bei allen Linien auf sämtlichen Holzstücken wiederholen. Wenn alle Teile des Fadenbildes fertig sind, die Holzstücke mit Bilderhaken versehen und in der richtigen Reihenfolge aufhängen.

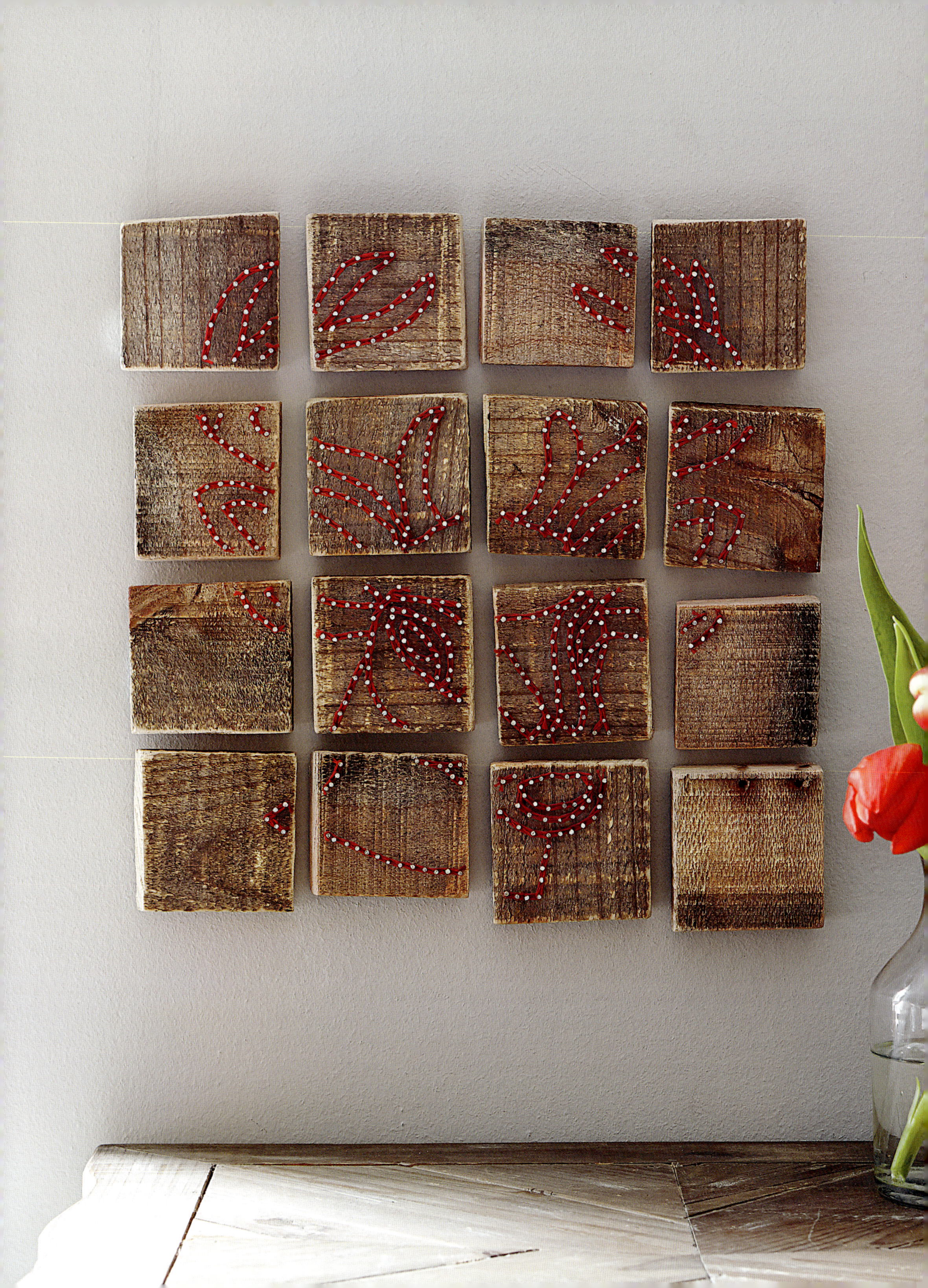

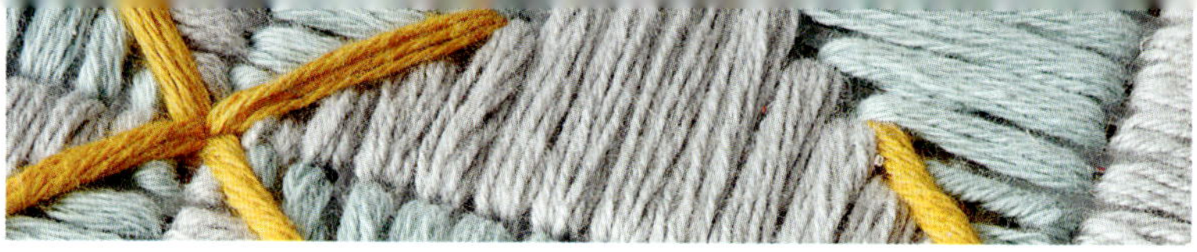

TISCHSETS mit Stickmuster

Die Retro-Welle lässt grüßen: Farbenfroh bestickte Tischsets und Gläseruntersetzer verschönern den Geburtstagstisch und machen auch jede Alltagsmahlzeit zum kleinen Fest. Auch die Sticktechnik ist eine halb vergessene Kunst, die heute wieder voll im Trend liegt.

★★☆

Sie brauchen dazu:

- **2 Stücke Plastik-Stramin, je 32,5 x 23,5 cm, für die Tischsets**
- **2 Stücke Plastik-Stramin, je 9,5 x 9,5 cm, für die Gläseruntersetzer**
- **Bleistift**
- **Lineal**
- **Baumwollgarn in Rosa, Creme, Blaugrün, Grau, Helltürkis und Senfgelb**
- **Wollnadel**
- **Schere**

1 Die Löcher an der Längs- und Breitseite der Stramin-Vierecke zählen. Gewünschte Anzahl: Tischsets 85 x 61 Löcher, Gläseruntersetzer 25 x 25 Löcher.

2 Für das Tischset in Rosa/Creme/Blaugrün die 13. waagrechte Lochreihe unterhalb des oberen Randes markieren. Danach bei jeder 12. Lochreihe wiederholen. Die 13. senkrechte Lochreihe innerhalb des linken Randes markieren. Danach bei jeder 12. Lochreihe wiederholen. Jedes Quadrat innerhalb des so entstandenen Rasters wird mit einer Wiederholung des Karomotivs bestickt. Dazu mit rosa Garn in der linken oberen Ecke des Quadrats fünf lange Diagonalstiche arbeiten (siehe Abbildung).

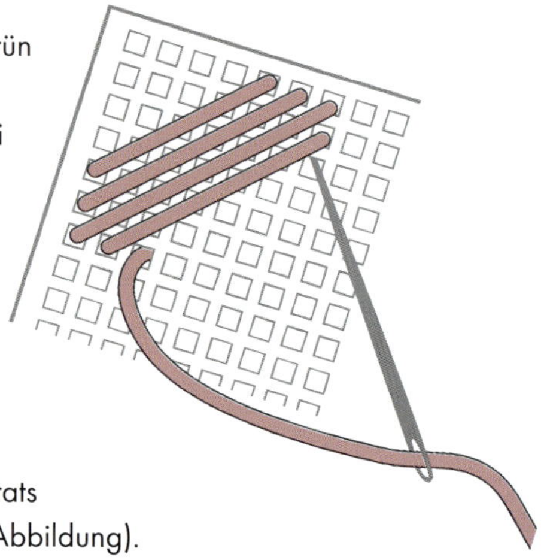

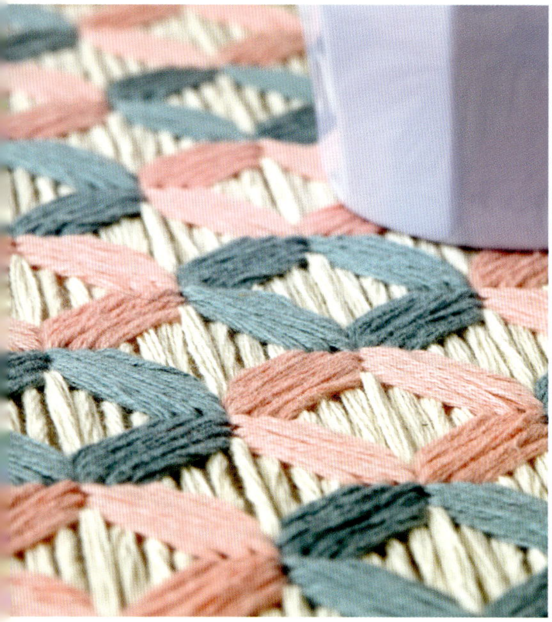

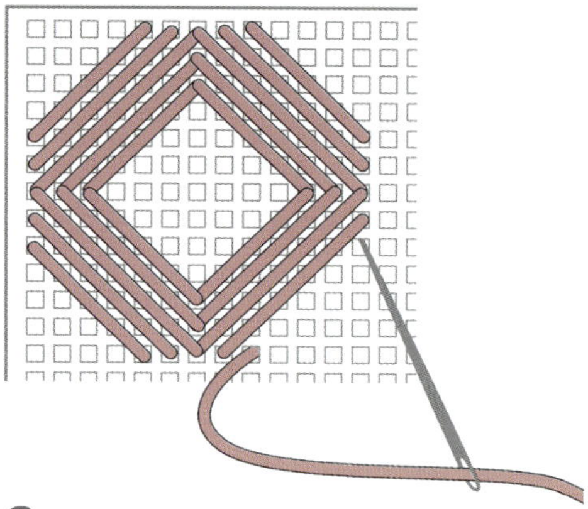

3 Dieselbe Stichsequenz in den drei anderen Ecken des Quadrates wiederholen. Jene Stiche, die aneinander anstoßen, in dasselbe Loch arbeiten.

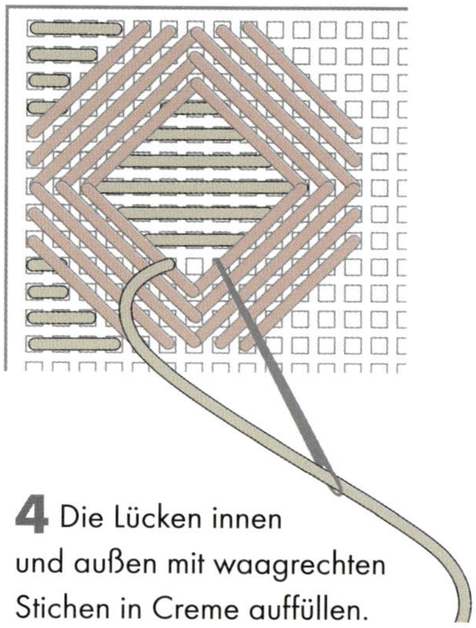

4 Die Lücken innen und außen mit waagrechten Stichen in Creme auffüllen.

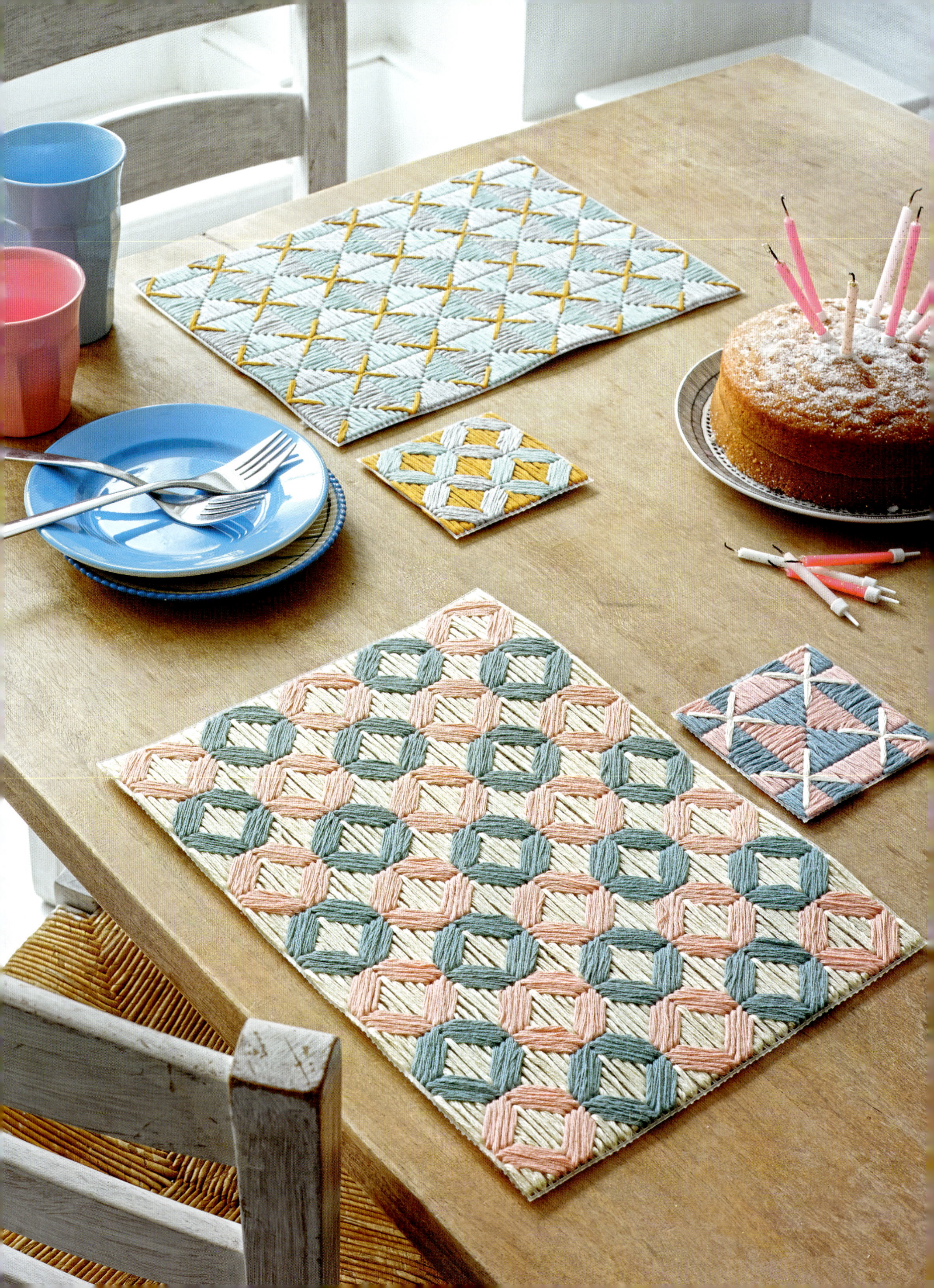

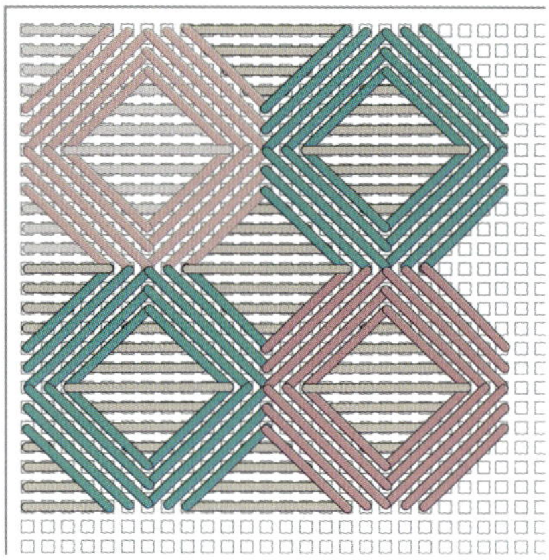

5 Das nächste Karomotiv in Blaugrün ebenso arbeiten. Die gesamte Fläche abwechselnd mit rosa und blaugrünen Motiven besticken, die freibleibenden Bereiche mit waagrechten Stichen in Creme auffüllen. Dort, wo zwei Motive aneinander anstoßen, werden beide in die in Schritt 2 markierten Lochreihen gearbeitet.

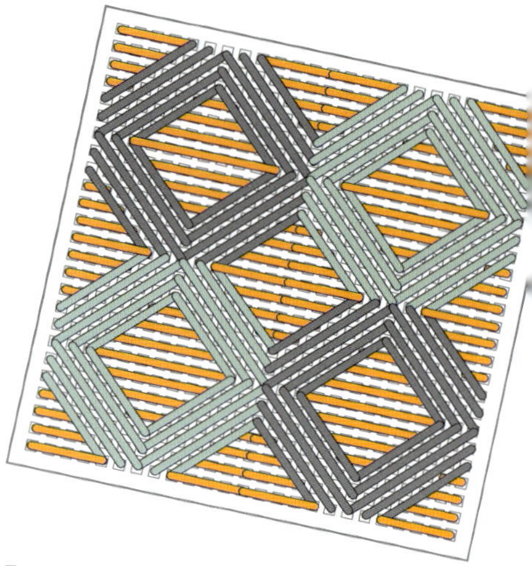

6 Den dazugehörigen Gläseruntersetzer ebenso besticken (Karos in Grau und Helltürkis, die freibleibenden Bereiche in Senfgelb auffüllen).

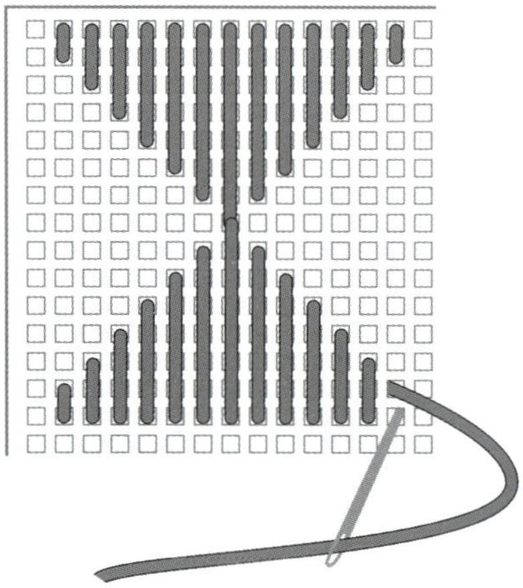

7 Für das Tischset in Grau/Helltürkis/Senfgelb die 15. waagrechte Lochreihe unterhalb des oberen Randes markieren. Danach bei jeder 14. Lochreihe wiederholen, sodass nach der letzten Markierungslinie am unteren Rand 4 Lochreihen verbleiben. Die 15. senkrechte Lochreihe innerhalb des linken Randes markieren. Danach bei jeder 14. Lochreihe wiederholen. Jedes Quadrat innerhalb des so entstandenen Rasters wird mit einer Wiederholung des Motivs bestickt. Dazu mit grauem Garn in der oberen Hälfte des Quadrats 13 Stiche arbeiten, die ein Dreieck bilden; ein spiegelbildliches Dreieck in die untere Hälfte sticken (siehe Abbildung).

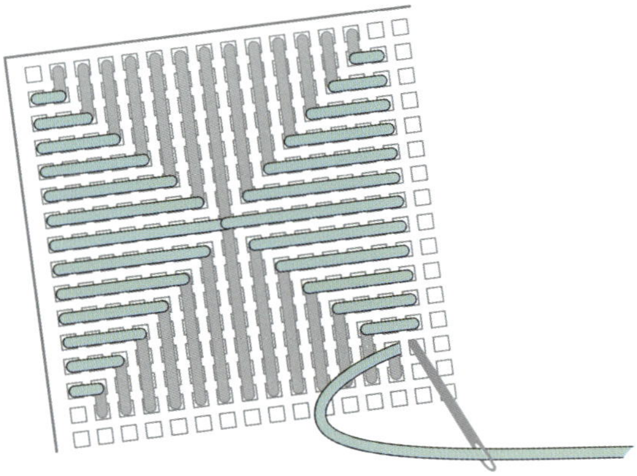

8 Auf beiden Seiten des Quadrats je ein ebensolches Dreieck in Helltürkis sticken. Die Stiche, die aneinander anstoßen, werden in dasselbe Loch gearbeitet.

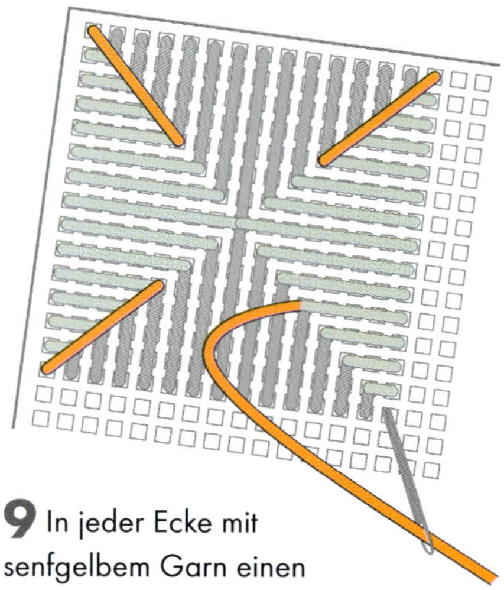

9 In jeder Ecke mit senfgelbem Garn einen 5 Löcher überspannenden Diagonalstich arbeiten.

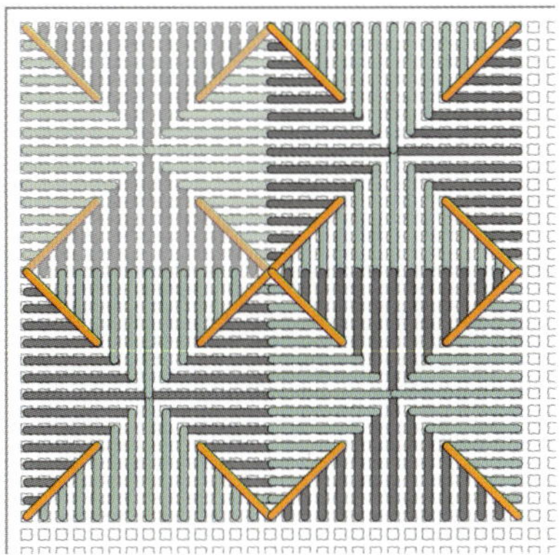

10 Die gesamte Fläche abwechselnd mit Motiven in Grau und Helltürkis besticken. Dort, wo zwei Motive aneinander anstoßen, werden beide in die in Schritt 7 markierten Lochreihen gearbeitet. Die letzten vier Lochreihen an der unteren Kante mit unvollständigen Motiven besticken, dabei die Farbsequenz fortführen.

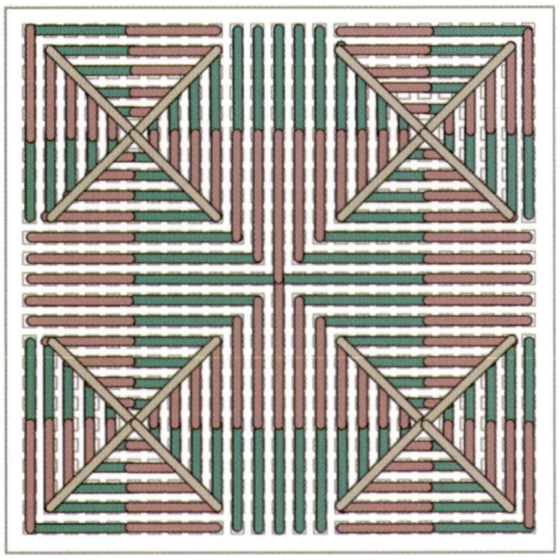

11 Den dazupassenden Gläseruntersetzer im gleichen Muster in Rosa, Blaugrün und Creme arbeiten.

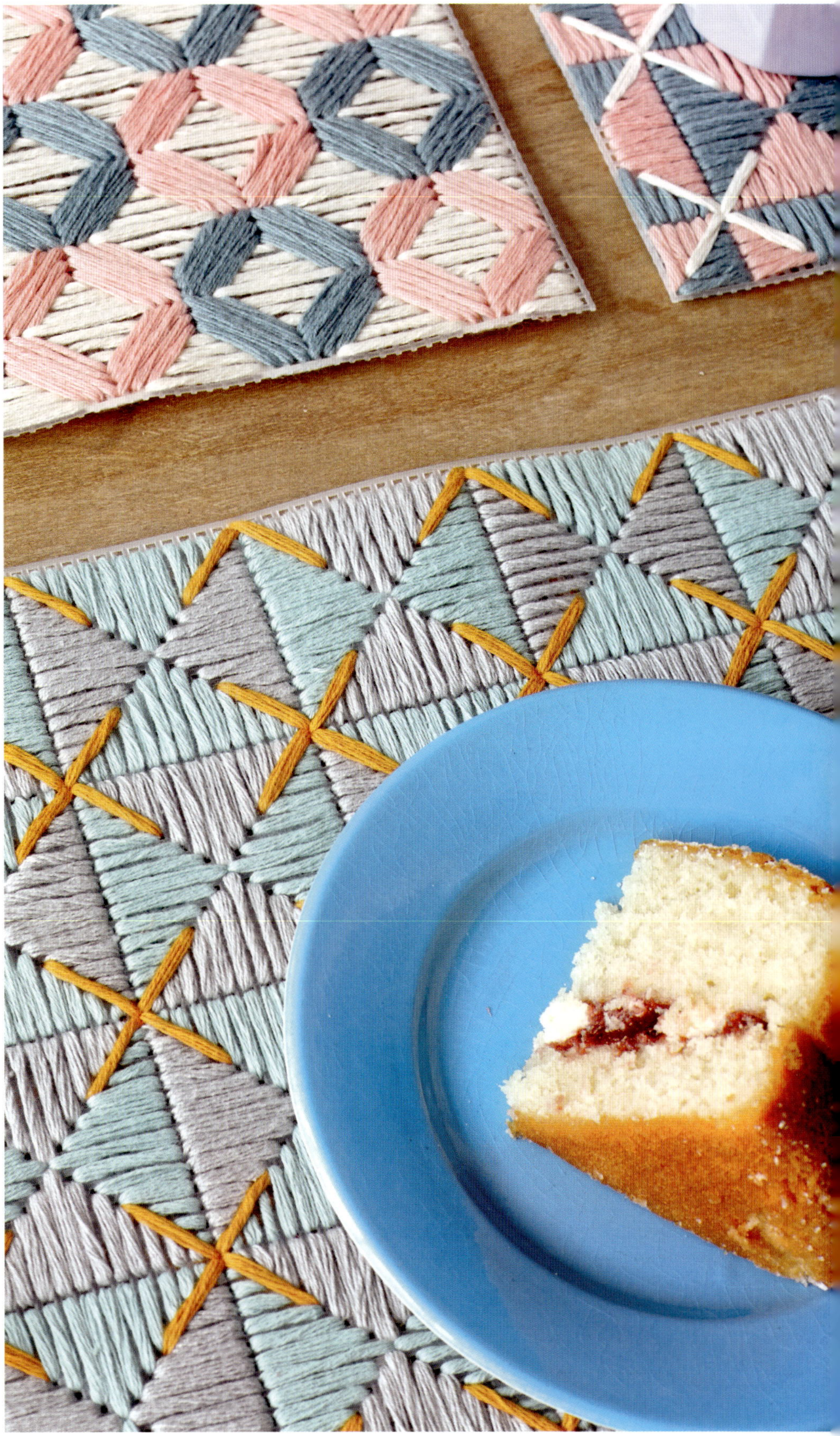

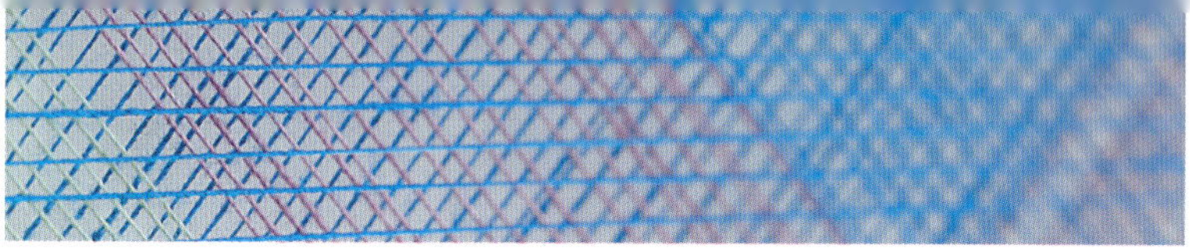

FADENBILDER auf Leinwand

Auf Künstlerleinwänden werden lagenweise bunte Fäden gespannt – bei jedem der vier Fadenbilder kommt eine Lage mehr dazu. Durch das subtile Zusammenspiel der Farben entsteht ein unglaublich schöner Schattierungseffekt.

★★★

Sie brauchen dazu:

- 4 Künstlerleinwände, je 20 x 20 cm
- Bleistift und Lineal
- Hammer
- 576 Paneelstifte
- Nähgarn in Türkis, Violett und Grün
- Schere

1 An jeder Leinwand 1 cm von jeder Kante eingerückt eine Reihe von Markierungspunkten in gleichen Abständen anbringen (37 Markierungen pro Kante). Bei jeder Markierung einen Paneelstift in den Rahmen einschlagen.

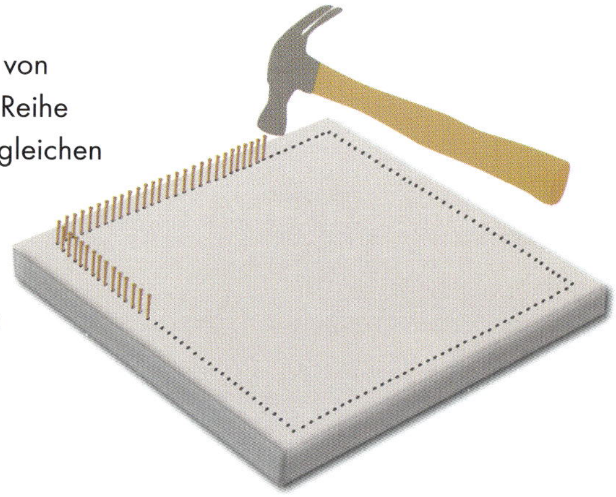

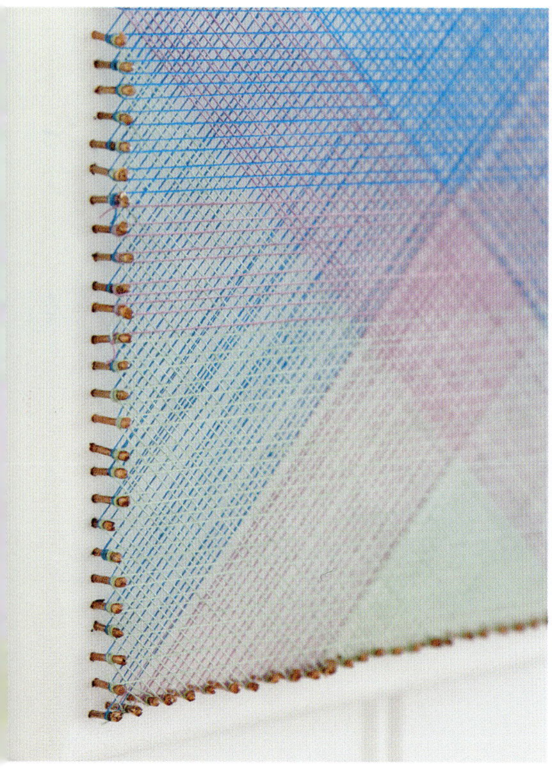

2 An der ersten Leinwand oben links beginnen. Den türkisen Faden wie abgebildet am ersten Nagel von oben (an der linken Seitenkante) anbinden; zum ersten Nagel rechts von der Ecke (an der Oberkante) hinaufführen. Ebenso fortfahren: Den Faden schräg zwischen der linken Seitenkante und der Oberkante hin- und herführen, bis die Mitte (Diagonale) erreicht ist. Den türkisen Faden festbinden. Am selben Nagel den violetten Faden anbinden und damit über die nächsten 10 Nägelpaare – wieder schräg – weiterarbeiten. Am letzten Faden des violetten Bereichs den grünen Faden anbinden, damit bis zum letzten Nagelpaar in der rechten unteren Ecke weiterarbeiten. Den Faden festbinden. Alle Enden abschneiden.

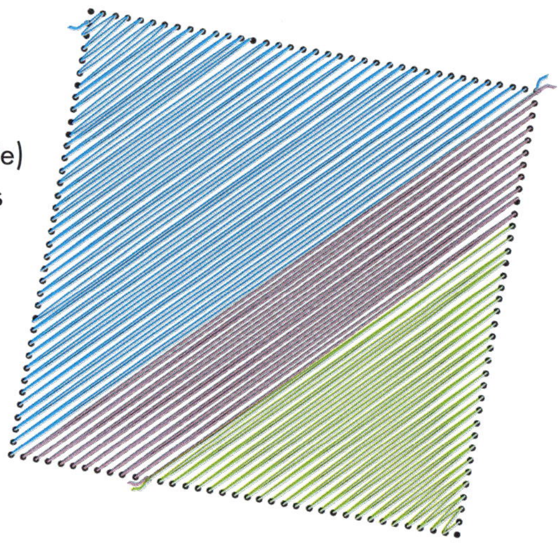

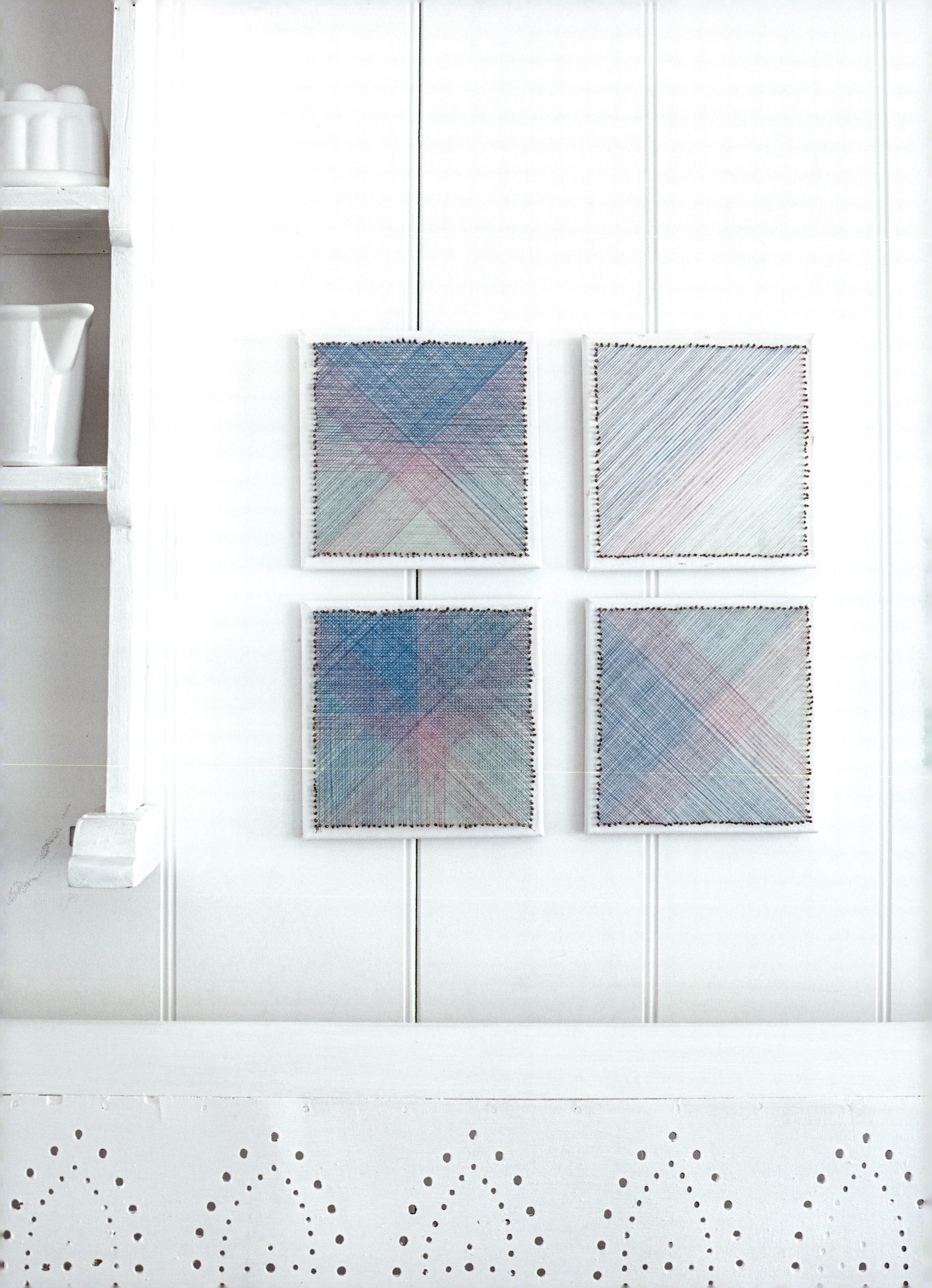

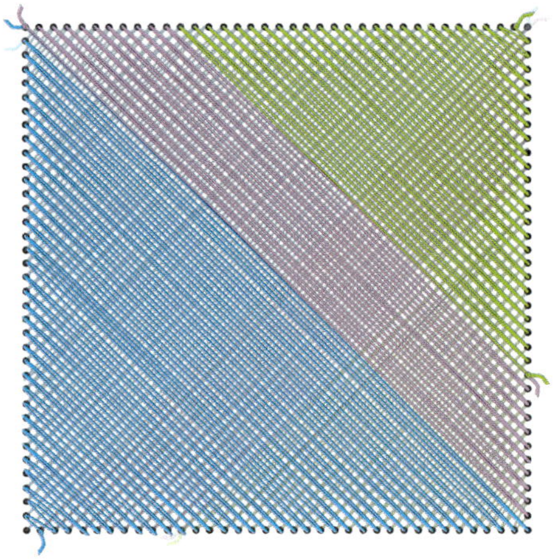

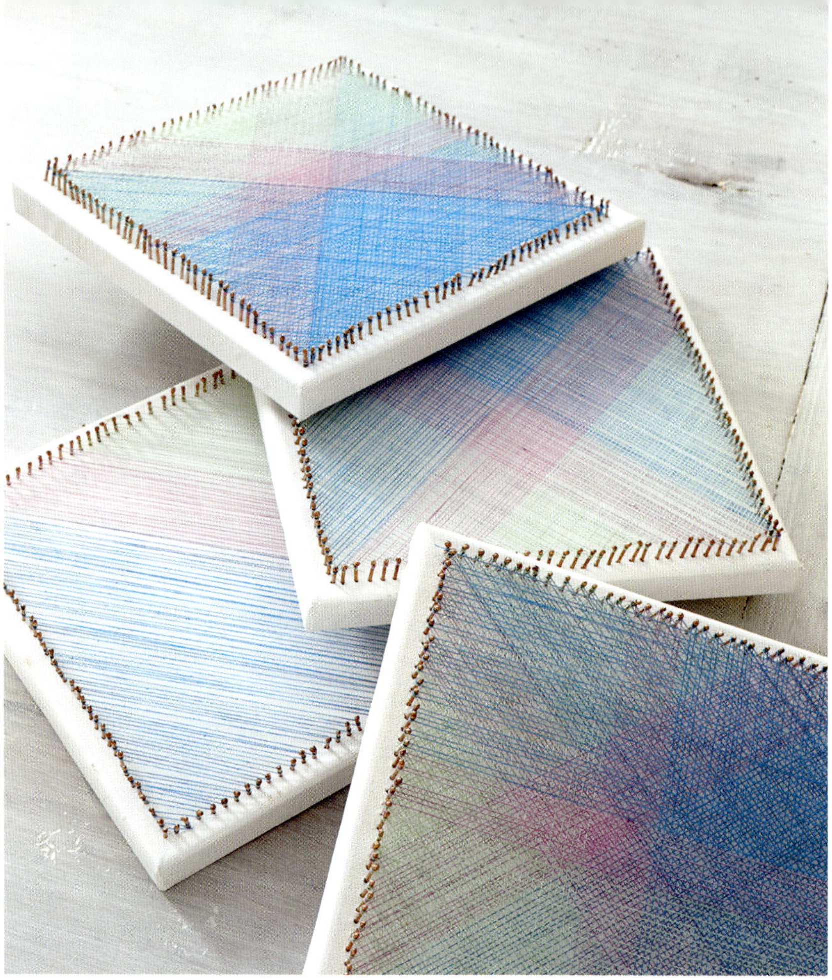

3 Schritt 2 an der zweiten Leinwand wiederholen. Dann dieselbe Sequenz nochmals arbeiten, diesmal aber mit türkisem Faden unten links beginnen, wie zuvor die Farbe wechseln und mit grünem Faden in der rechten oberen Ecke abschließen.

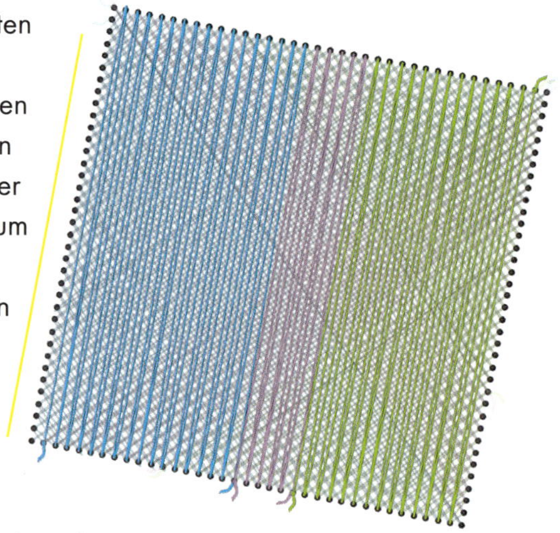

4 Schritt 2 und 3 an der dritten Leinwand wiederholen. Dann senkrecht arbeiten: Den türkisen Faden am 1. Nagel rechts von der linken unteren Ecke (an der Unterkante) festbinden und zum gegenüberliegenden Nagel an der Oberkante führen. Den Faden zum nächsten Nagel an der Unterkante (rechts vom vorherigen) und dann senkrecht hinaufführen. So fortfahren, bis an der Oberkante 16 Nägel umwickelt sind. Den türkisen Faden am 17. Nagel an der Unterkante festbinden. Den violetten Faden am selben Nagel befestigen und über 5 Nägel fortfahren, den Faden am 6. Nagel an der Unterkante festbinden. Den grünen Faden am selben Nagel befestigen, die Sequenz bis zum Ende arbeiten. Den Faden festbinden, die Enden abschneiden.

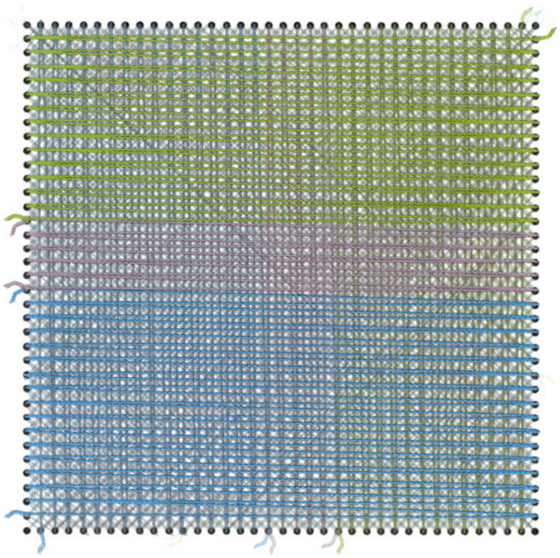

5 An der letzten Leinwand Schritt 2 bis 4 wiederholen. Dann waagrecht arbeiten: Mit türkisem Faden unten links (an der Seitenkante) beginnen und die Sequenz wie in Schritt 4 mitsamt dem Farbwechsel zwischen der linken und der rechten Kante wiederholen; mit grünem Faden in der rechten oberen Ecke abschließen.

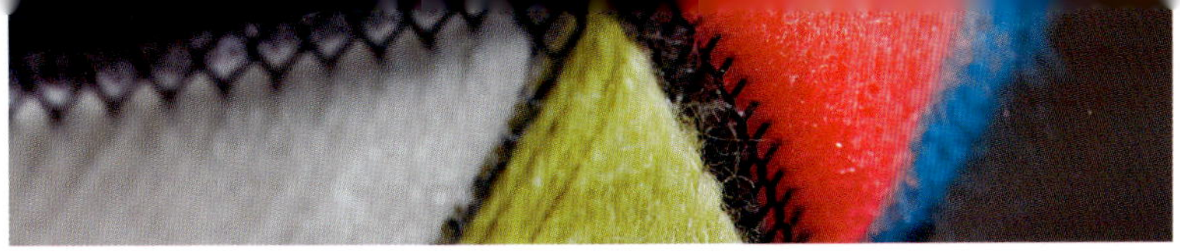

Flippiger PAPIERKORB

Mit zwei gestickten Bordüren in knalligen Neonfarben zeigt sich der nüchterne Drahtgitterkorb von seiner flippig-dekorativen Seite. Statt als Papierkorb können Sie ihn auch als Behälter für Geschenkpapier oder Bastelbedarf verwenden.

★★☆

Sie brauchen dazu:

- Drahtgitter-Papierkorb
- Garn in Neon-Grün, Türkis, Creme und Neon-Pink
- Wollnadel
- Schere

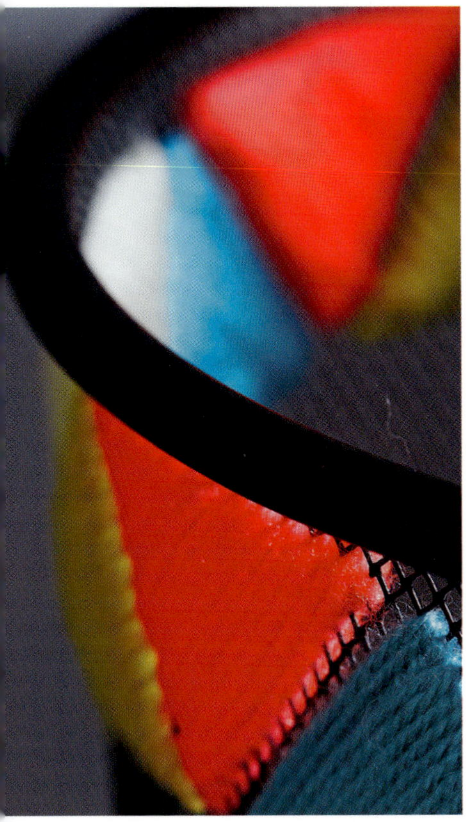

1 Jedes Dreieck ist 15 Löcher breit und 15 Löcher hoch. Zwischen je zwei Dreiecken bleiben 2 Löcher frei. Zählen Sie daher die Löcher rund um Ihren Papierkorb und dividieren Sie die Zahl durch 17. Das Ergebnis sollte idealerweise durch 4 teilbar sein, sodass Sie in jeder Farbe die gleiche Anzahl Dreiecke arbeiten können. Vielleicht müssen Sie die Anzahl der Löcher zwischen den Dreiecken hier und da anpassen, damit sich das Muster ausgeht!

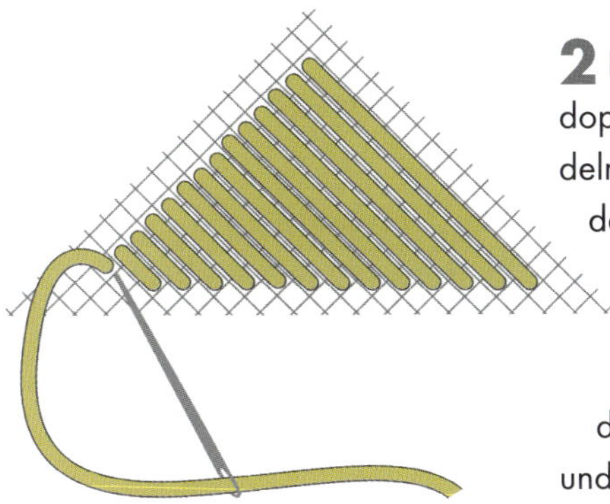

2 Einen neon-grünen Faden abschneiden, doppelt nehmen und in die Nadel einfädeln. Drei Löcher unterhalb der Oberkante des Papierkorbes beginnen und einen 15 Löcher überspannenden Diagonalstich arbeiten. Daneben einen weiteren Diagonalstich setzen, der 14 Löcher überspannt. So fortfahren und insgesamt 14 Stiche arbeiten, wobei der letzte Stich zwei benachbarte Löcher überspannt.

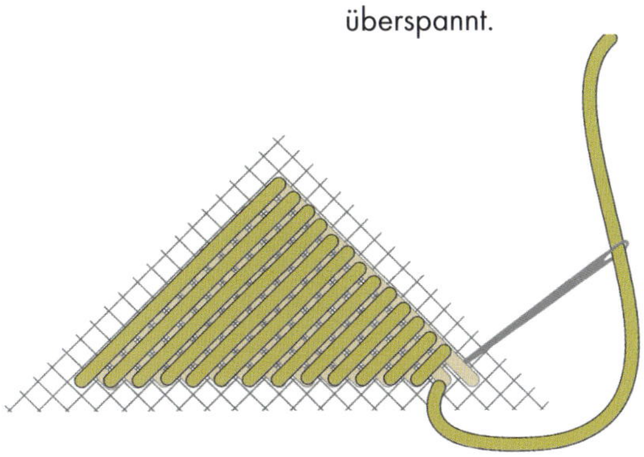

3 Nun auf derselben Fläche 14 Diagonalstiche in die andere Richtung arbeiten. Der erste Stich beginnt in dem Loch, das sich unmittelbar neben dem letzten Stich des ersten Dreiecks befindet.

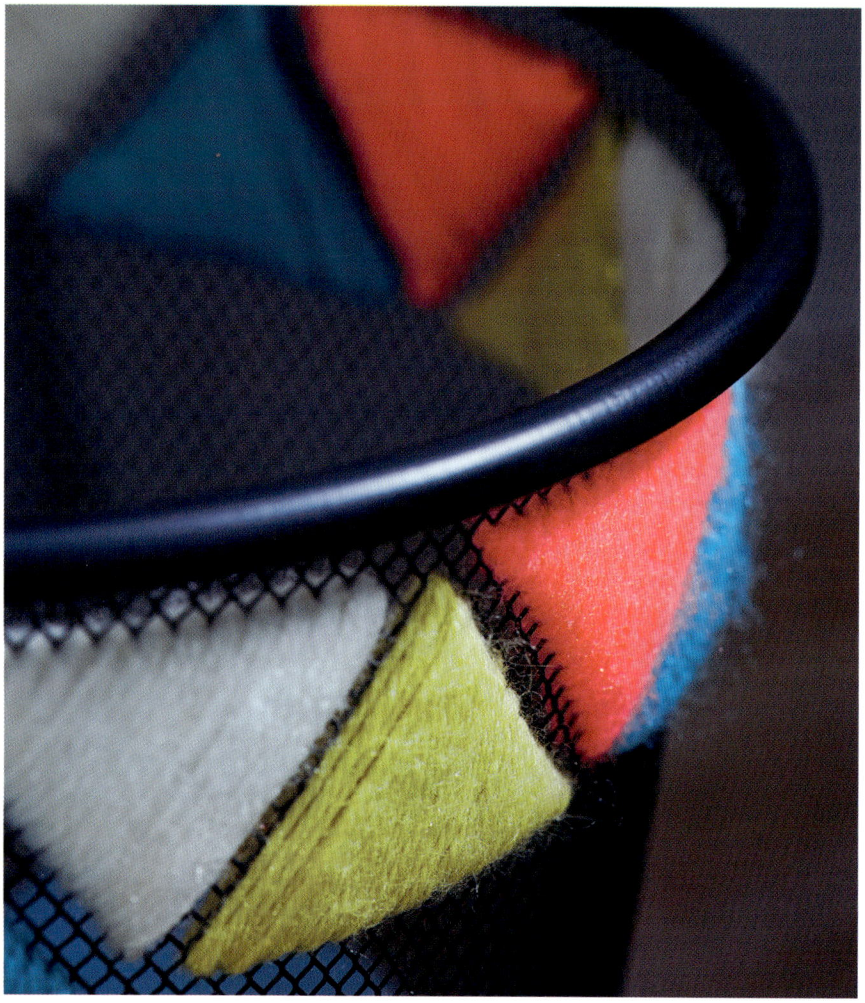

Tipp

Da der Umfang des Papierkorbes unten kleiner ist als oben und daher auch weniger Löcher aufweist, müssen Sie die Anzahl der Löcher für die untere Borte neu berechnen.

4 Zu türkisem Garn wechseln. Zwei Löcher (oder die in Schritt 1 errechnete Löcher-Anzahl) links vom ersten Dreieck beginnen. Die Stichsequenz in Schritt 2 und 3 wiederholen. Rund um den Korb abwechselnd grüne und türkise Dreiecke arbeiten.

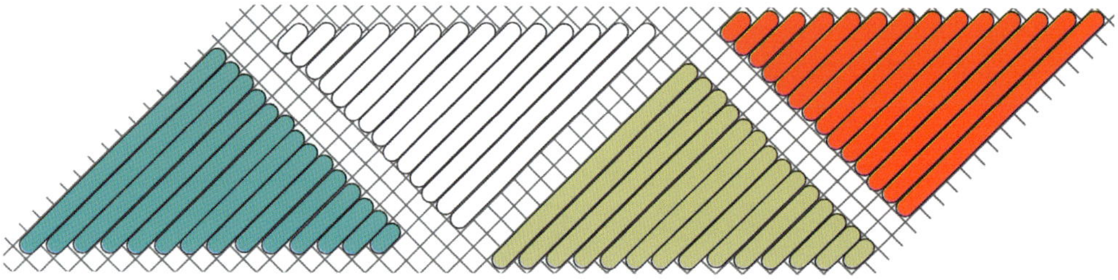

5 Nun die „kopfstehenden" Dreiecke in Creme und Pink zwei Löcher (oder die in Schritt 1 errechnete Löcher-Anzahl) oberhalb der grünen und türkisen Dreiecke in die Zwischenräume sticken.

6 Die untere Bordüre drei Löcher oberhalb des unteren Papierkorbrandes ebenso arbeiten.

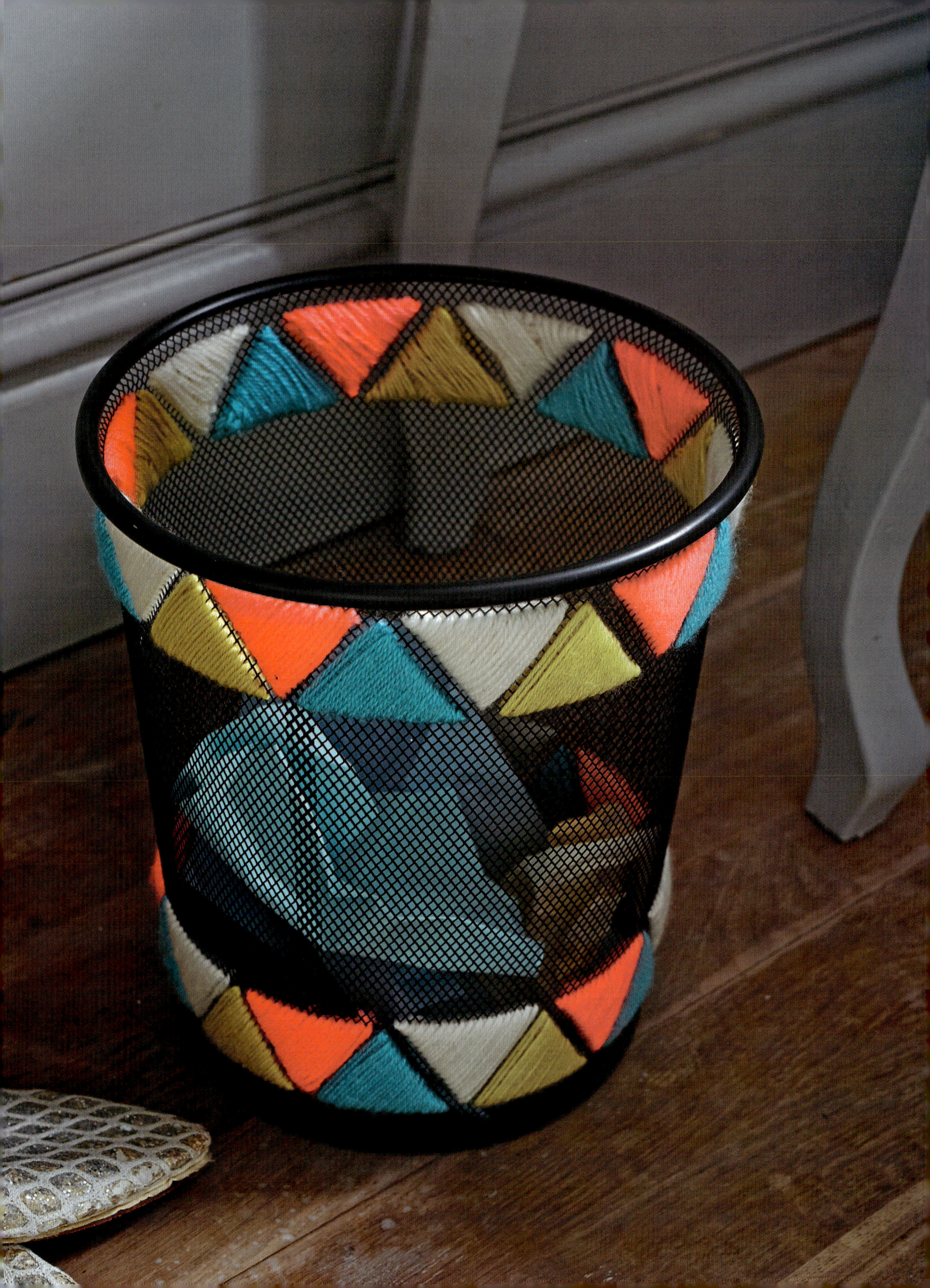

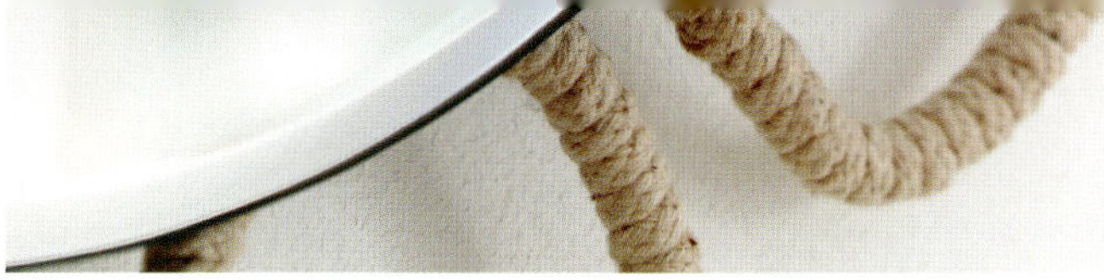

SPIEGEL im Seemannslook

Ahoi! Dieser gut vertäute Spiegel passt in den Wohnbereich, aber auch ins Badezimmer oder in den Vorraum.

★★☆

Sie brauchen dazu:

- **10 m dünne cremefarbene Kordel**
- **5 m dicker Blumendraht**
- **Heißklebepistole**
- **Runder Spiegel mit 30 cm Durchmesser**
- **Filzkreis mit 27,5 cm Durchmesser**

1 Die Kordel dicht um den Blumendraht wickeln und in regelmäßigen Abständen mithilfe der Heißklebepistole ankleben. Der fertig umwickelte Draht sieht wie ein Segeltau aus.

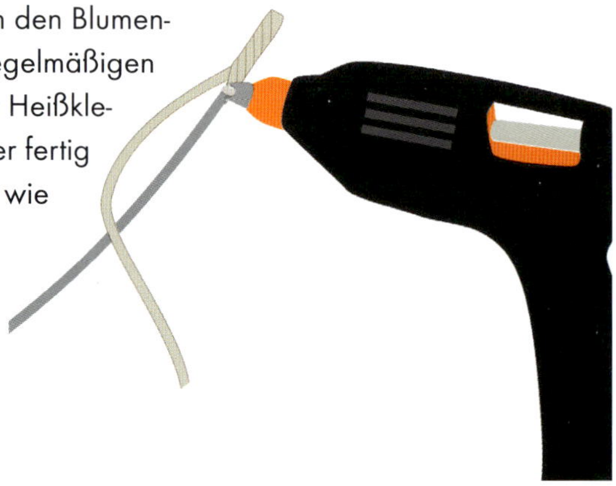

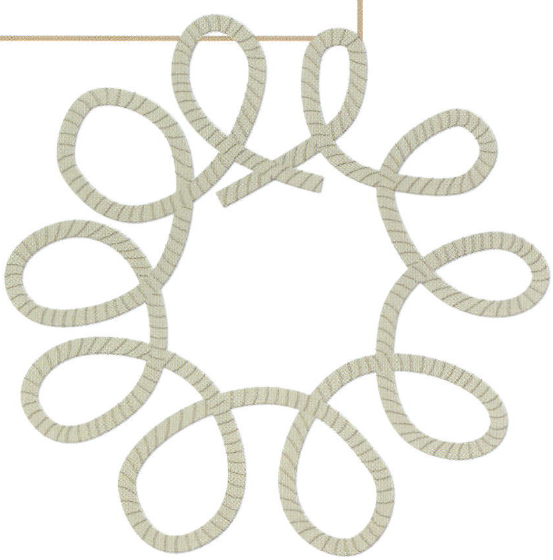

2 Das „Tau" in große Schlingen legen und zu einem Kreis zurechtbiegen, der etwas kleiner als der Umfang des Spiegels ist. Die beiden Enden fest zusammendrehen.

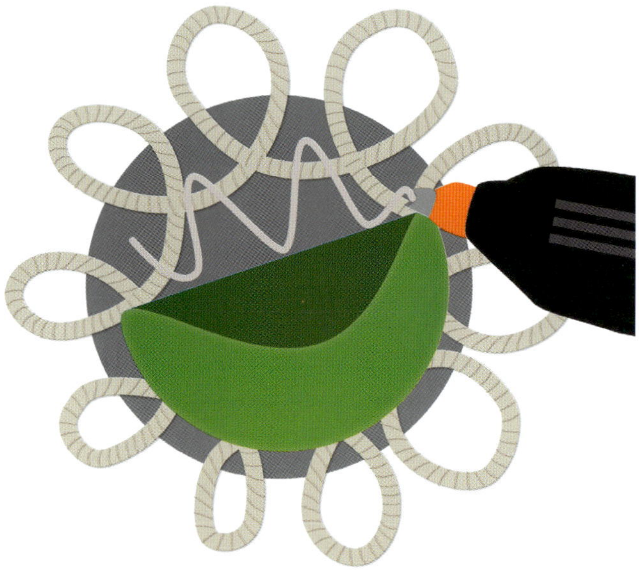

3 Das „Tau" an der Rückseite des Spiegels ankleben, den Filzkreis darauflegen und ebenfalls ankleben.

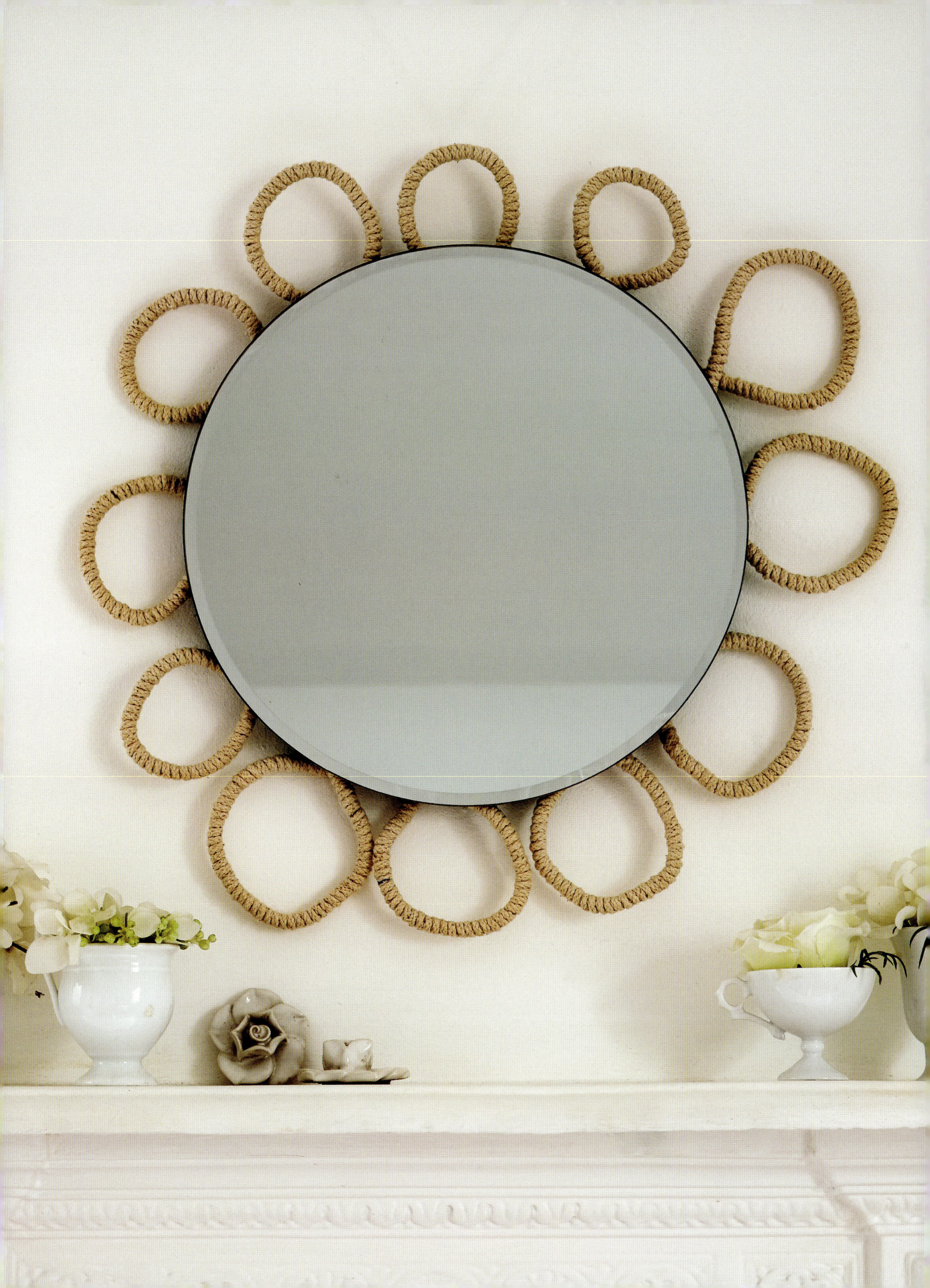

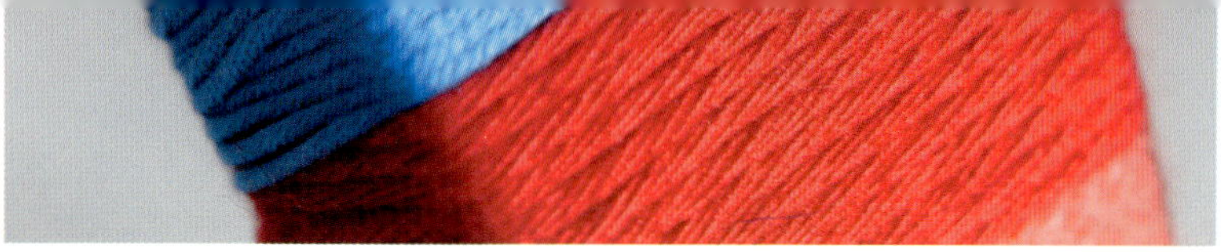

HOCKER mit Ringelsocken

Sie brauchen nur die Beine eines einfachen Hockers mit bunter Wolle umwickeln, um dem ganzen Raum – ob Kinderzimmer oder Home-Office – eine individuelle, fröhliche Note zu geben. Zugleich können Sie Wollreste aufbrauchen.

Sie brauchen dazu:

- **Doppelseitiges Klebeband**
- **Schere**
- **Hölzerner Hocker (zum Zusammenbauen)**
- **Strickgarn in Rot, Türkis, Grün, Korallenrot, Creme und Grau**
- **Wollnadel**

1 An einem Bein des Hockers alle vier Seitenflächen mit doppelseitigem Klebeband bekleben.

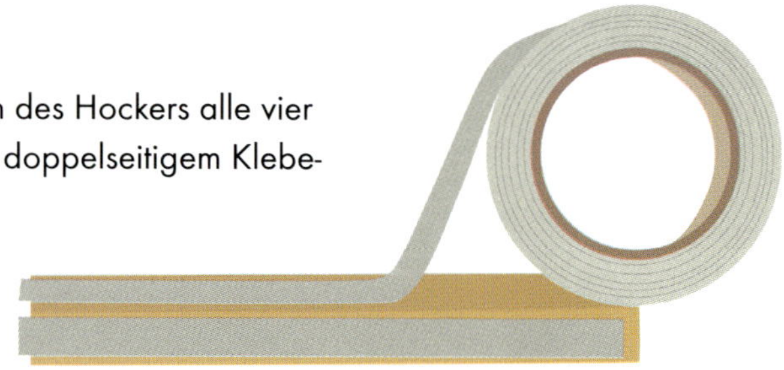

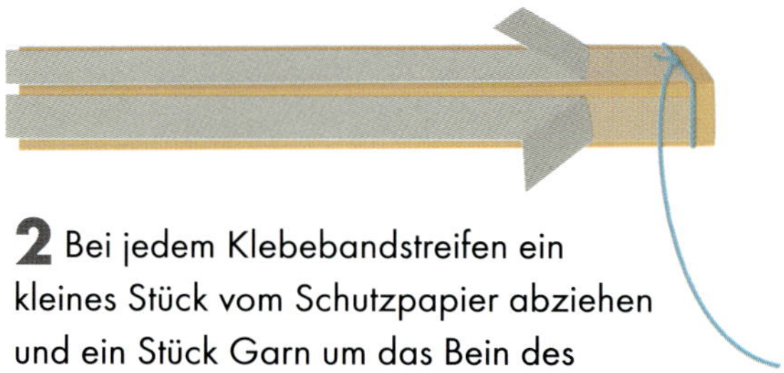

2 Bei jedem Klebebandstreifen ein kleines Stück vom Schutzpapier abziehen und ein Stück Garn um das Bein des Hockers binden.

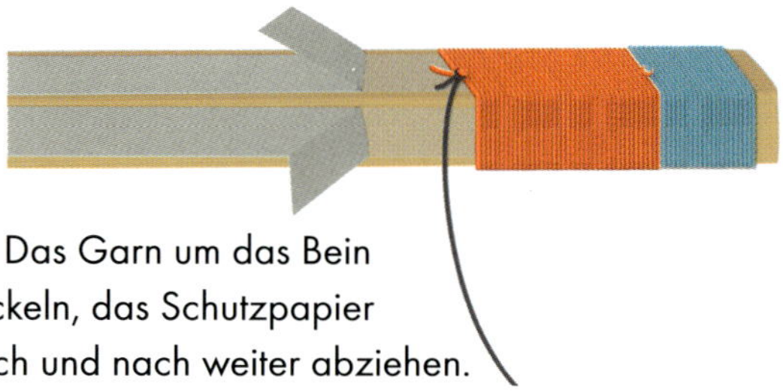

3 Das Garn um das Bein wickeln, das Schutzpapier nach und nach weiter abziehen. Nach Geschmack die Farbe wechseln: Dazu das neue Garn mit dem vorherigen zusammenbinden und den Knoten mit den neuen Garnwicklungen bedecken. Besonders hübsch sieht es aus, wenn sich breite und schmälere Farbstreifen abwechseln.

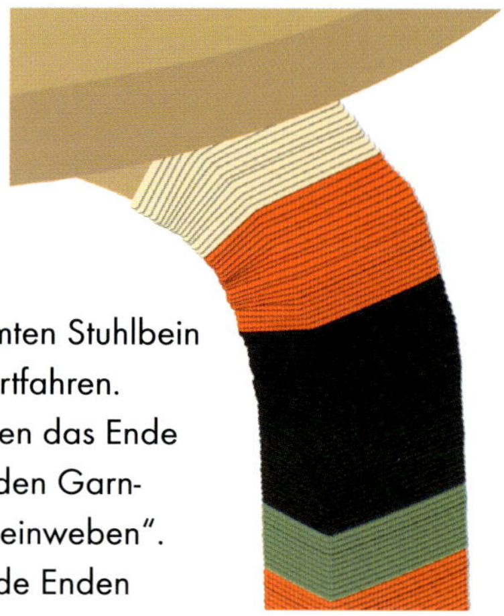

4 Am gesamten Stuhlbein entlang so fortfahren. Zum Befestigen das Ende des Garn in den Garnwicklungen „einweben". Weghängende Enden abschneiden.

5 An den anderen drei Beinen wiederholen, dann die Teile des Hockers nach der Herstelleranleitung zusammenbauen.

Tipp

Sie können auch die Beine eines fertig zusammengebauten Hockers umwickeln, dies ist jedoch wesentlich mühsamer.

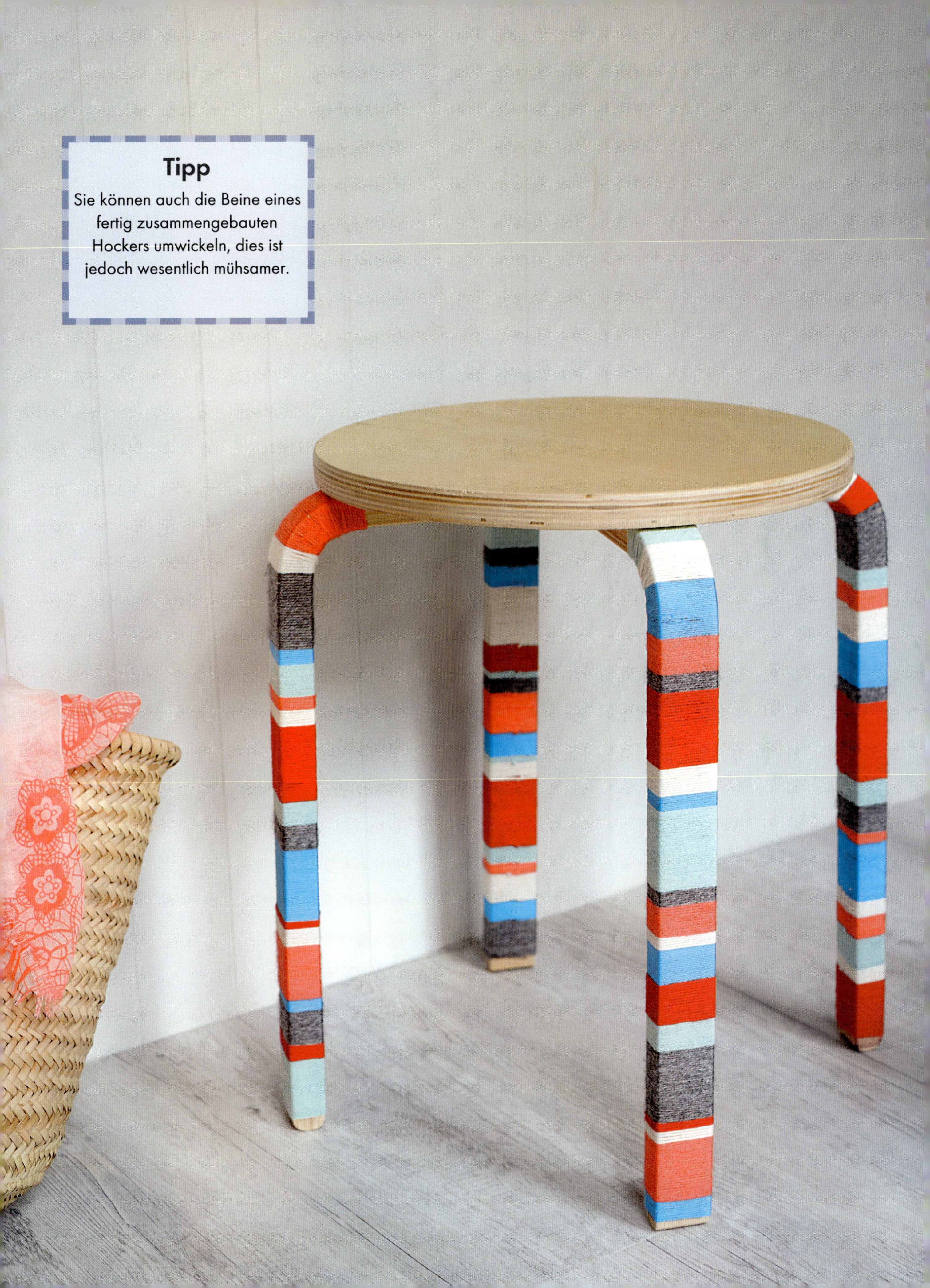

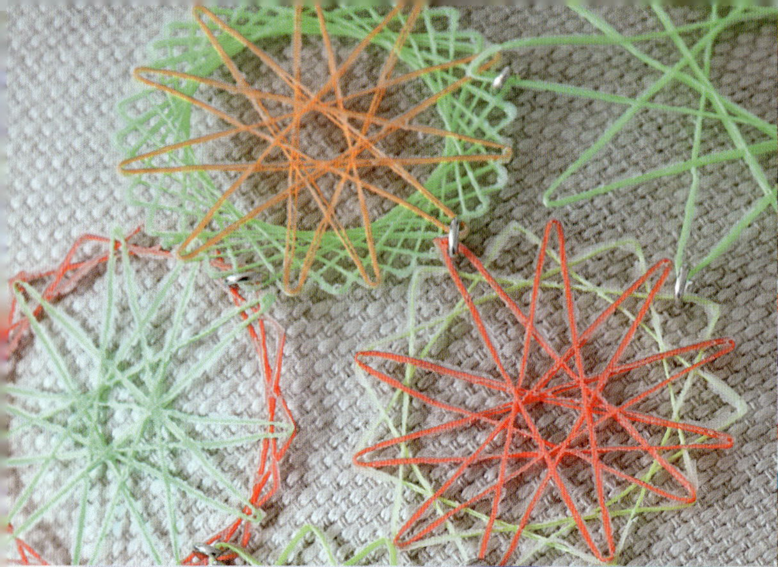
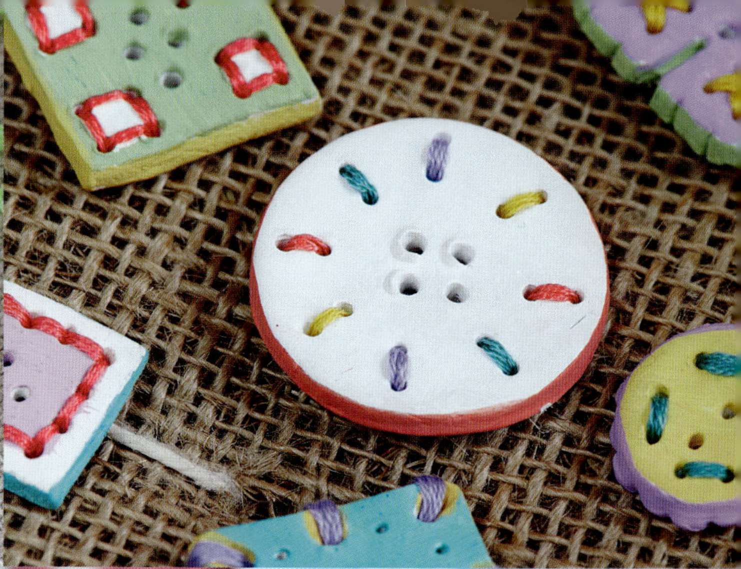
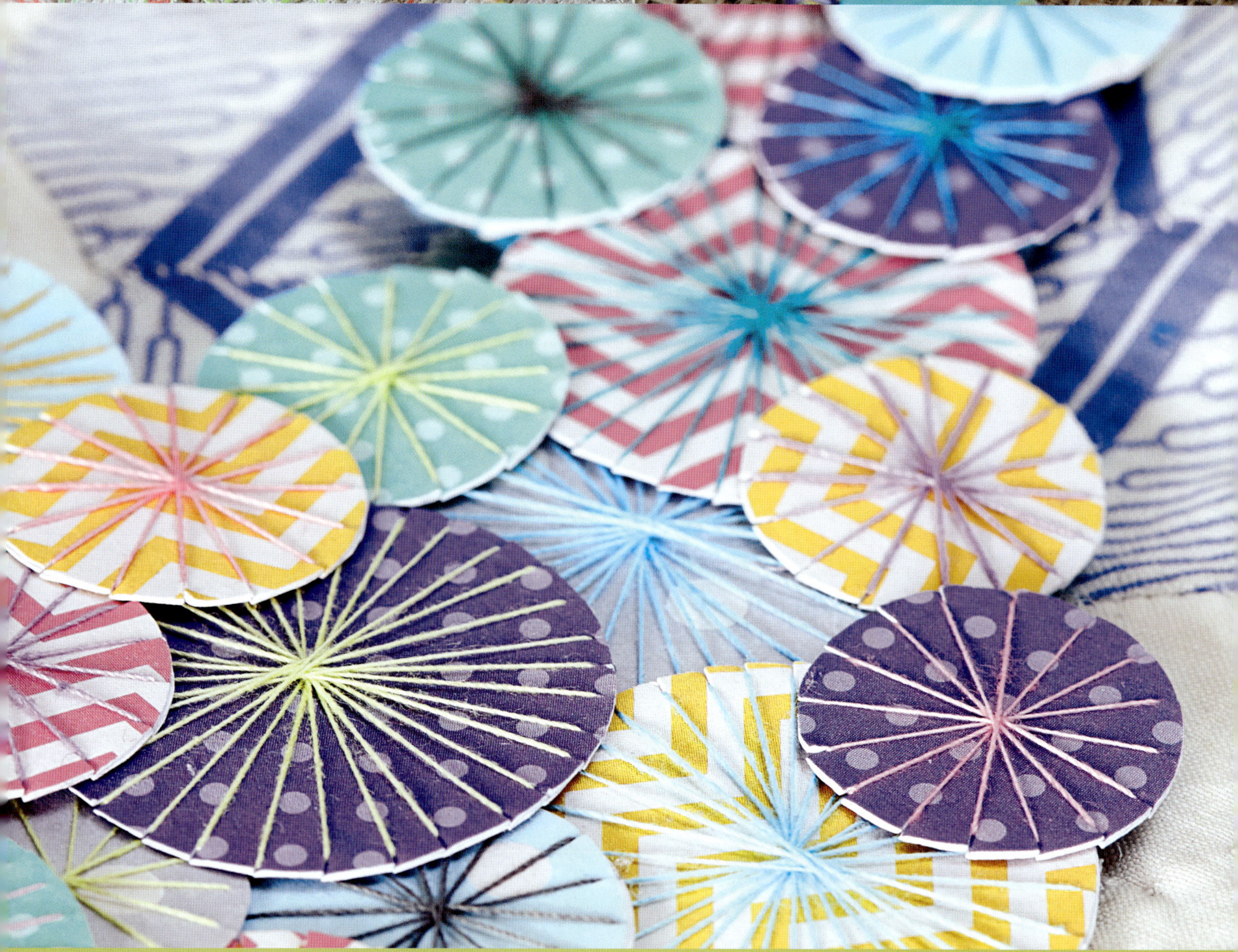

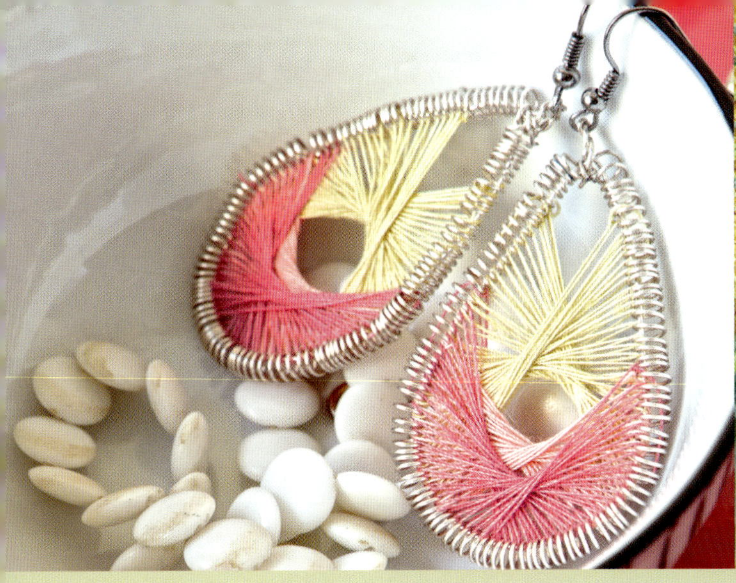
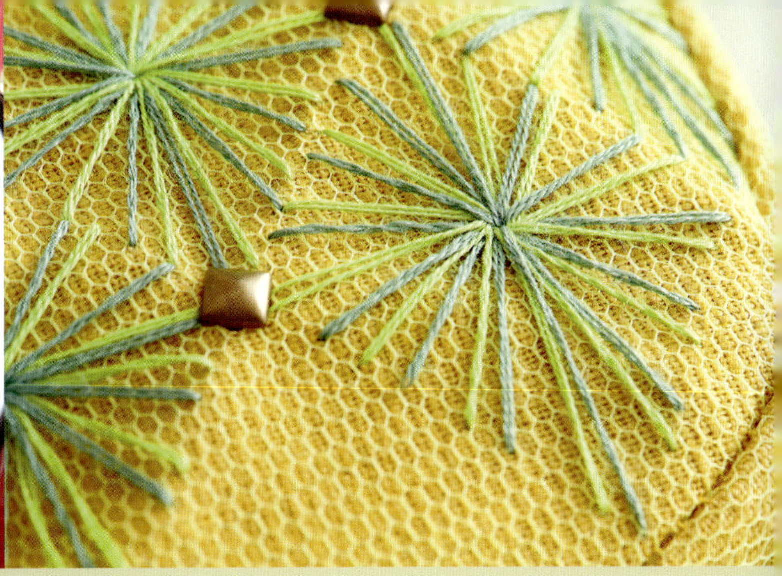

Kapitel 2

SCHMUCK und „TRAGBARE“ ACCESSOIRES

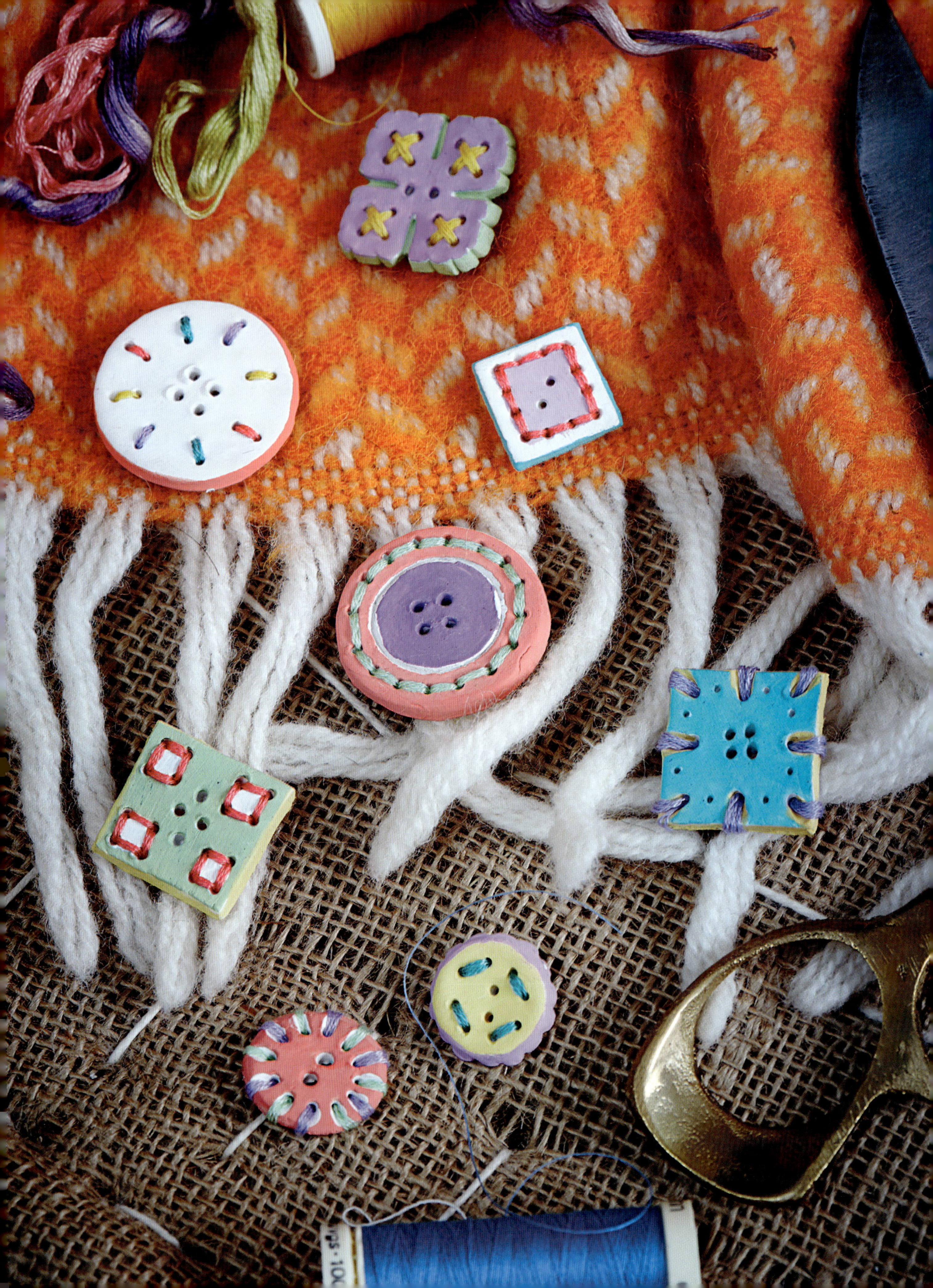

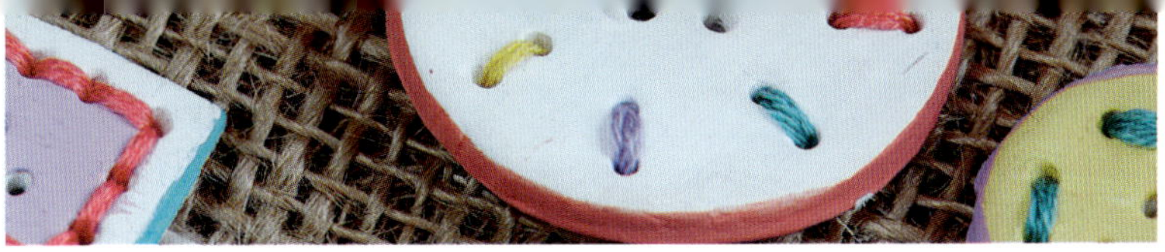

KNÖPFE mit Stickdetails

Adieu tristesse: So wird eine langweilige Jacke oder ein ungeliebter Pullover plötzlich mega-cool! Witzige Knöpfe aus lufttrocknender Modelliermasse formen, bemalen, besticken, annähen – fertig!

★☆☆

Sie brauchen dazu:

- **Lufttrocknende Modelliermasse**
- **Nudelwalker**
- **Scharfes Messer oder ganz kleine Keksausstecher**
- **Zahnstocher**
- **Acrylfarben**
- **Pinsel**
- **Stickgarn**
- **Nähnadel**

1 Ein Stück lufttrocknende Modelliermasse etwa 4 mm dick auswalken. Knöpfe in den gewünschten Formen und Größen ausschneiden oder ausstechen. Bei „meinen" Knöpfen habe ich mich für verschieden große Quadrate, Kreise und Blumenformen entschieden.

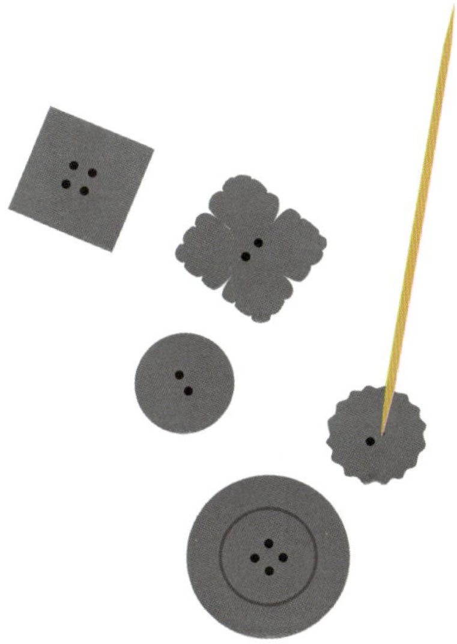

2 Mit einem Zahnstocher in die Mitte jedes Knopfes zwei oder vier Löcher zum Annähen stechen.

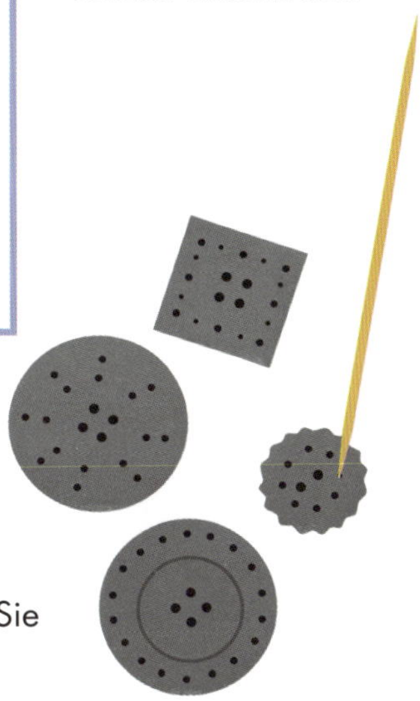

3 Weitere Löcher hinzufügen. Sie sind zum Besticken der Knöpfe gedacht; überlegen Sie, welche Muster Sie sticken wollen, und platzieren Sie die Löcher dementsprechend.

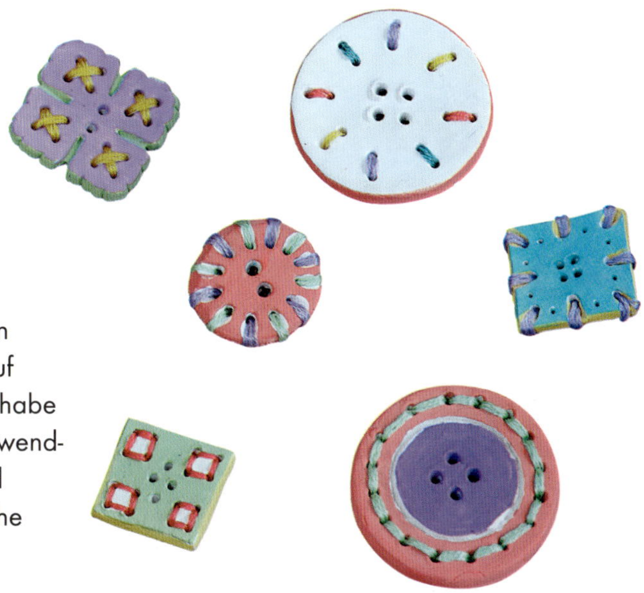

4 Die Modelliermasse nach den Herstellerangaben trocknen lassen. Die getrockneten Knöpfe – auch an den Seitenflächen – in kontrastierenden Farben bemalen und wieder trocknen lassen.

5 Mit Stickgarn in kontrastierenden Farben verschiedene Muster auf die Knöpfe sticken. Ich habe dazu Spannstich, Überwendlingsstich, Rückstich und Kreuzstich gewählt (siehe Seite 8 und 92).

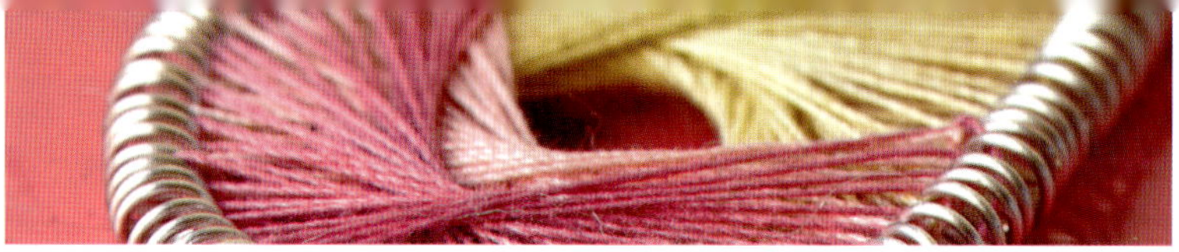

Peruanische FADENOHRRINGE

Edel, zierlich und federleicht sind diese Ohrringe aus Juwelierdraht und verschiedenfarbigem Nähgarn. Mit lagenweise angeordneten Fäden lassen sich hauchzarte, changierende Effekte erzielen.

★★☆

Sie brauchen dazu:

- Juwelierdraht
- Stricknadel, NS 3
- Drahtschneider (oder alte Schere)
- Ohrringhaken
- Nähgarn in Gelb, Hellrosa und Magenta
- Schere

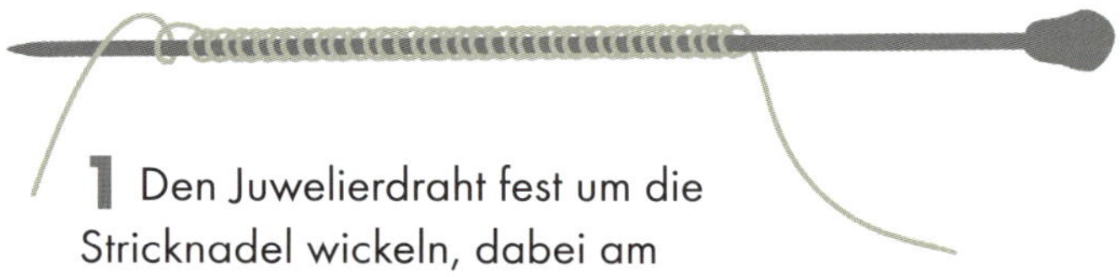

1 Den Juwelierdraht fest um die Stricknadel wickeln, dabei am Anfang ein längeres Stück Draht stehen lassen. Fortfahren, bis eine 10 cm lange Spirale entstanden ist.

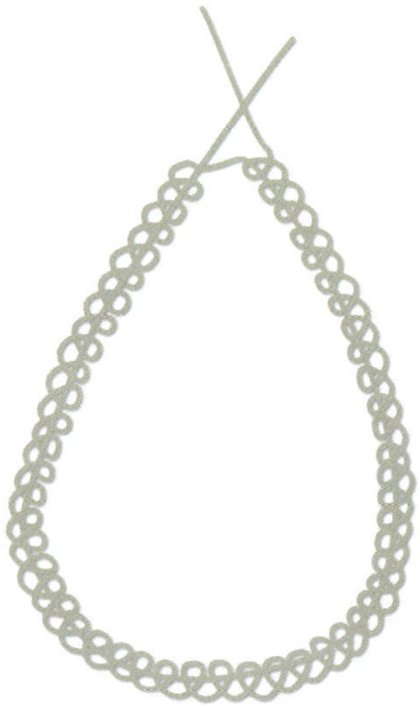

2 Den Draht abschneiden, dabei am Ende ein etwa 15 cm langes Stück Draht stehen lassen. Dieses Drahtstück vorne in die Spirale einführen und durchschieben, bis es am anderen Ende wieder austritt (dadurch bildet die Spirale eine Schlinge, sie soll sich aber nicht verformen!). Die beiden Drahtenden oben überkreuzen.

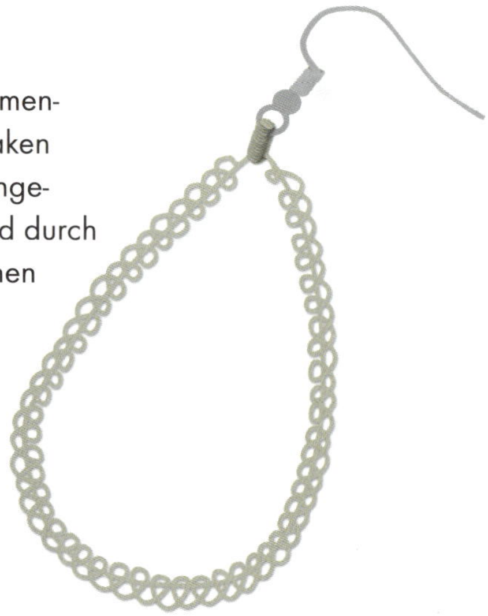

3 Die beiden Enden zusammendrehen und einen Ohrringhaken darauffädeln. Die zusammengedrehten Enden umbiegen und durch nochmaliges Zusammendrehen fixieren.

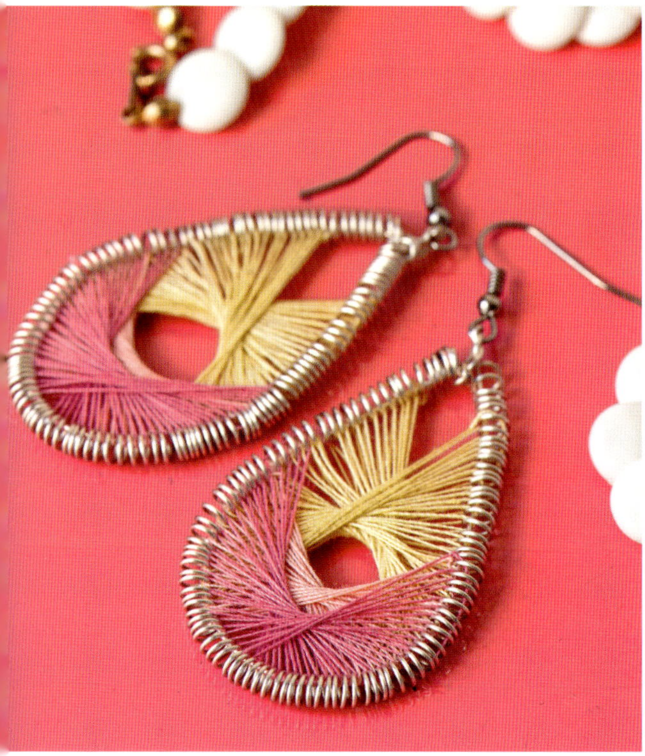

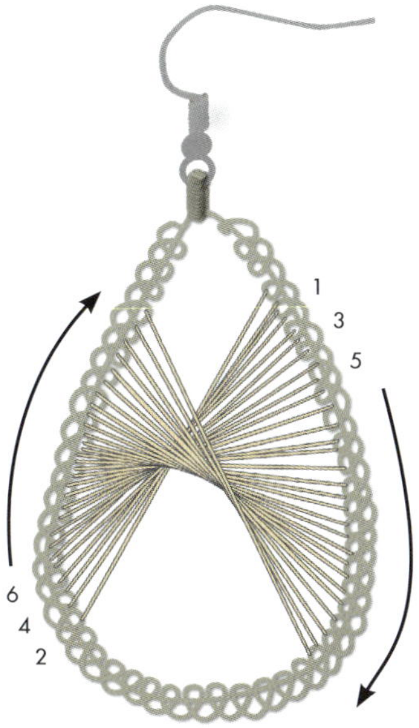

4 Den gelben Faden nahe am oberen Ende des Ohrrings an dem Draht im Inneren der Spirale festbinden und wie abgebildet schräg um die Spirale wickeln (Nummerierung beachten). Den Faden bei jeder neuen Umwicklung in die nächste Rille der Spirale einlegen.

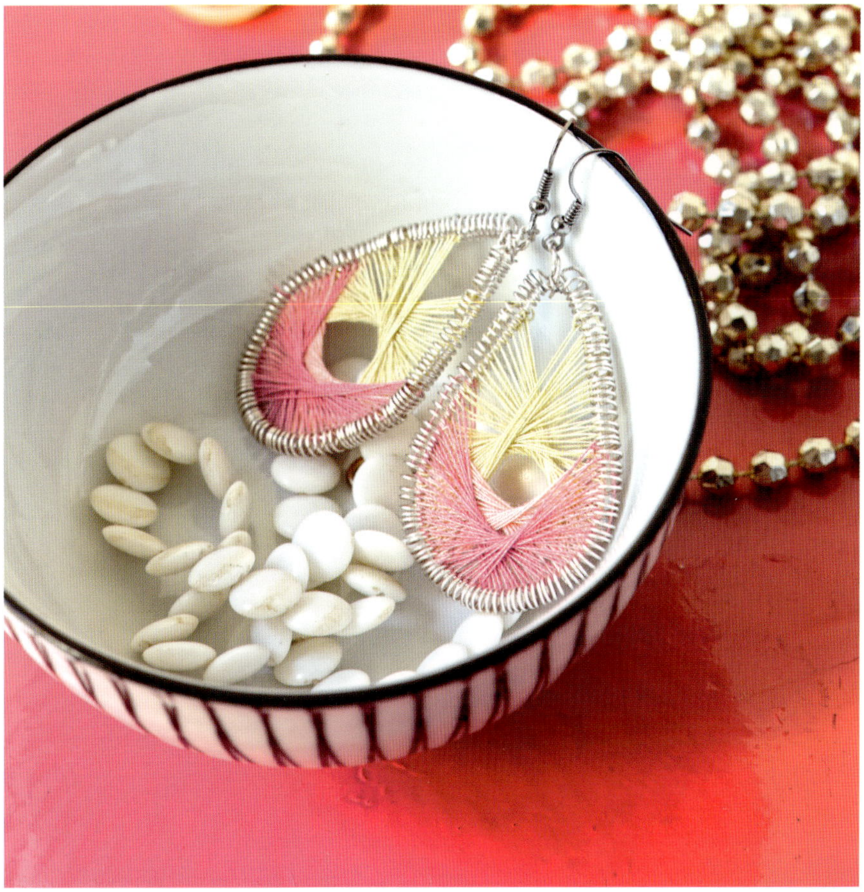

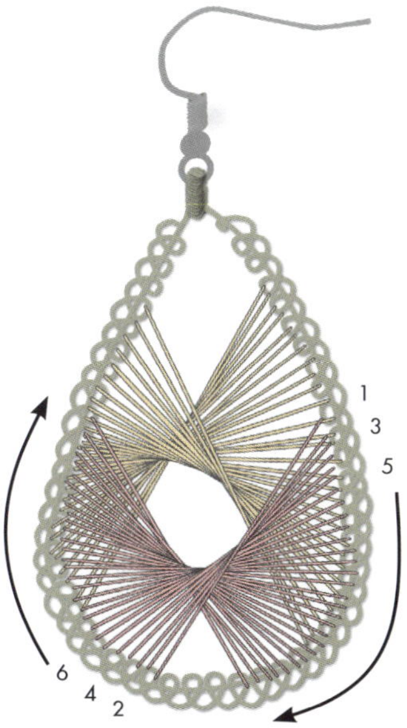

5 Schritt 4 mit dem hellrosa Faden nahe am unteren Ende der gelben Umwicklungen wiederholen (Nummerierung beachten).

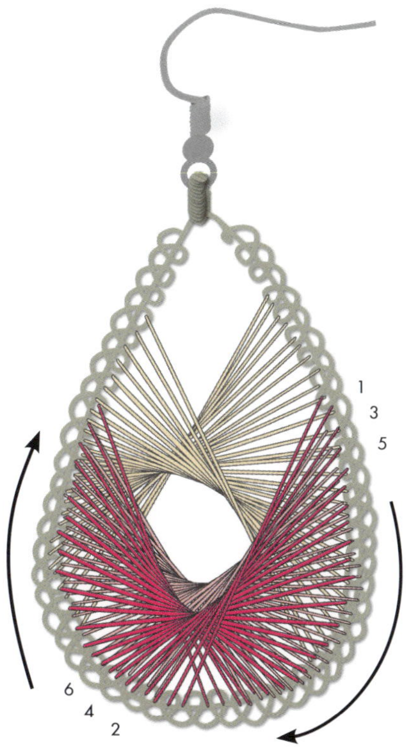

6 Schritt 4 mit dem Faden in der Farbe Magenta am unteren Ende des Ohrrings wiederholen (Nummerierung beachten).

7 Zum Versäubern die Fadenenden in die Spirale einführen. Sämtliche Arbeitsschritte beim zweiten Ohrring wiederholen.

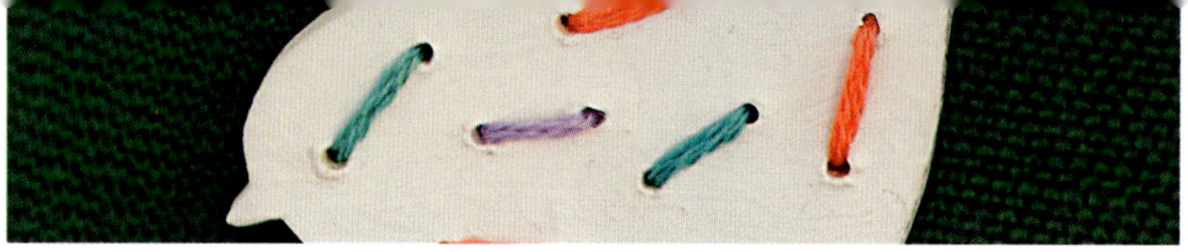

Vögel zum ANSTECKEN

Auf einfache hölzerne Vogelformen werden Details mit buntem Garn aufgestickt. Mit Broschennadeln an der Jacke oder an der Handtasche befestigt, sieht die Vogelschar allerliebst aus.

Sie brauchen dazu:

- 3 flache Holzrohlinge in Vogelform, ca. 5 cm groß
- Weiße Acrylfarbe
- Pinsel
- Bohrmaschine mit 2-mm-Bohrer
- Nähnadel
- Schere
- Stickgarn in Türkis, Korallenrot und Flieder
- Broschennadeln
- Heißklebepistole

1 Die hölzernen Rohlinge vorne und an den Seitenflächen mit weißer Acrylfarbe bemalen und trocknen lassen.

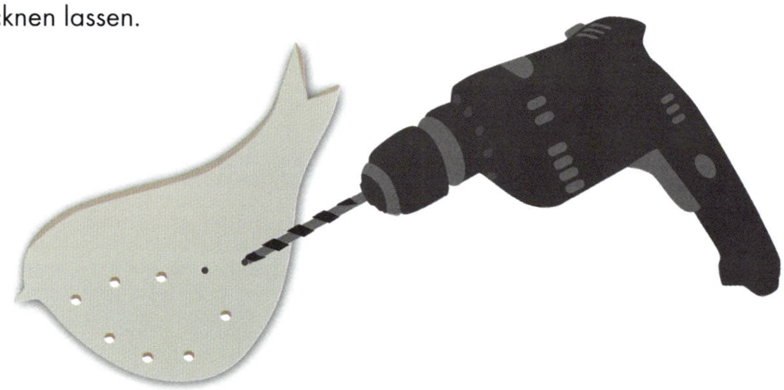

2 In einen der Rohlinge kleine Löcher bohren, die den Umriss eines Brustflecks andeuten.

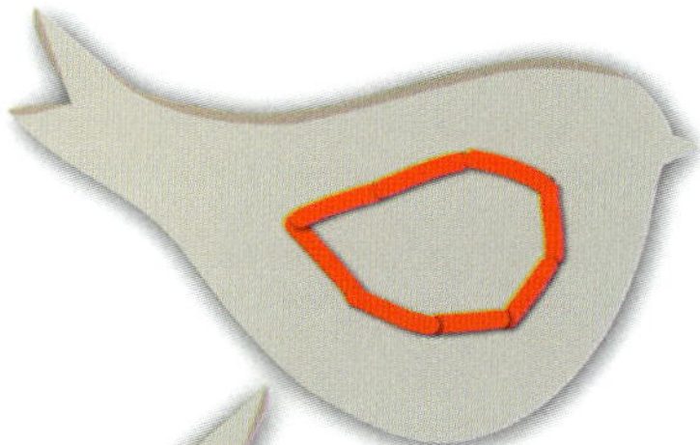

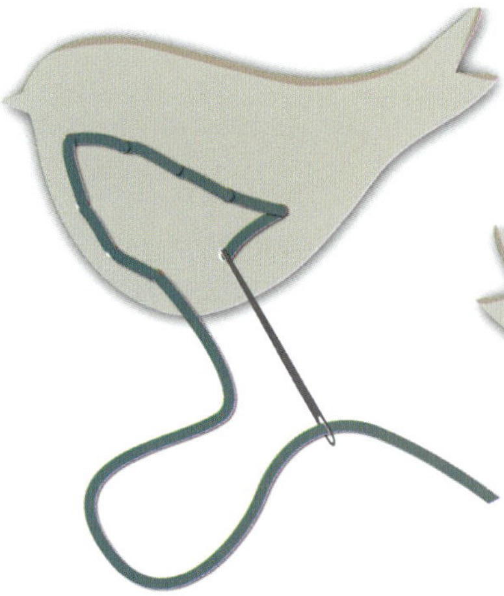

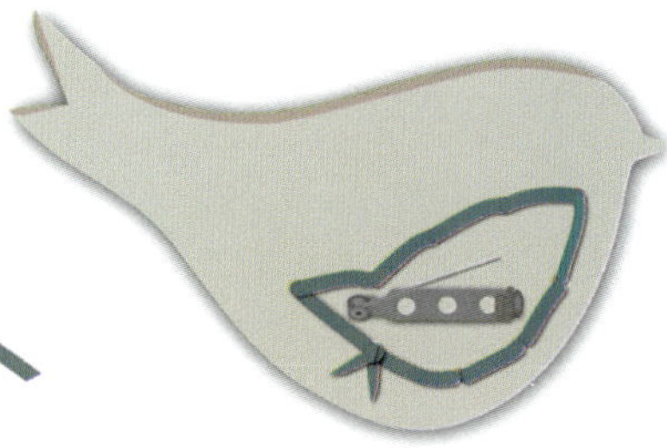

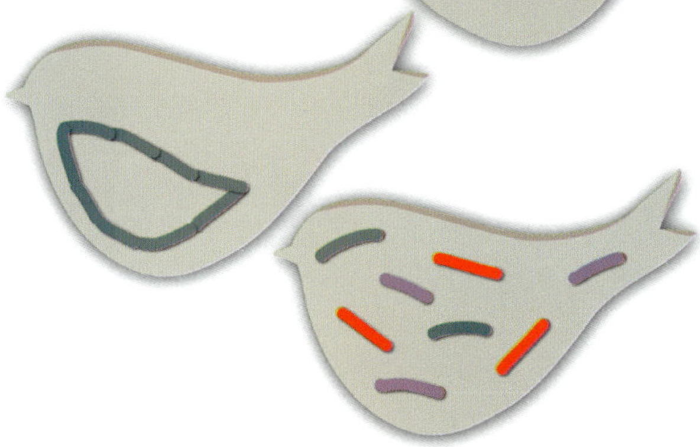

3 Mit türkisem Stickgarn am Umriss des Brustflecks entlang Rückstiche (siehe Seite 8) in die Löcher arbeiten.

4 Den Vogel umdrehen und eine Broschennadel an die Rückseite kleben.

5 Nun die anderen Rohlinge mit Bohrlöchern versehen und besticken. Beim oben abgebildeten Vogel bilden die Löcher den Umriss des Flügels, der wie in Schritt 3 mit Rückstichen ausgearbeitet wird. Der unten abgebildete Vogel wird mit Spannstichen (siehe Seite 8) in verschiedenen Winkeln und Farben (Korallenrot, Flieder, Türkis) bestickt.

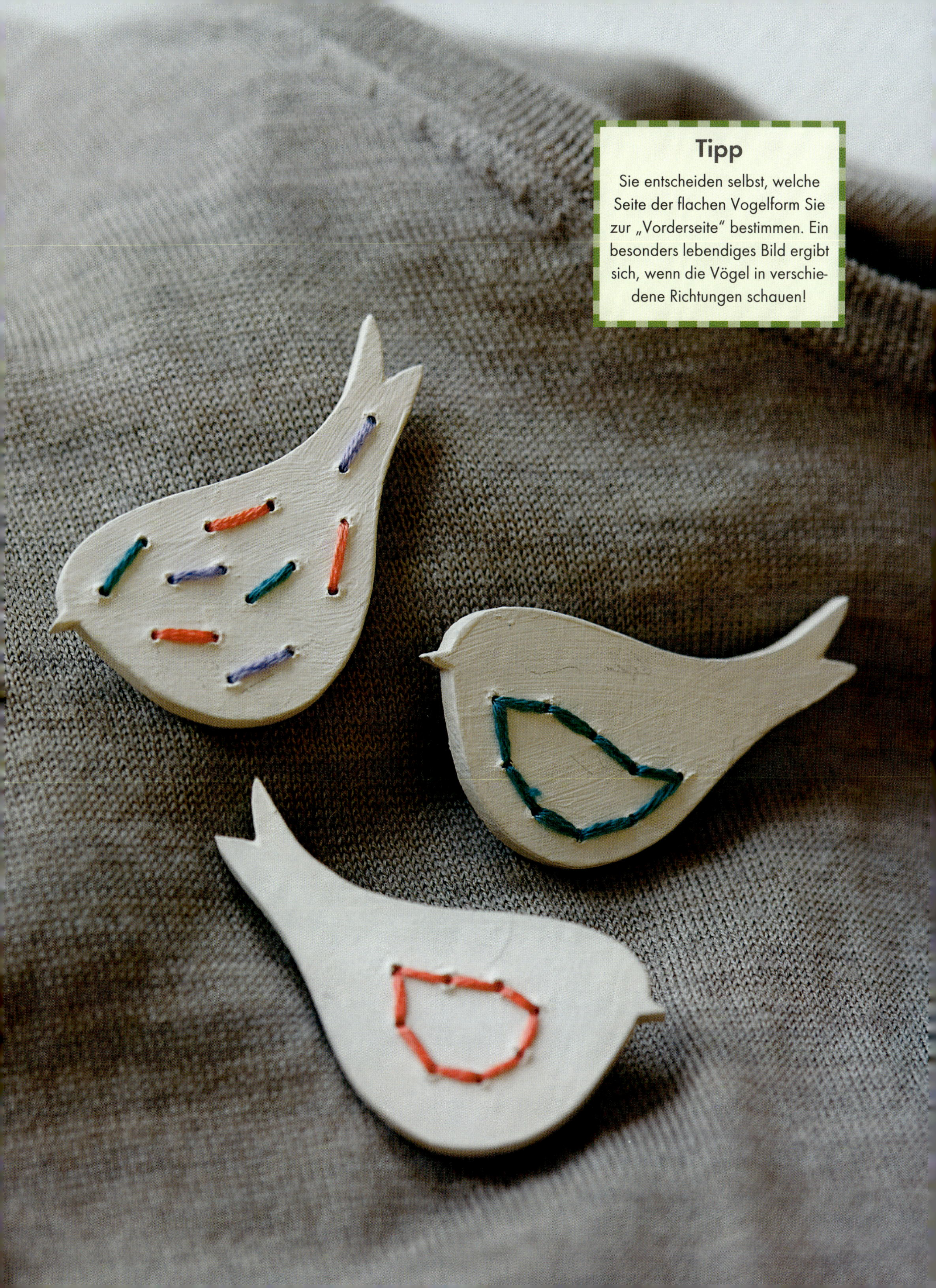

Tipp

Sie entscheiden selbst, welche Seite der flachen Vogelform Sie zur „Vorderseite" bestimmen. Ein besonders lebendiges Bild ergibt sich, wenn die Vögel in verschiedene Richtungen schauen!

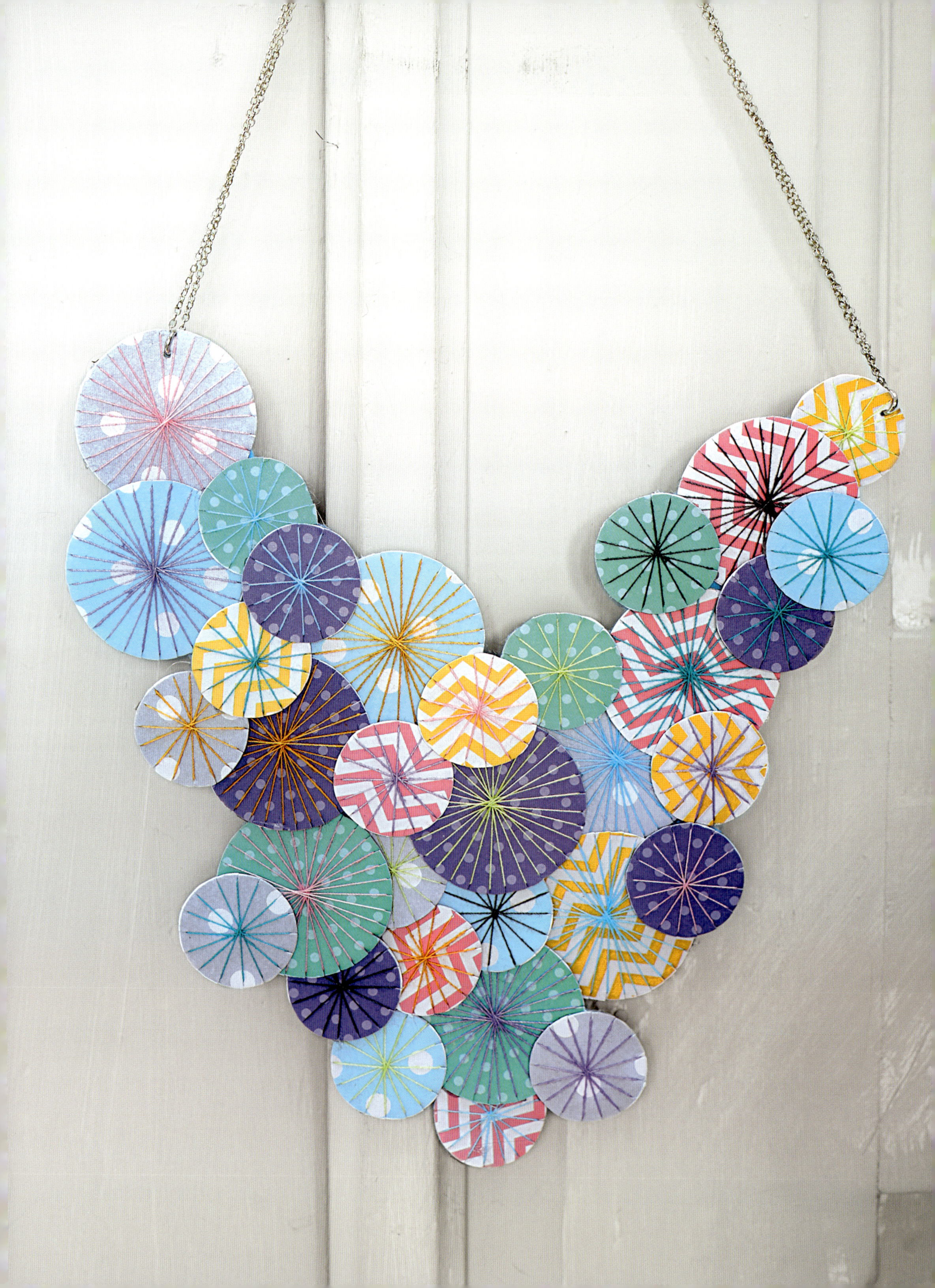

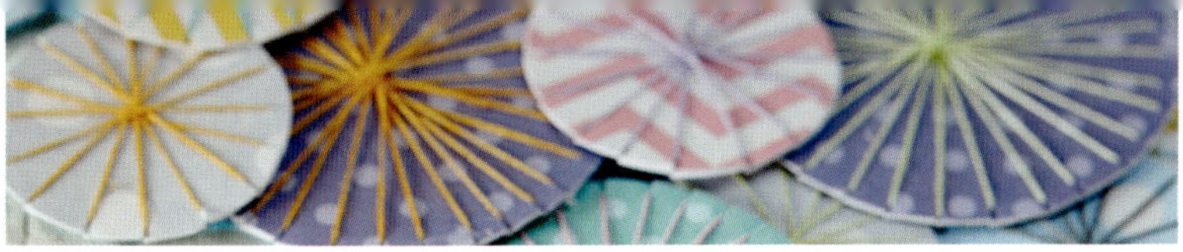

Verspielte HALSKETTE

Ein Hauch von unbeschwerter Nostalgie kennzeichnet diesen anmutigen Halsschmuck aus bunt gemusterten Kartonscheiben, die mit kontrastfarbigem Garn verziert, mit Filz unterlegt und an einer silberfarbenen Kette befestigt werden.

★★☆

Sie brauchen dazu:

- **Gemusterter Karton im Format DIN A5 (gelbes Chevron, rosa Chevron, türkis klein gepunktet, violett klein gepunktet, hellblau groß gepunktet, grau groß gepunktet)**
- **Schere, Bleistift, Zirkel**
- **Nähgarn in Grau, Violett, Senfgelb, Hellgrün, Türkis, Rosa, Jadegrün**
- **Hellblauer Filz, 20 x 20 cm**
- **Heißklebepistole**
- **Dünne silberfarbene Kette, 80 cm lang**
- **Metallschneider**
- **4 Biegeringe**
- **Zange**
- **Karabinerverschluss**

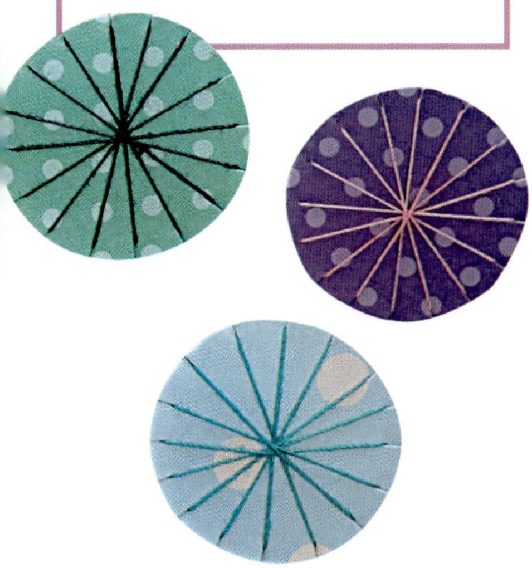

1 Aus jedem Kartonmuster 2 große Kreise (4 cm Durchmesser) und 4 kleine Kreise (2,5 cm Durchmesser) ausschneiden (insgesamt 36 Kreise).

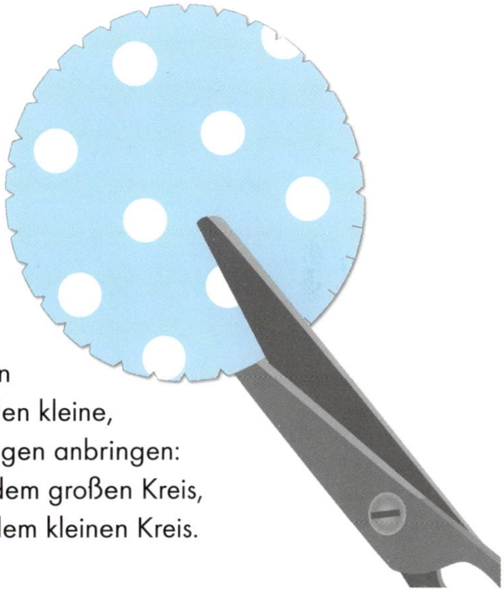

2 Rund um die Kreise in gleichmäßigen Abständen kleine, 1–2 mm tiefe Einkerbungen anbringen: 32 Einkerbungen an jedem großen Kreis, 16 Einkerbungen an jedem kleinen Kreis.

3 Zu einem Kreis einen Faden in einer kontrastierenden Farbe wählen und rundherum über ein gegenüberliegendes Kerben-Paar nach dem anderen wickeln. Die Enden auf der Rückseite zu einem festen Knoten zusammenbinden und abschneiden.

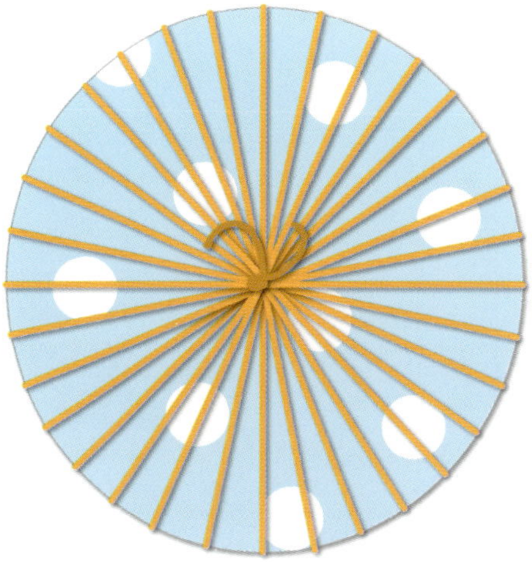

4 Bei allen anderen Kreisen wiederholen. Die Kreise auf dem Filzstück gefällig arrangieren, sodass sie sich teilweise überlappen.

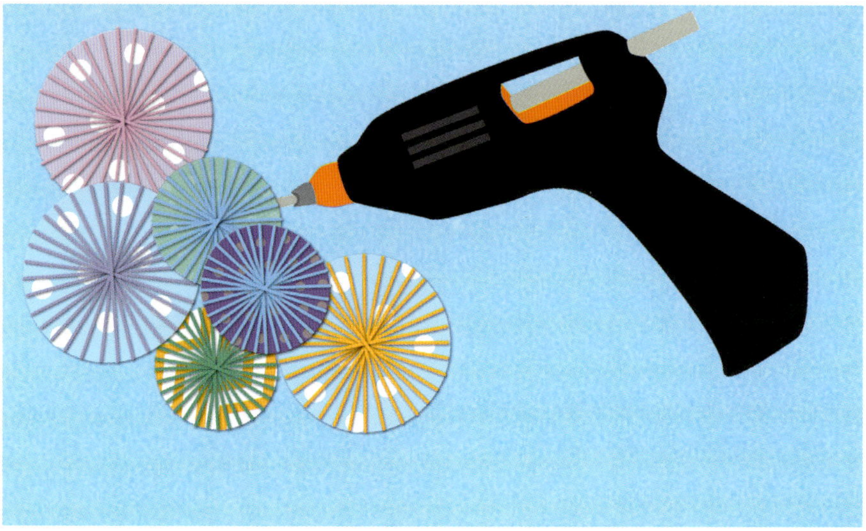

5 Mithilfe der Heißklebepistole die Kreise am Filz festkleben, trocknen lassen und den Filz rund um die Anordnung abschneiden, sodass man keine Filzränder sehen kann. Die Kette in zwei gleich große Teile schneiden.

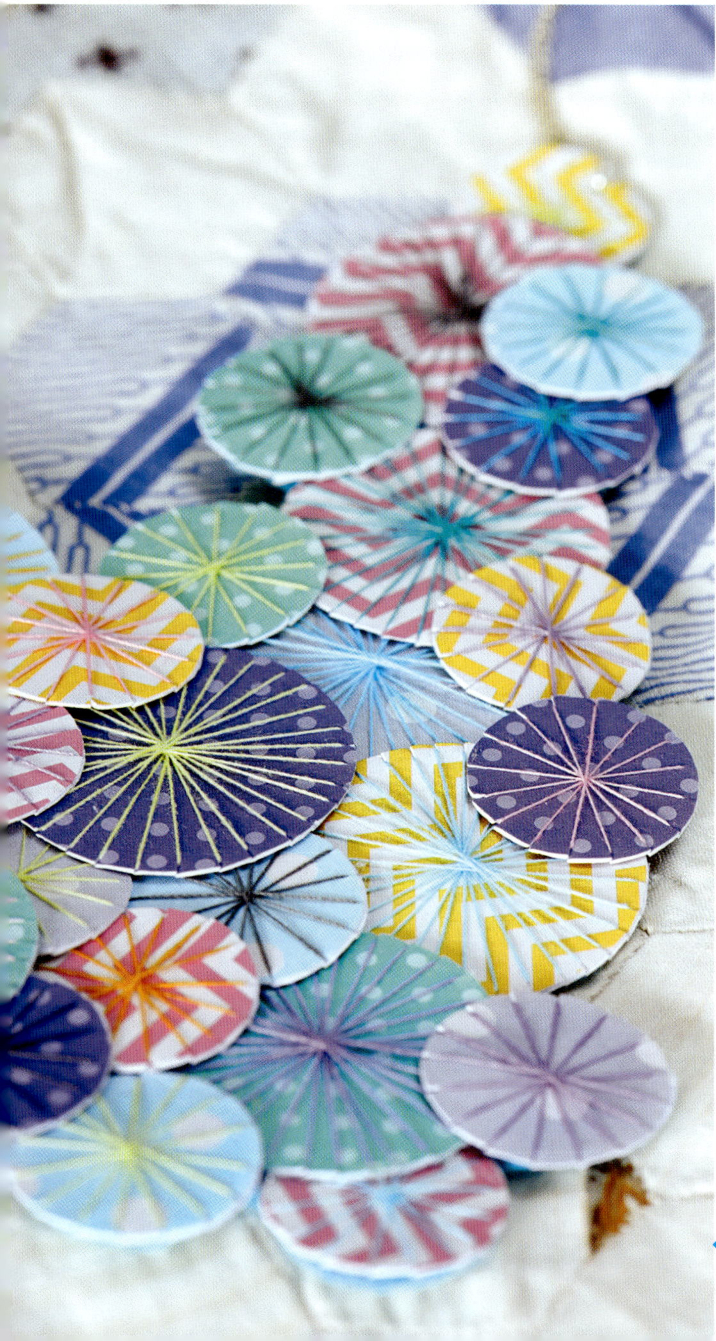

6 Oben links ein kleines Loch in die Anordnung bohren und einen Biegering anbringen (siehe Seite 11). Oben rechts wiederholen. Durch jeden Biegering einen der beiden Ketten-Teile fädeln.

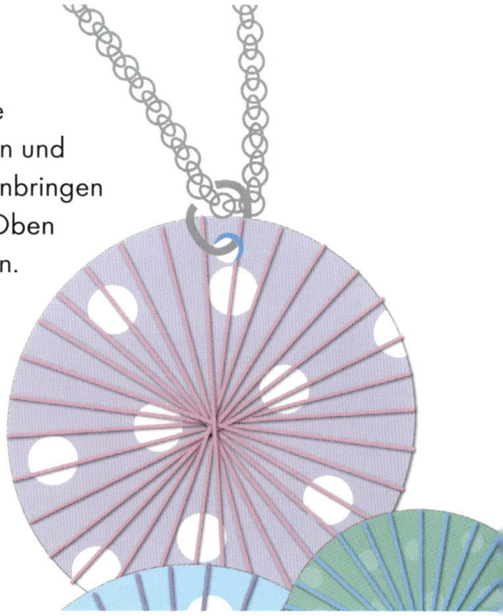

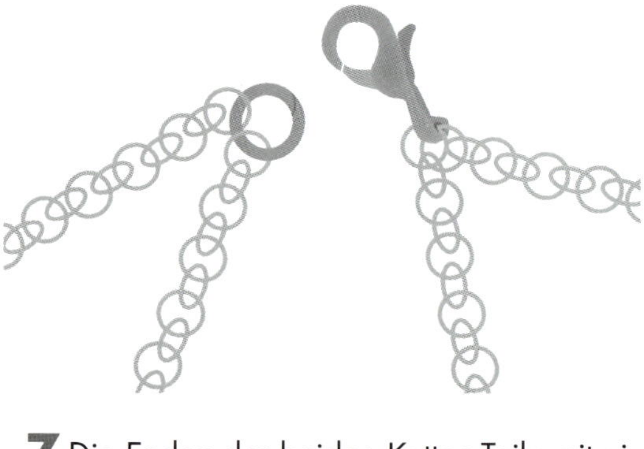

7 Die Enden der beiden Ketten-Teile mit einem weiteren Biegering zusammenführen. Zuletzt den Karabinerverschluss an einem der beiden Enden befestigen.

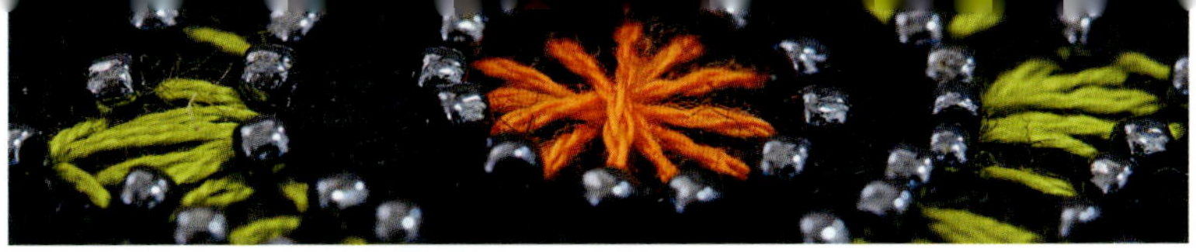

EINKAUFSTASCHE „Día de los Muertos“

Der mexikanische „Día de los Muertos“ ist ein fröhliches, farbenprächtiges Volksfest zu Ehren der Toten. Symbole der Vergänglichkeit – wie dieser gestickte Totenschädel im Blumenschmuck – bestimmen das bunt-belebte Straßenbild.

★★★

Sie brauchen dazu:

- Schwarzer Wollstoff, 70 x 50 cm
- Maßband
- Schere
- Aufbügelbares Einlagematerial, 30 x 25 cm
- Bügeleisen
- 10 g schwarze Metallic-Rocailleperlen, Nadel zum Auffädeln
- Nähnadel
- Nähgarn in Schwarz und Rosa
- Transparentpapier
- Bleistift
- Stickgarn in Gelb, Rosa, Violett, Orange, Blau und Limettengrün
- Nähmaschine
- Rosa Wollstoff, 70 x 35 cm (Futter)

1 Von dem schwarzen Stoff 2 Streifen zu je 70 x 6 cm für die Träger sowie ein weiteres Stoffstück zu 70 x 35 cm für den Hauptmusterteil abschneiden. Auf halber Höhe des Hauptmusterteiles auf jeder Längsseite ein Rechteck von 10 x 5,5 cm ausschneiden.

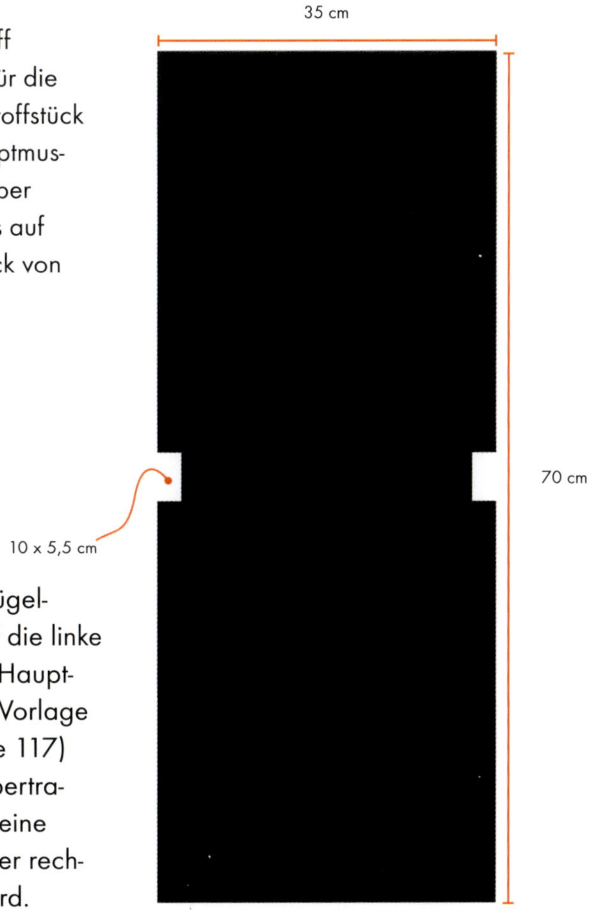

2 Das Rechteck aus aufbügelbarem Einlagematerial auf die linke Stoffseite einer Hälfte des Hauptmusterteils aufbügeln. Die Vorlage für den Totenschädel (Seite 117) auf das Einlagematerial übertragen. Jeder Punkt bedeutet eine Perle, die in Schritt 3 auf der rechten Stoffseite aufgenäht wird.

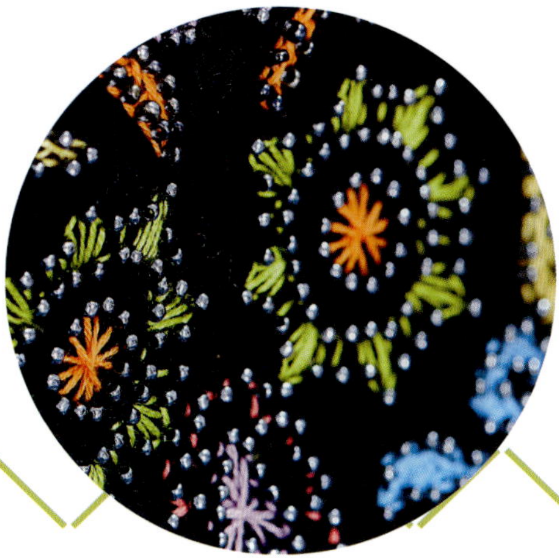

3 Mit schwarzem Faden auf der **rechten Stoffseite** die Perlen aufnähen (jeweils eine Perle oberhalb jedes Markierungspunkts auf der linken Stoffseite).

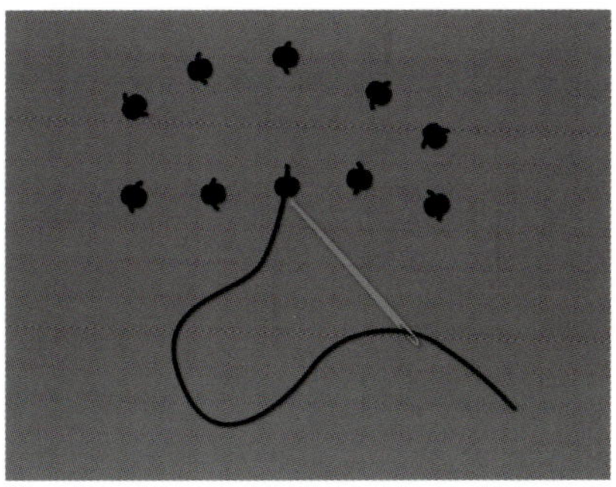

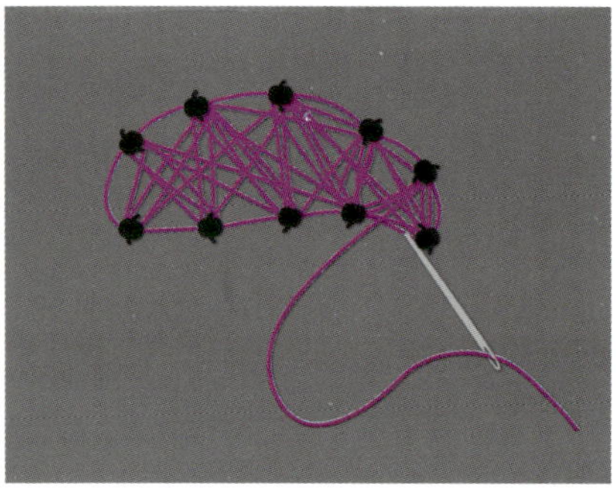

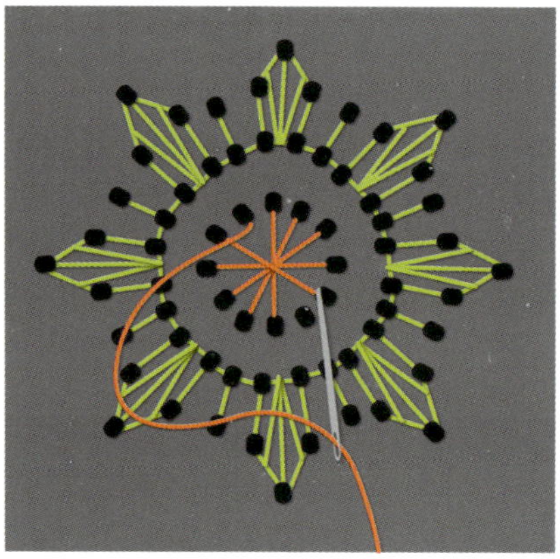

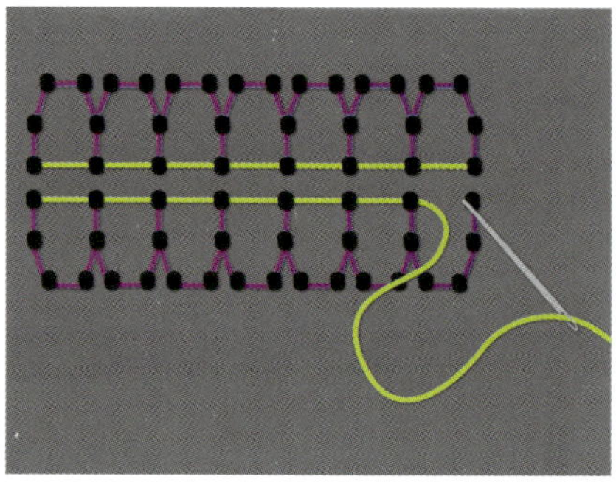

4 Die Bereiche zwischen den Perlen nach der Vorlage mit Stickgarn auffüllen. Ein einfarbiger Bereich entsteht aus einem Umriss (dazu rund um den Rand des Bereiches von Perle zu Perle sticken) und willkürlichen Spannstichen zwischen den Perlen innerhalb des Umrisses.

5 Für die Augen zwischen den äußeren Perlenreihen wie auf der Abbildung Spannstiche (Seite 8) in Limettengrün arbeiten. Für die Pupille die Perlen des inneren Kreises mit Spannstichen in Orange verbinden, die alle durch den Mittelpunkt führen.

6 Für den Mund zwischen den einzelnen Perlen wie auf der Abbildung Spannstiche arbeiten – zuerst in Violett, dann in Limettengrün. Bei den übrigen Bereichen orientieren Sie sich am Foto und an der Vorlage.

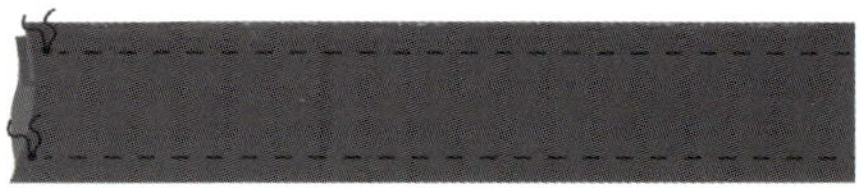

7 Für die Träger einen der 70 x 6 cm großen Streifen der Länge nach zur Hälfte falten und bügeln, wieder auseinanderfalten und die langen Schnittkanten um ca. 9 mm zur gebügelten Faltkante hin einschlagen. Wieder zur Hälfte falten und an beiden langen Kanten absteppen. Beim zweiten Streifen wiederholen.

8 Den schwarzen Hauptmusterteil rechts auf rechts der Breite nach zur Hälfte falten und an den Seitenkanten entlang bis auf 5 mm an das ausgeschnittene Rechteck herannähen (Nahtzugabe 5 mm). Die Nähte auseinanderbügeln.

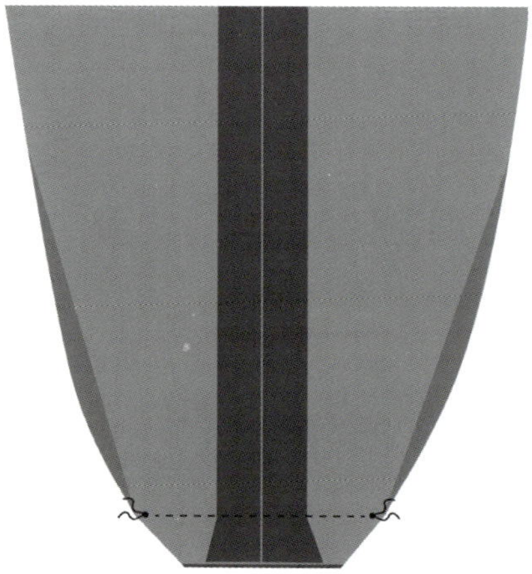

9 Für den Boden die Tasche so falten, dass eine der Seitennähte mittig von oben nach unten verläuft und das ausgeschnittene Rechteck sich zu einem geraden Bug quer über die Ecke glattstreichen lässt. An diesem Bug entlangnähen; auf der anderen Seite wiederholen. Die Tasche auf rechts wenden. Die Oberkante rundherum um ca. 1,5 cm nach links einschlagen.

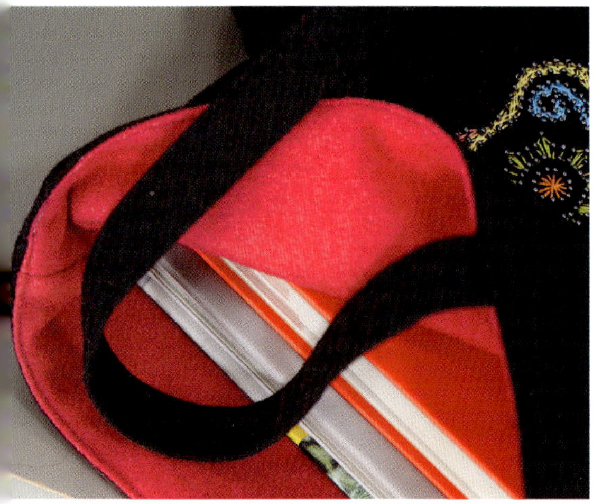

10 Aus dem rosa Futter-Stoff wie in Schritt 1 seitliche Rechtecke ausschneiden. Das Futter wie in Schritt 8 und 9 zusammennähen (die Nahtzugabe beträgt hier 9 mm), jedoch nicht auf rechts wenden. Das Futter rechts auf rechts über den schwarzen Taschenstoff ziehen.

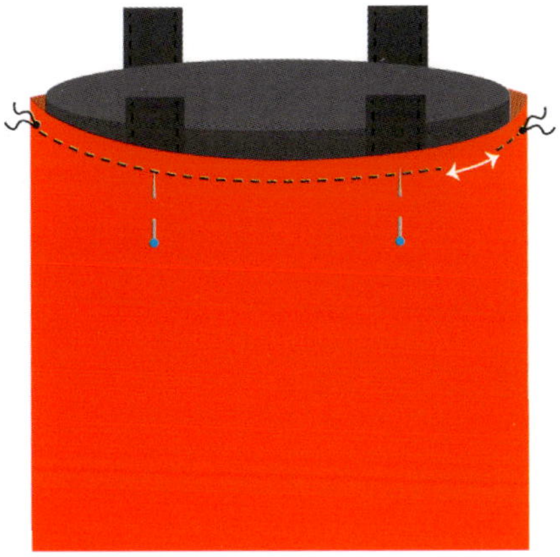

11 Einen Träger mit der Schlaufe voran zwischen Taschenstoff und Futter schieben, sodass beide Enden ca. 10 cm von den Seitennähten entfernt etwas herausragen. Auf der anderen Seite mit dem anderen Träger wiederholen.

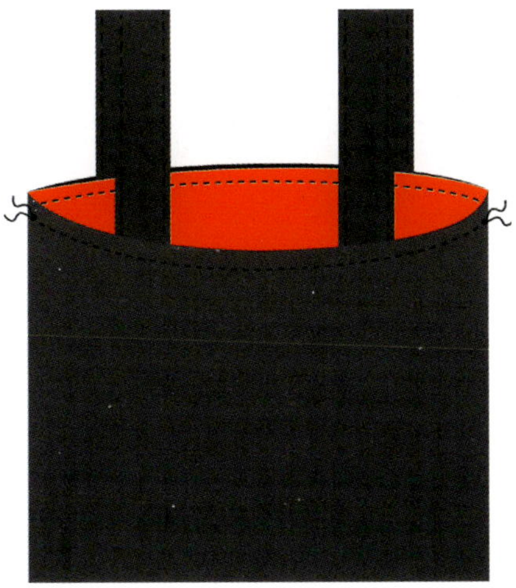

12 Die Stoffschichten um die Oberkante herum zusammennähen, dabei eine ca. 10 cm lange Öffnung lassen. Die Tasche durch die Öffnung auf rechts wenden. Zur Fertigstellung die Tasche 3 mm von der Oberkante absteppen.

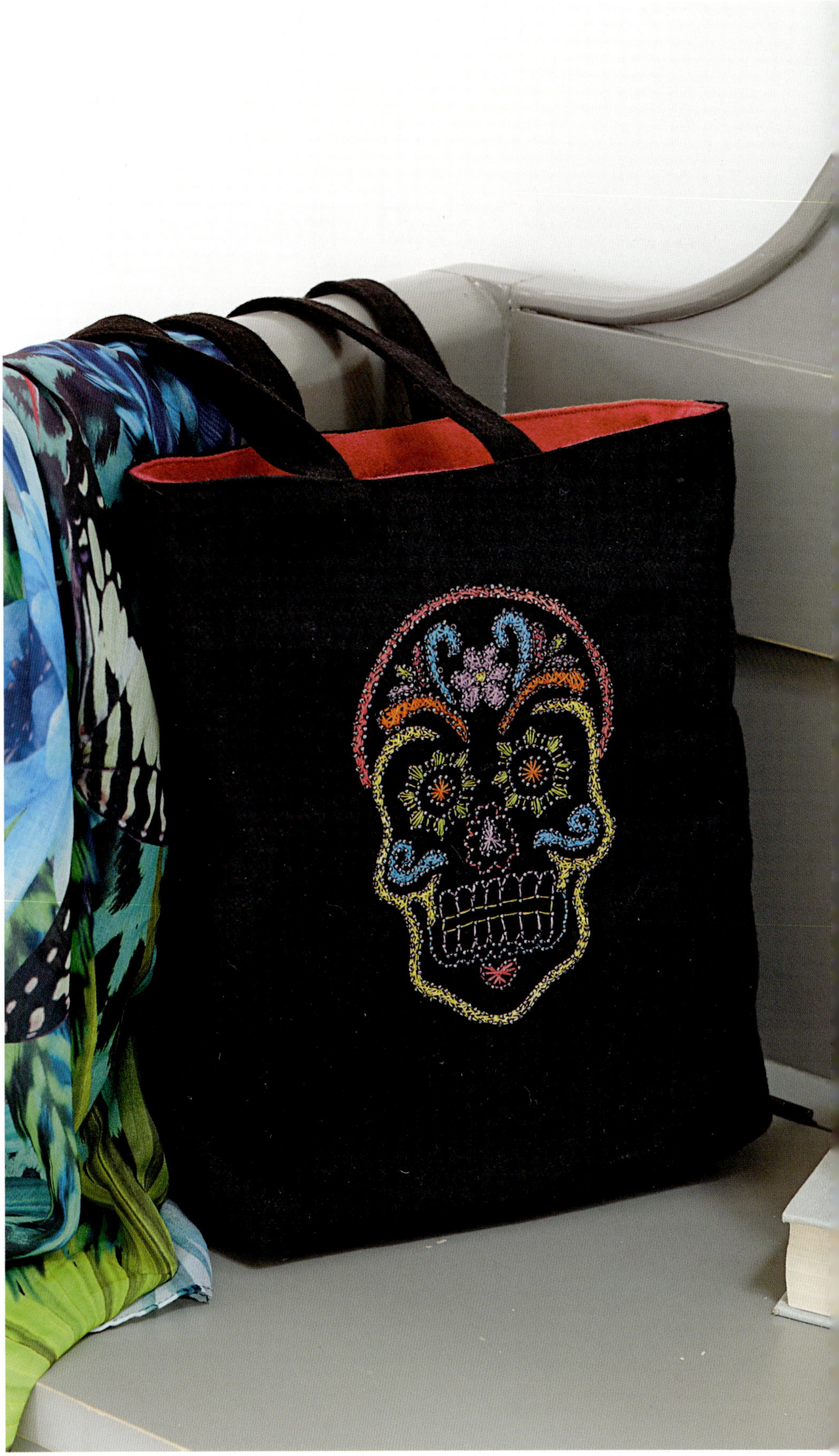

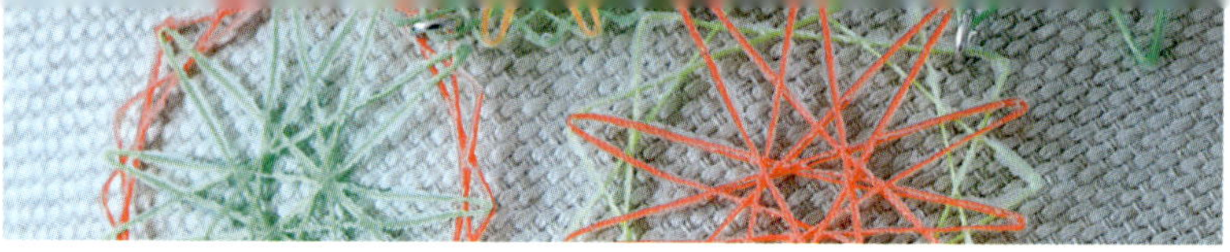

HALSKETTE in Neonfarben

Die Kombination aus leuchtenden Neonfarben und zartgliedriger Fadenkunst ist das modische Nonplusultra! Wenn Sie kein Makramee-Brett als Arbeitsunterlage haben, tut es auch eine Korkplatte oder eine Pinnwand.

★★★

Sie brauchen dazu:

- 2 Stücke Karton
- Zirkel
- Schere
- Makramee-Brett
- Stecknadeln
- Neonfarbenes Nähgarn in Orange, Grün, Pink und Gelb
- Bastelkleber
- Pinsel
- Biegeringe
- Zange
- 2 Ketten, je 30 cm lang
- Karabinerverschluss

1 Für das orange-grüne Muster aus dem Karton einen Kreis mit 4 cm Durchmesser ausschneiden, auf das Makramee-Brett legen und 32 Stecknadeln in gleichmäßigen Abständen rund um den Umriss des Kreises in das Brett stecken. Den Karton entfernen.

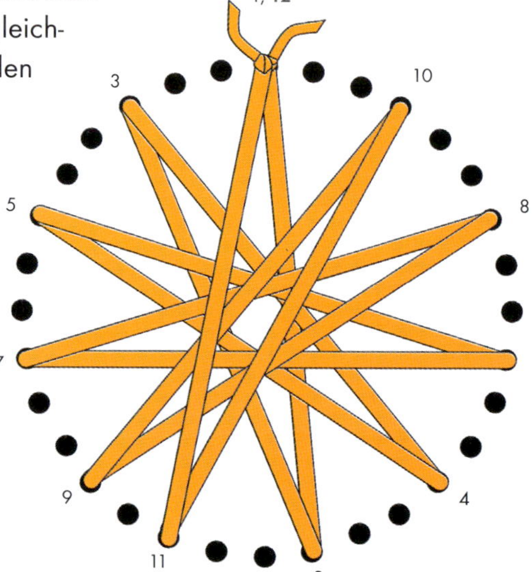

2 Den orangen Faden in der angegebenen Reihenfolge um die Stecknadeln wickeln. Dann die Sequenz wiederholen, sodass das Muster aus lauter doppelten Fadenlinien besteht.

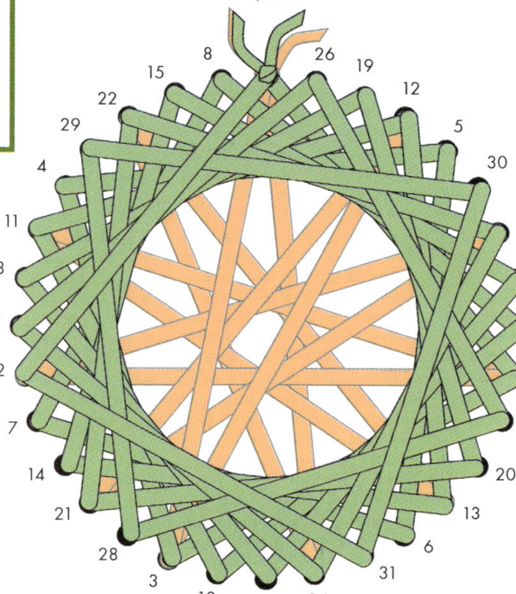

3 Den grünen Faden in der angegebenen Reihenfolge um die Stecknadeln wickeln.

4 Die Fäden mit verdünntem Bastelkleber tränken und vollständig trocknen lassen, dann die Sternform vom Makramee-Brett lösen.

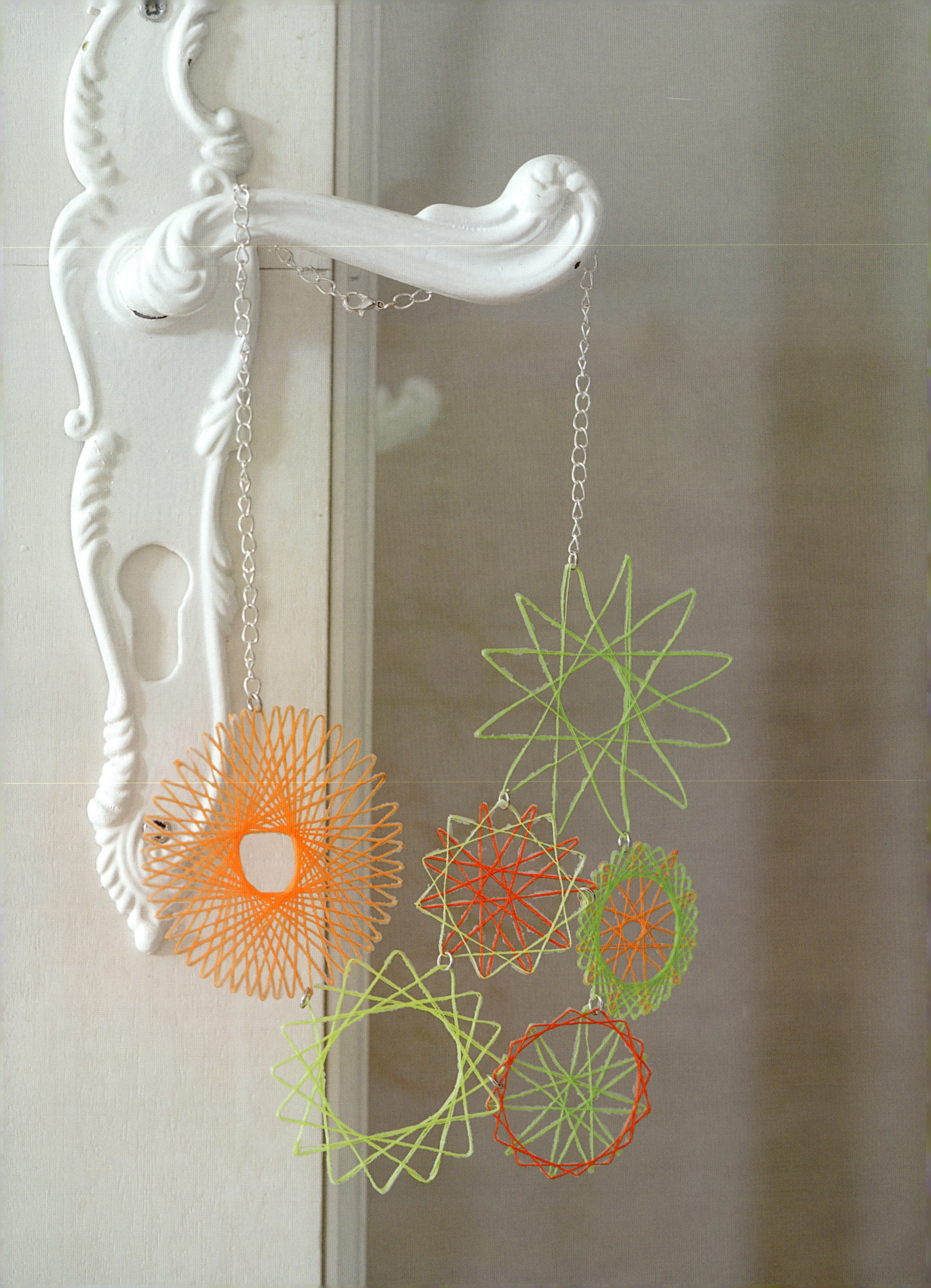

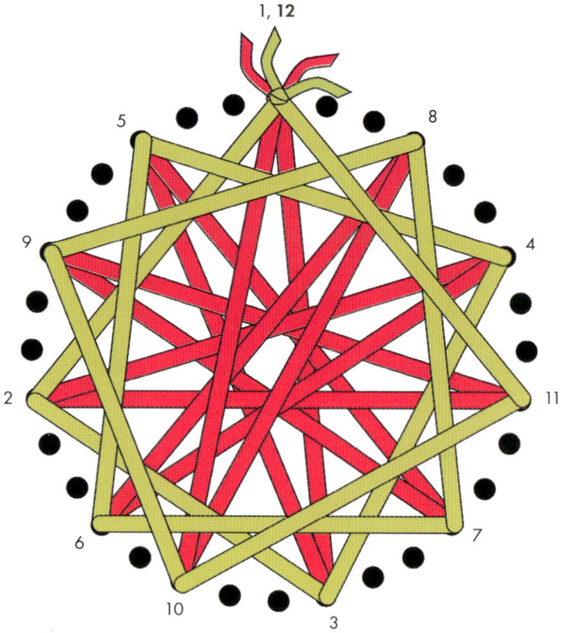

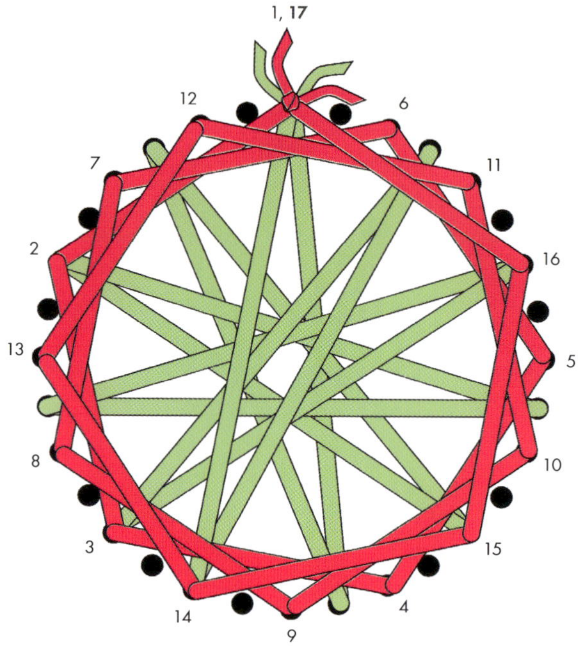

5 Für das Muster in Pink und Gelb Schritt 1 wiederholen, dann Schritt 2 mit einem Faden in Pink arbeiten. Für die obere Fadenschicht den gelben Faden in der angegebenen Reihenfolge um die Stecknadeln wickeln. Abschließend Schritt 4 wiederholen.

6 Für das Muster in Pink und Grün Schritt 1 wiederholen, dann Schritt 2 mit einem Faden in Grün arbeiten. Für die obere Fadenschicht den Faden in Pink in der angegebenen Reihenfolge um die Stecknadeln wickeln. Abschließend Schritt 4 wiederholen.

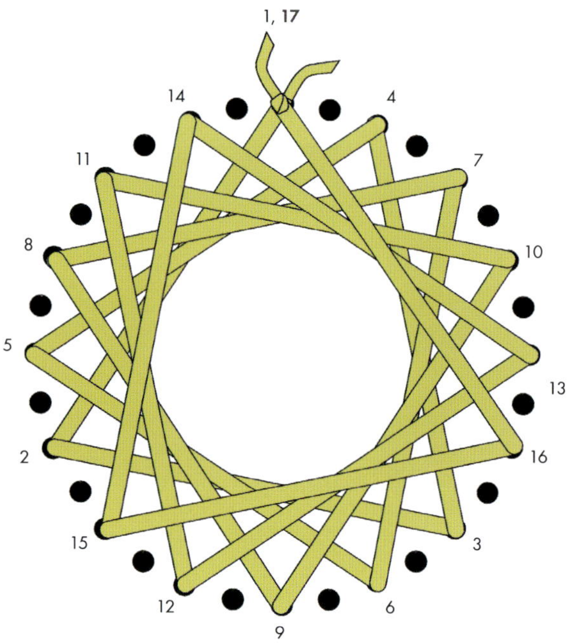

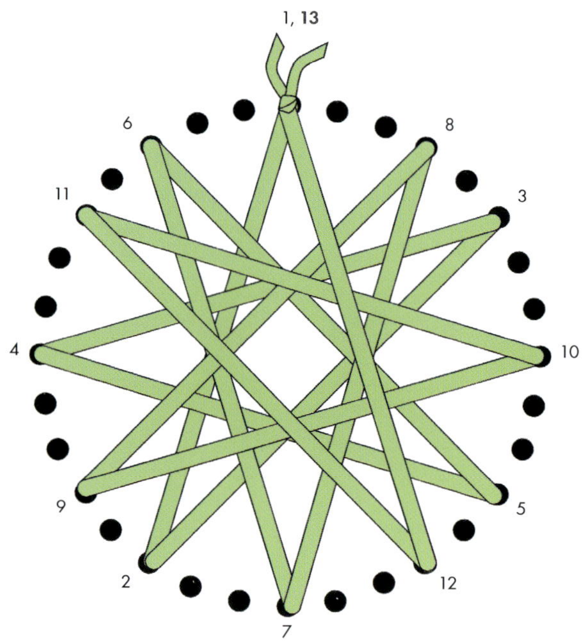

7 Für das gelbe Muster einen Kreis mit 6 cm Durchmesser aus dem Karton ausschneiden, auf das Makramee-Brett legen und 32 Stecknadeln rund um den Umriss des Kreises in das Brett stecken. Den Karton entfernen. Den gelben Faden in der angegebenen Reihenfolge um die Stecknadeln wickeln, dann die Sequenz noch 3-mal wiederholen. Sie erhalten ein robusteres Fadenmuster, bei dem sämtliche Linien aus 3 Fäden bestehen. Abschließend Schritt 4 wiederholen.

8 Für das grüne Muster einen Kreis mit 7 cm Durchmesser aus dem Karton ausschneiden, auf das Makramee-Brett legen und 32 Stecknadeln rund um den Umriss des Kreises stecken. Den Karton entfernen. Den grünen Faden in der angegebenen Reihenfolge um die Stecknadeln wickeln, dann die Sequenz noch 3-mal wiederholen. Sie erhalten auch hier ein robustes Fadenmuster, bei dem sämtliche Linien aus 3 Fäden bestehen. Abschließend Schritt 4 wiederholen.

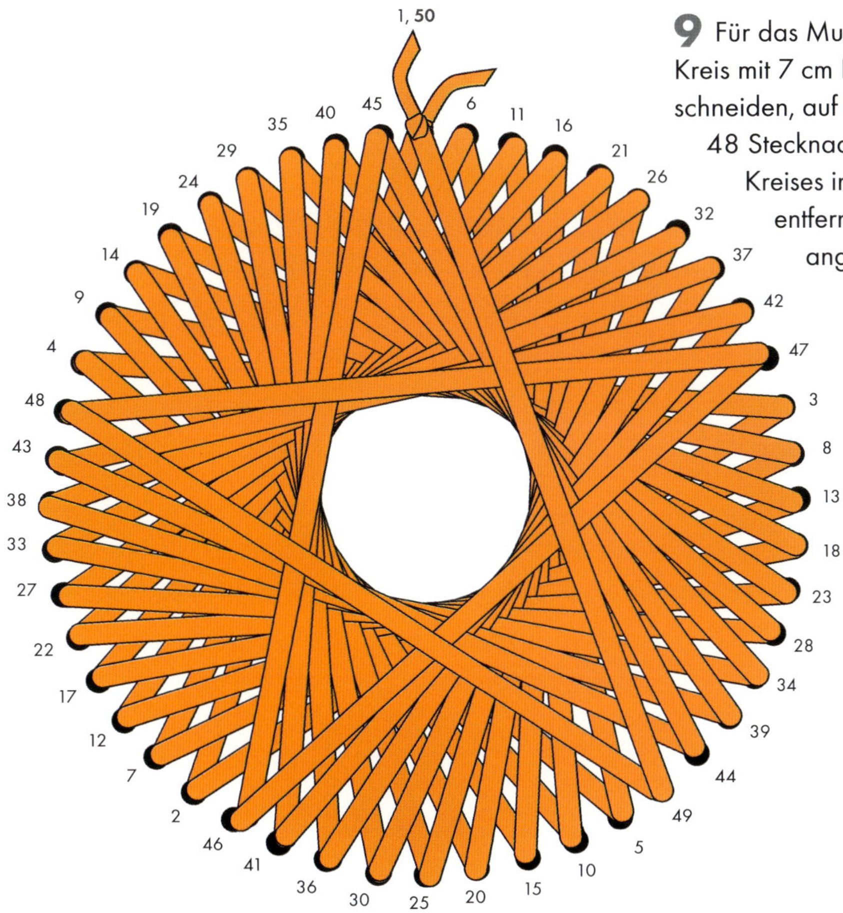

9 Für das Muster in Orange einen weiteren Kreis mit 7 cm Durchmesser aus dem Karton ausschneiden, auf das Makramee-Brett legen und 48 Stecknadeln rund um den Umriss des Kreises in das Brett stecken. Den Karton entfernen. Den Faden in Orange in der angegebenen Reihenfolge um die Stecknadeln wickeln, dann die Sequenz wiederholen, sodass das Muster aus lauter doppelten Fadenlinien besteht. Abschließend Schritt 4 wiederholen.

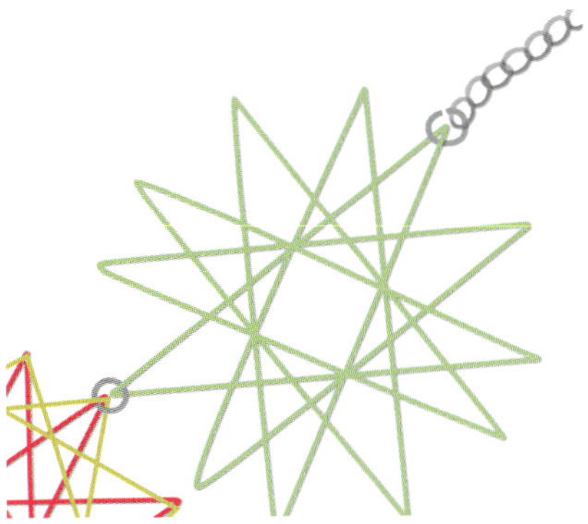

10 Die Kreise gefällig arrangieren und an geeigneten Stellen mit Biegeringen aneinander befestigen. Eine Kette mit einem Biegering an jedem Ende der Anordnung befestigen (siehe Seite 11). Am Ende der einen Kette einen Karabinerverschluss, am Ende der anderen Kette einen Biegering anbringen.

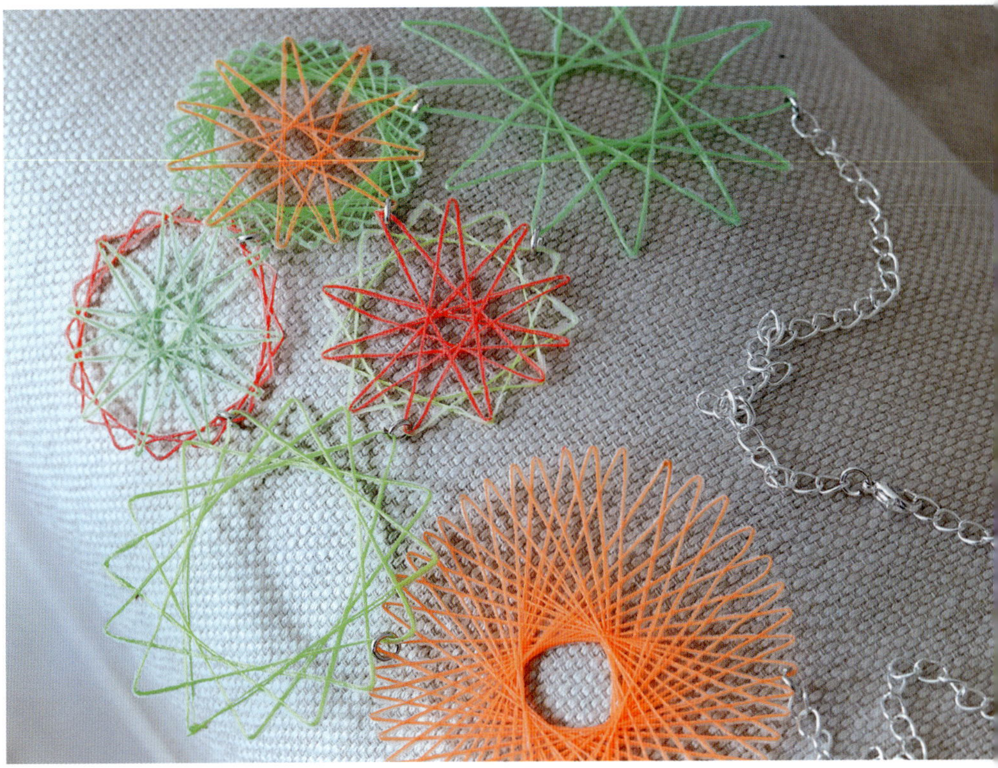

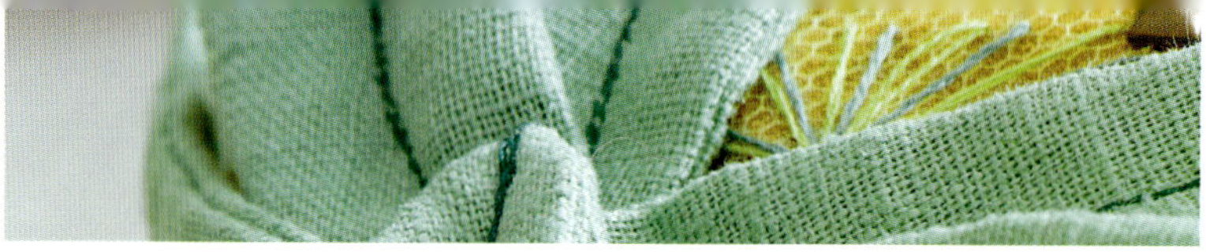

Ananas-TÄSCHCHEN

Ananasmotive sind topaktuell! Das zierliche Täschchen im Tropenlook hebt die Laune und sorgt für ein bisschen Sommer- und Urlaubsfeeling.

★★★

Sie brauchen dazu:

- Senfgelber Leinenstoff, 50 x 140 cm (Außenstoff)
- Schere
- Grüner Leinenstoff, 50 cm lang (Futter)
- Netzstoff, 50 cm lang
- Aufbügelbares Einlagematerial, 30 x 30 cm
- Nähmaschine
- Nähgarn in Grün, Dunkelgrün und Senfgelb
- Nähnadel
- Stickgarn in Dunkelgrün und Limettengrün
- 20 quadratische Pyramidennieten
- Gelber Zippverschluss, 25 cm lang
- Bügeleisen

1 Vom senfgelben Stoff einen 6 x 140 cm großen Streifen für den Träger abschneiden. Dann mithilfe der Vorlagen auf Seite 118–119 folgende Teile zuschneiden: je 1 Zwickel, 2 Zippverschluss-Seitenteile und 2 Hauptmusterteile aus dem senfgelben Leinenstoff, dem grünen Leinenstoff, dem Netzstoff und dem aufbügelbaren Einlagematerial; 14 Blattformen aus dem grünen Leinenstoff.

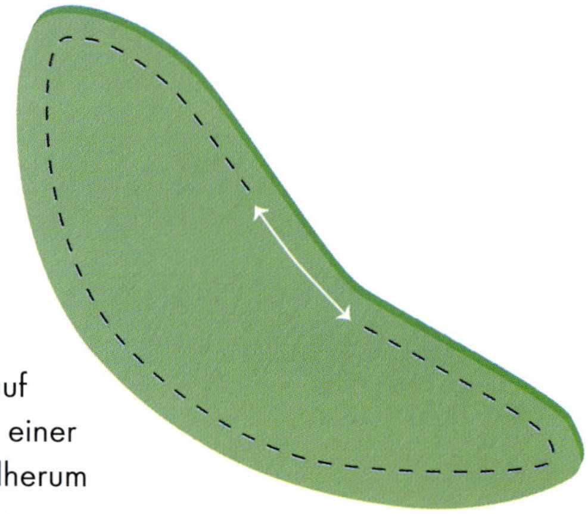

2 Zwei Blattformen rechts auf rechts aufeinanderlegen, mit einer Nahtzugabe von 5 mm rundherum mit der Nähmaschine zusammennähen und dabei eine ausreichend große Wendeöffnung lassen.

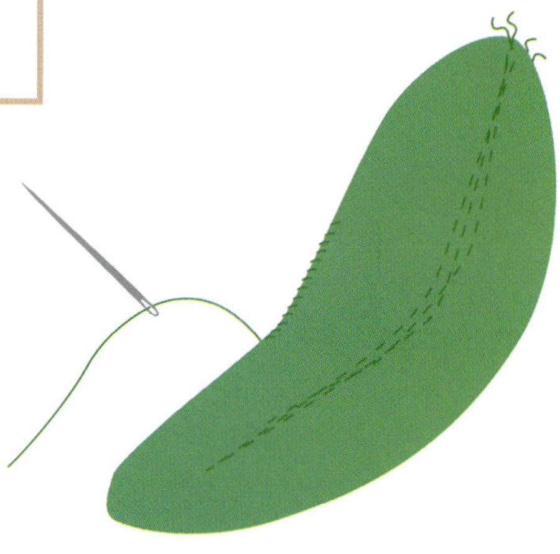

3 Das Blatt auf rechts wenden und die Wendeöffnung mit Matratzenstich von Hand zunähen. Für die Blattader in der Mitte des Blattes mit dem Geradstich der Nähmaschine eine Längsnaht in Dunkelgrün nähen. 6 weitere Blätter herstellen, dazu Schritt 2 und 3 wiederholen.

Tipp

Wenn Ihr senfgelber Stoff weniger als 140 cm breit ist, können Sie den Träger aus zwei (oder mehr) Streifen zusammenstückeln.

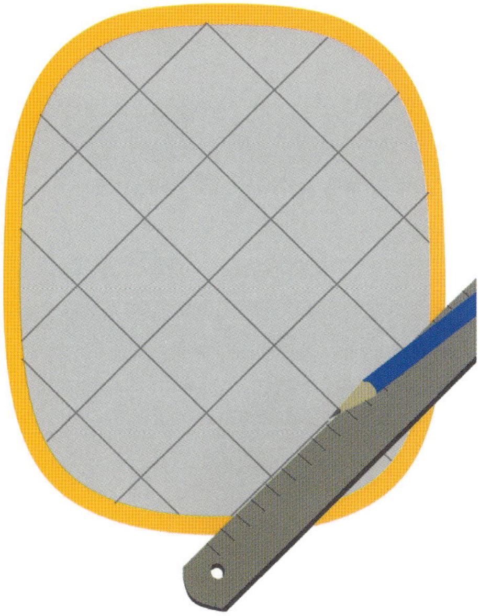

4 Die einzelnen Schichten der Taschen-Außenseite zusammenstellen: Das aufbügelbare Einlagematerial auf die linke Seite der senfgelben Teile (Zwickel, Zippverschluss-Seitenteile und Hauptmusterteile) aufbügeln. Die Netzstoff-Teile auf die rechte Seite der senfgelben Teile auflegen und anheften. Auf die linke Seite eines der Hauptmusterteile einen diagonalen Raster zeichnen.

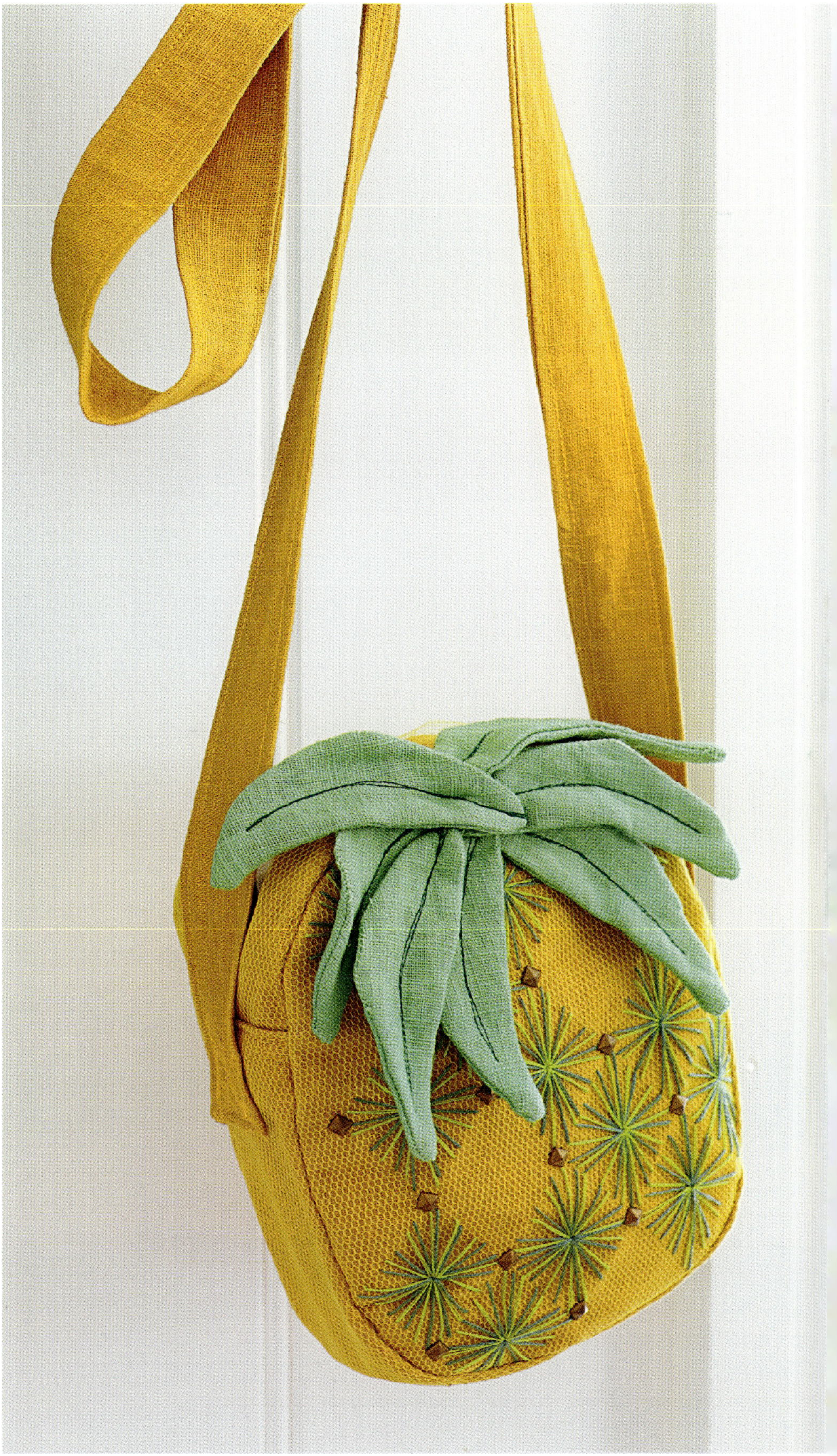

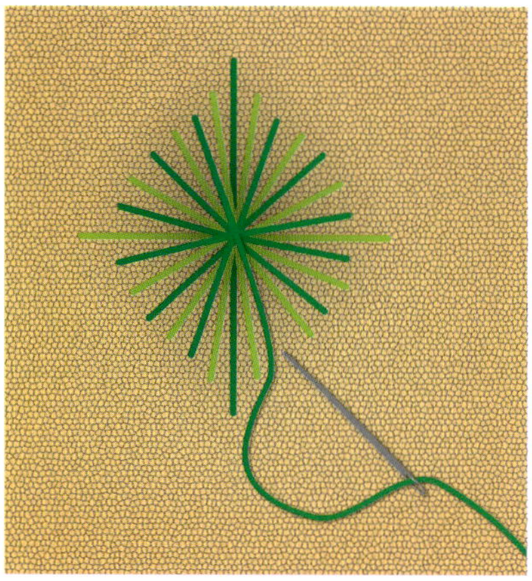

5 Auf der rechten Seite desselben Hauptmusterteiles mit limettengrünem und dunkelgrünem Stickgarn in eines der Rasterfelder einen Rautenstern aus Spannstichen (siehe Seite 8) sticken, die strahlenförmig vom Mittelpunkt ausgehen.

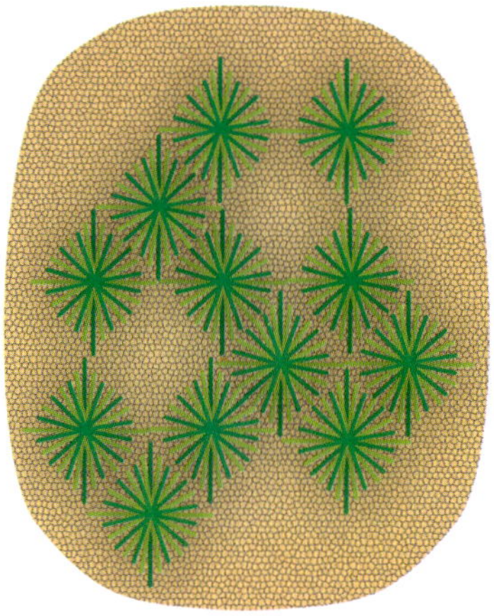

6 Beliebige Rasterfelder ebenso besticken (siehe Foto), um die strukturierte Oberfläche der „Ananas" zu erzeugen.

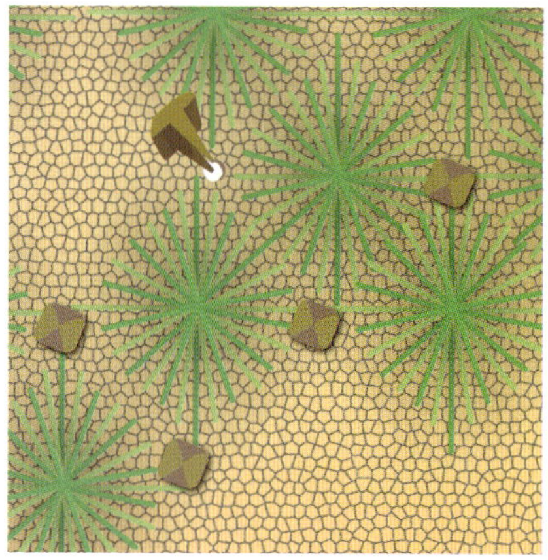

7 An einigen Kreuzungspunkten der Rasterlinien Nieten platzieren. Dazu die Klammerzungen der Niete durch den Stoff drücken und auf der linken Stoffseite auseinanderdrücken, um die Niete zu fixieren.

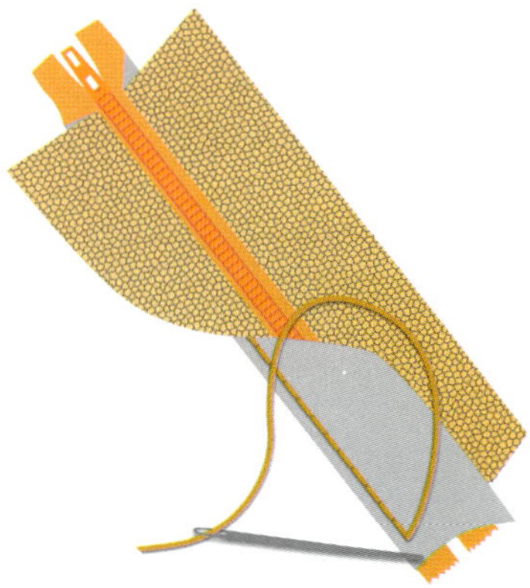

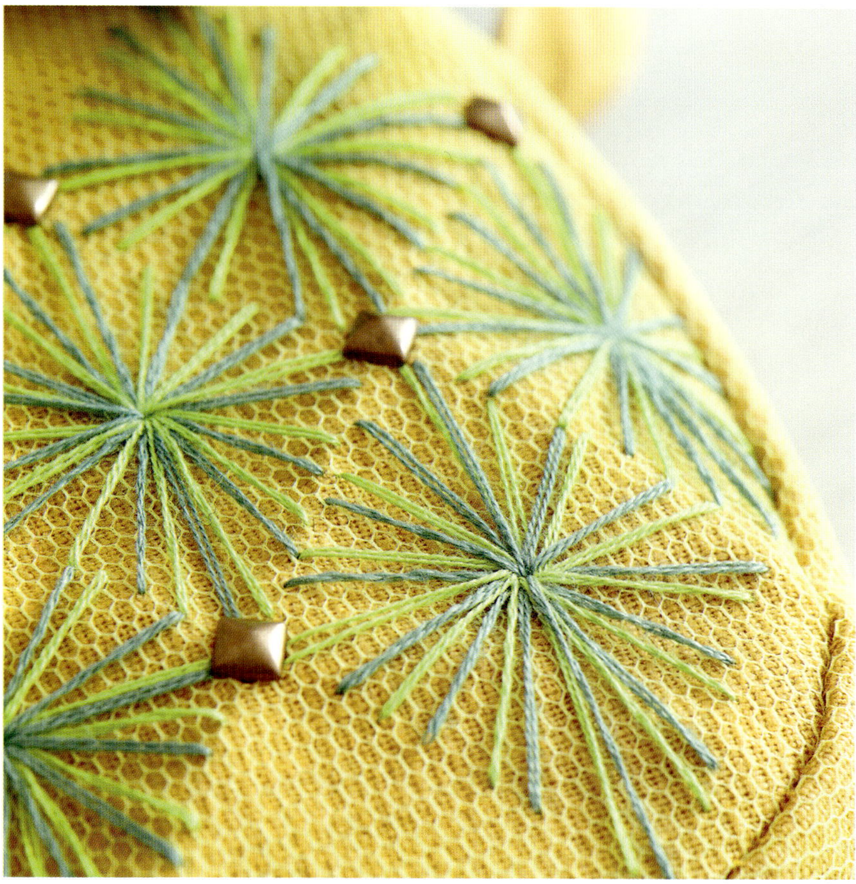

8 Die lange Kante jedes Zipp-Seitenteils um 1 cm auf die linke Seite umschlagen, den Stoffbruch bügeln. Bei einem Zippverschluss-Seitenteil den Stoffbruch auseinanderklappen, den Teil mit der rechten Seite nach unten auf dem Zipp platzieren, sodass der Stoffbruch knapp an den Zähnen zu liegen kommt. Am Stoffbruch entlangnähen, dann den Stoff vom Zipp weg umschlagen. Mit dem anderen Zipp-Seitenteil auf der anderen Seite wiederholen. Nun befindet sich der Zipp zwischen zwei Stoffstreifen, die Nähte sind verdeckt.

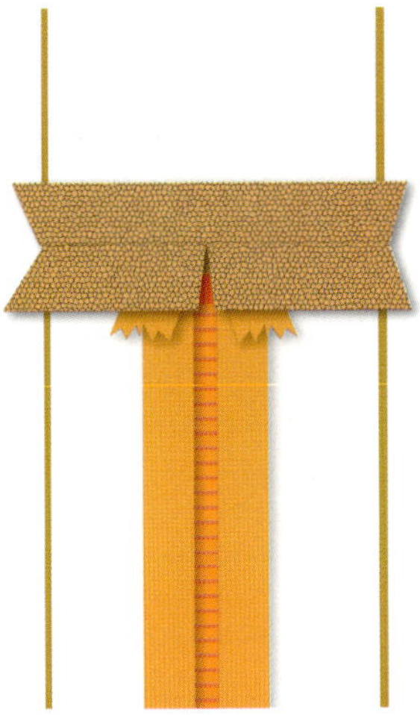

9 Ein Ende der Zipp-Anordnung rechts auf rechts auf ein kurzes Ende des Zwickels legen, die Teile mit einer Nahtzugabe von 5 mm zusammennähen. Die Naht auseinanderbügeln.

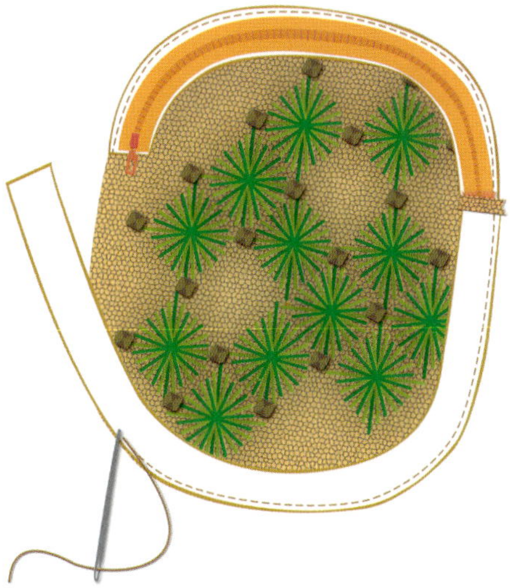

10 Den Zwickel rechts auf rechts am vorderen Hauptmusterteil annähen, dabei darauf achten, dass die Zipp-Anordnung sich genau in der Mitte der Oberkante befindet.

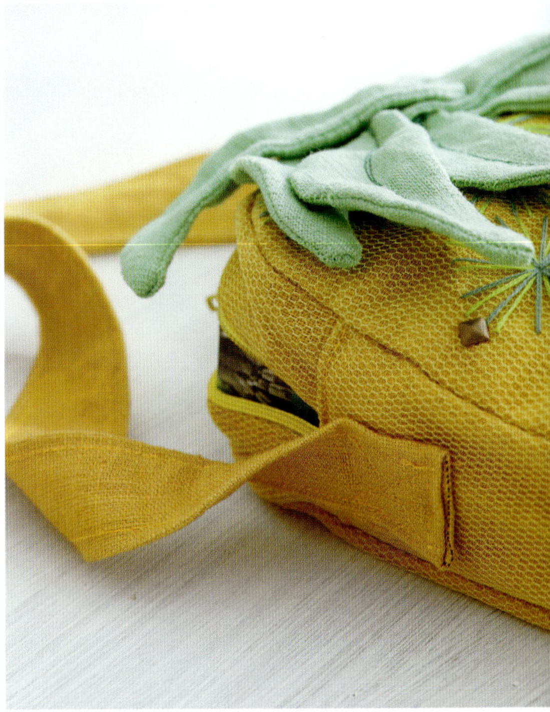

11 Den Zwickel und das andere Ende der Zipp-Anordnung dort, wo sie aufeinandertreffen, zu einem geschlossenen Kreis zusammennähen. Den hinteren Hauptmusterteil an der anderen Seite des Zwickels und der Zipp-Anordnung annähen.

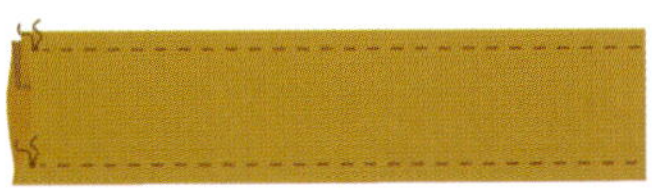

12 Den Träger der Länge nach zur Hälfte falten und bügeln, dann auseinanderklappen und die Schnittkanten um etwa 9 mm zur Bruchkante hin umschlagen. Wieder zur Hälfte falten und mit der Nähmaschine an beiden langen Kanten entlangnähen.

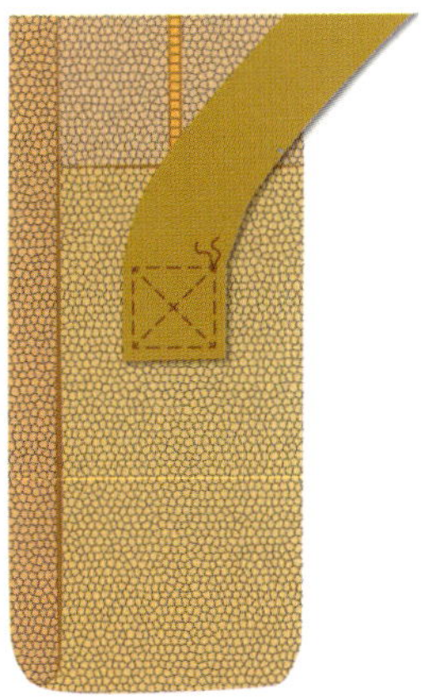

13 Die kurzen Kanten des Trägers nach innen umschlagen. Die Trägerenden mit einem Quadratstich mit eingeschriebenem X seitlich an der Tasche festnähen.

14 Die in Schritt 2 und 3 genähten Blätter oben an der Vorderseite der Tasche lagenweise anordnen (siehe Fotos) und mit grünem Garn an der „Ananas" annähen.

15 Die lange Kante jedes grünen Zippverschluss-Seitenteils um 1 cm auf die linke Seite umschlagen (siehe Schritt 8). Diese Teile mit etwas Abstand zwischen den Stoffbruchkanten mit 5 mm Nahtzugabe an einem kurzen Ende des grünen Zwickels annähen. Die Naht auseinanderbügeln. Schritt 10 und 11 mit dem grünen Stoff wiederholen, aber ohne Zipp, sodass an der Oberseite des Futters ein Schlitz offen bleibt.

16 Der Außenstoff der Tasche ist nun auf rechts gewendet, das Futter ist jedoch auf links gewendet. Das Futter in den senfgelben Außenstoff einführen und die Kanten des Schlitzes an der Unterseite des Zipps annähen, sodass alle unversäuberten Kanten verdeckt sind.

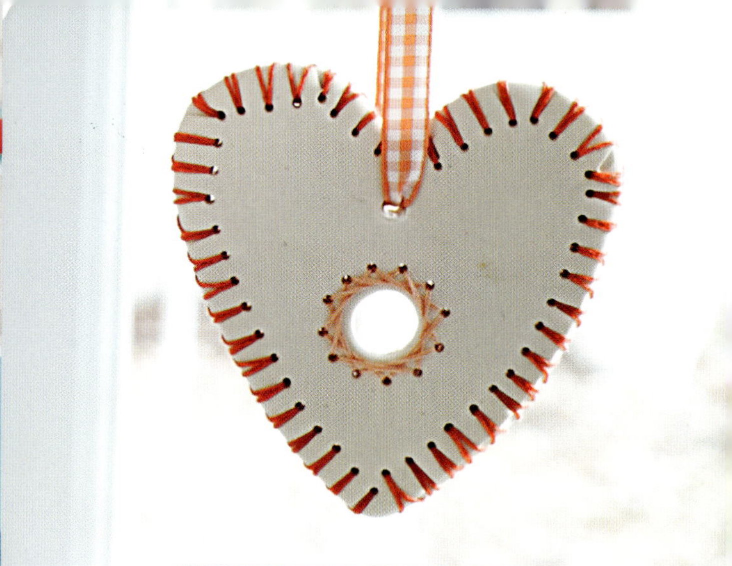
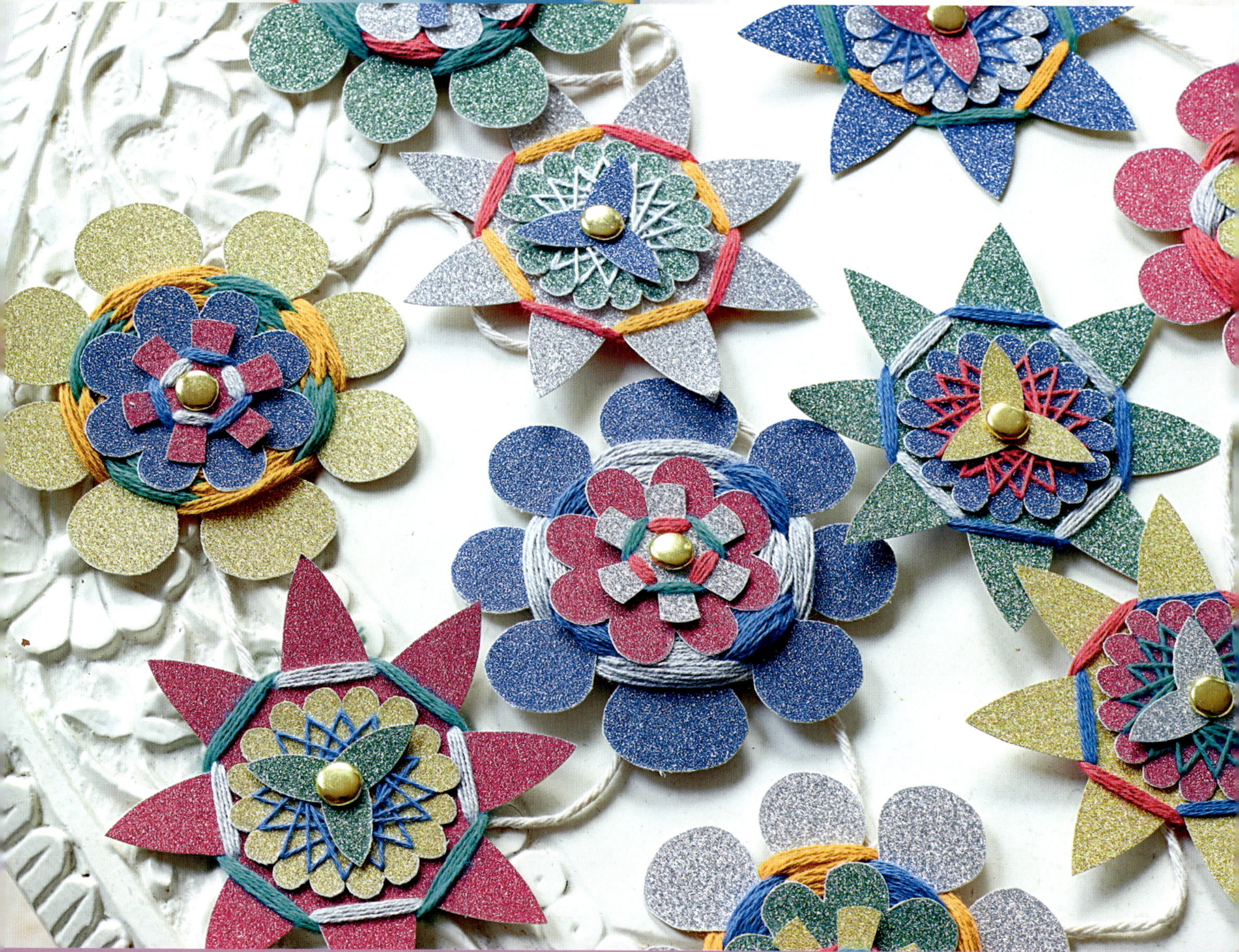

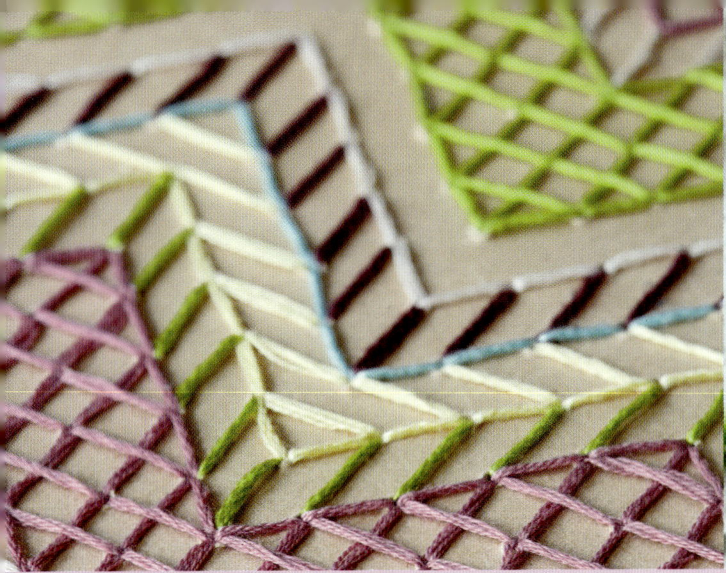 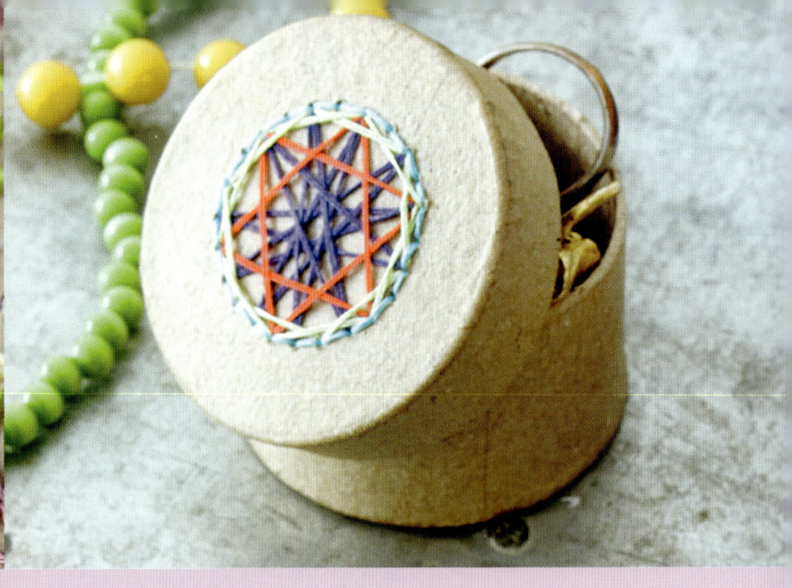

Kapitel 3

DIE KUNST DES SCHENKENS

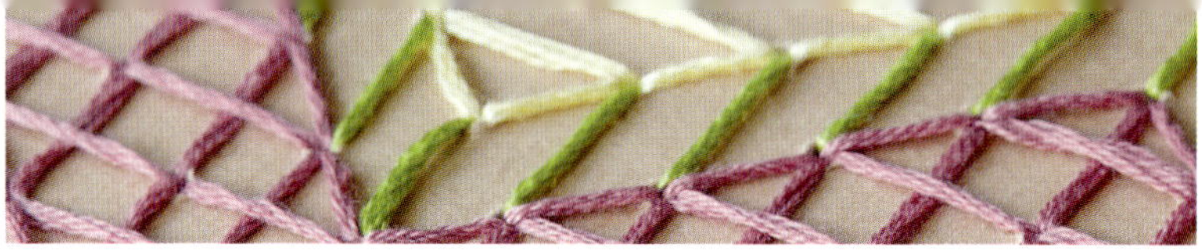

Bestickte NOTIZBÜCHER

Ein ganz gewöhnliches Notizbuch erhält mit einer einfachen Stickarbeit einen persönlichen Touch. Sie können die gesamte Vorderseite mit einem flächigen Chevronmuster besticken oder ein zartes Fadenbild – wie unsere Pusteblume – auf den Buchdeckel zaubern.

★★☆

Sie brauchen dazu:

- Notizbuch im Format DIN A6
- Bleistift
- Transparentpapier
- Bohrmaschine mit 1-mm-Bohrer
- Nähnadel
- Schere
- Stickgarn in Creme, Braun und Limettengrün
- Notizbuch im Format DIN A5
- Lineal
- Stickgarn in Türkis, Altrosa, Gelb, Weinrot, Flieder und Limettengrün

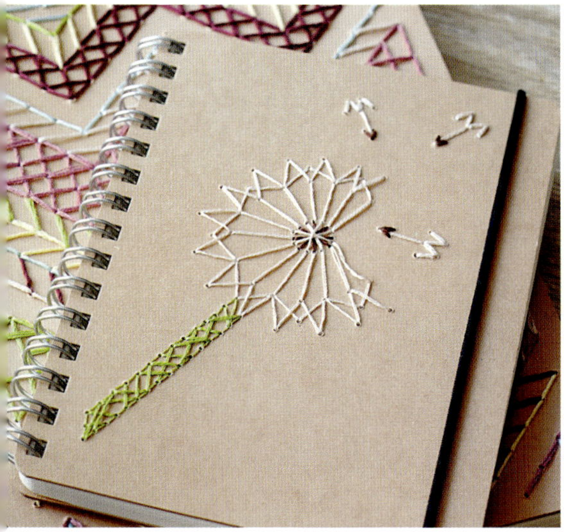

Pusteblume

1 Die Vorlage auf Seite 119 auf die Vorderseite des DIN-A6-Notizbuchs übertragen.

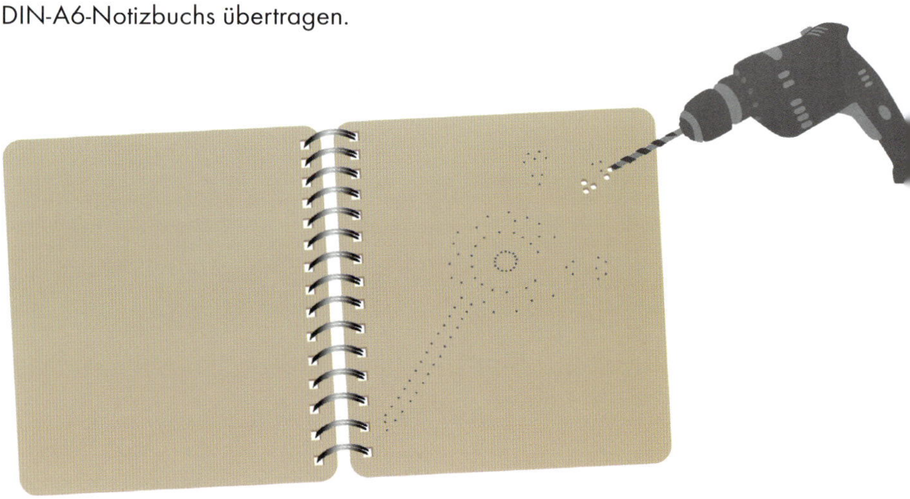

2 An allen punktförmigen Markierungen mit der Bohrmaschine Löcher in den Buchdeckel bohren.

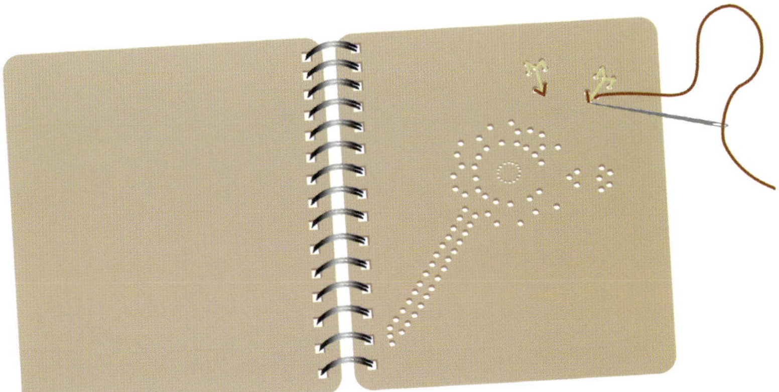

3 Die Stickgarnfäden in Creme, Braun und Limettengrün in Einzelfäden teilen und mit 2 Einzelfäden in jeder Farbe die Pusteblume aufsticken (siehe Foto).

Chevronmuster

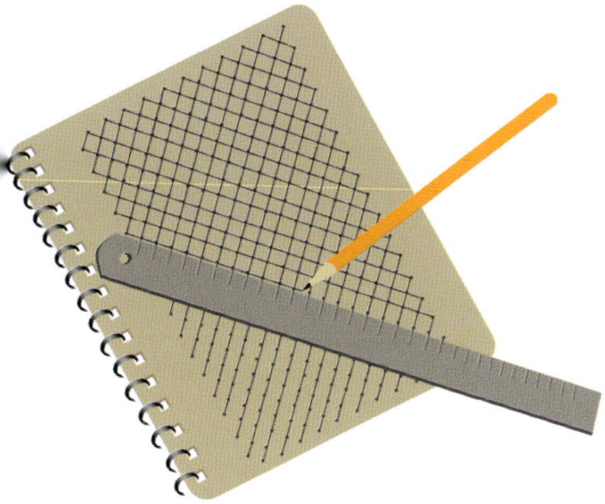

1 Mit Bleistift und Lineal einen diagonalen Raster auf die Vorderseite des DIN-A5-Notizbuches zeichnen. Die Seiten der einzelnen Rauten sollten etwa 8 mm lang sein.

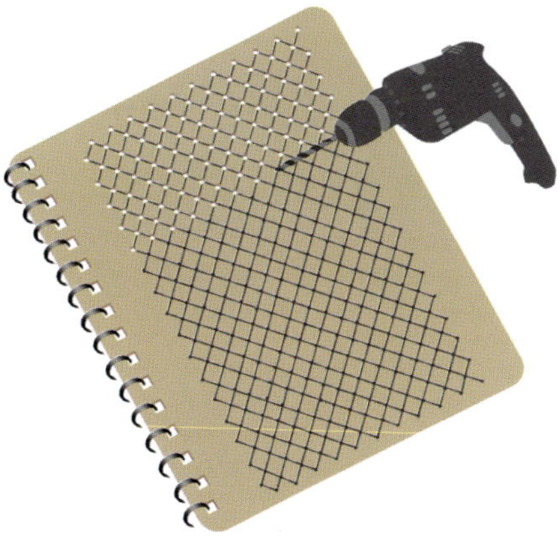

2 An jedem Kreuzungspunkt der Rasterlinien ein Loch in den Buchdeckel bohren.

3 Mit dem Stickgarn in Türkis, Altrosa, Gelb, Weinrot, Flieder und Limettengrün ein Chevronmuster aus waagrechten und senkrechten Gerad- und Rückstichen (siehe Seite 8) arbeiten. Entweder dem Foto folgen oder ein eigenes Muster entwerfen.

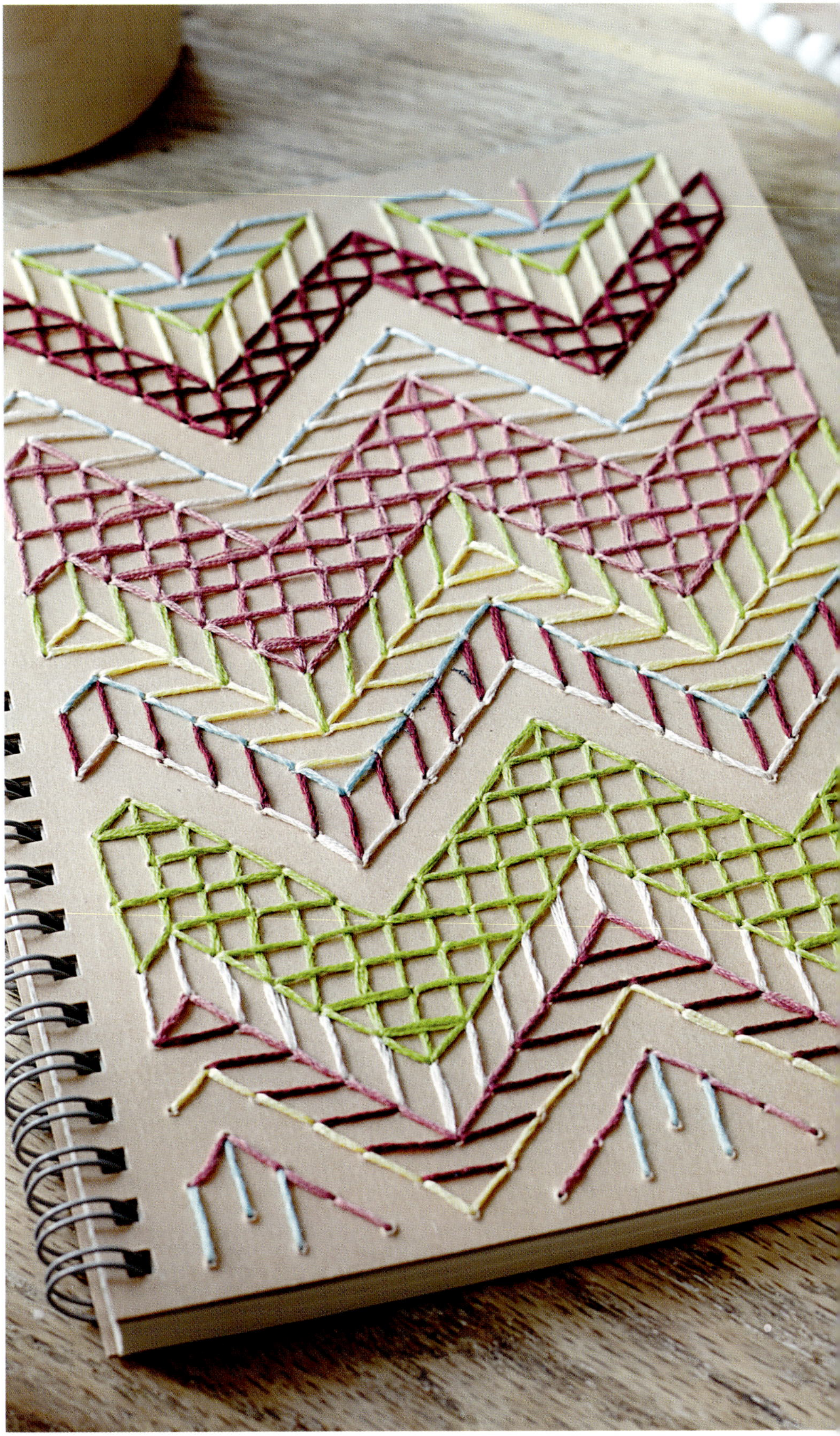

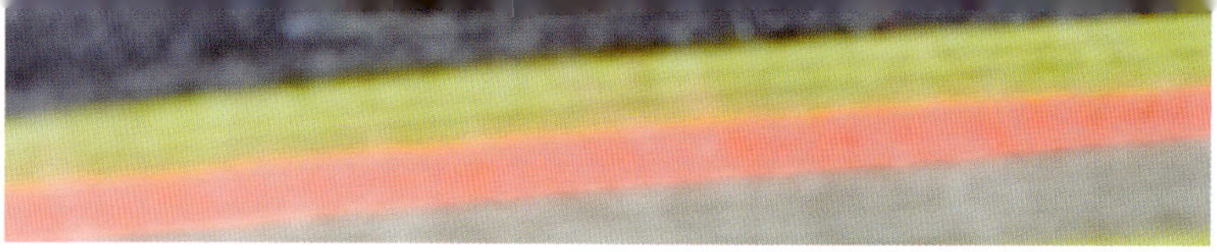

Farbenfrohe BUCHSTABEN

Als witziges Geschenk zum Polterabend oder zur Hochzeit, als bunter Schmuck fürs Kinderzimmer oder für einen beliebigen anderen Raum bieten sich diese kunterbunten Buchstaben an, die auch zum Aufbrauchen von allerlei Strickgarnresten geeignet sind. Zum Aufhängen können Sie einen Haken an der Rückseite jedes Buchstabens anbringen.

★☆☆

Sie brauchen dazu:

- Strickgarnreste in Dunkelgrau, Hellgrau, Rosa und Limettengrün
- Schere
- Buchstaben aus Papiermaché, 26 cm hoch
- Heißklebepistole
- Pro Buchstaben 1 Stück grauer Filz, 30 x 25 cm
- Filzstift

1 Zunächst etwa 10 cm lange Garnstücke in der Farbe abschneiden, die Sie für die Enden der Buchstaben verwenden wollen. Beim Buchstaben J habe ich für die Oberseite, die Unterseite und die Innenrundung Dunkelgrau genommen, für die Unterseite des Anstrichs und den Auslauf des Buchstabens Hellgrau.

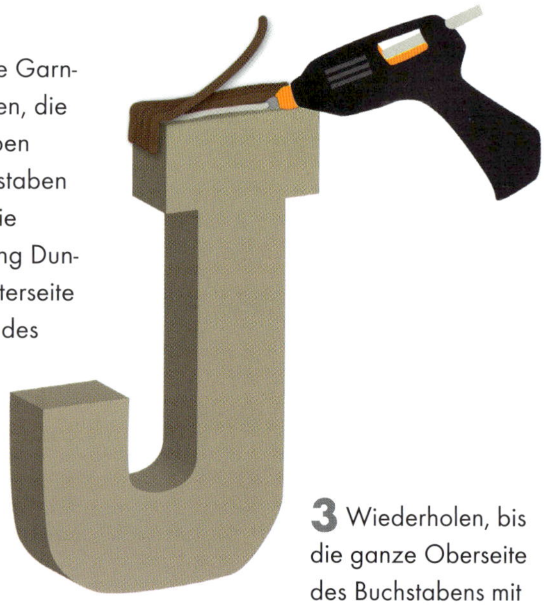

2 Immer ein Stück Garn auf einmal aufkleben. Dazu einen dünnen Streifen Klebstoff auf die Oberseite des Buchstabens auftragen und ein Stück Garn darauflegen.

3 Wiederholen, bis die ganze Oberseite des Buchstabens mit Garn bedeckt ist.

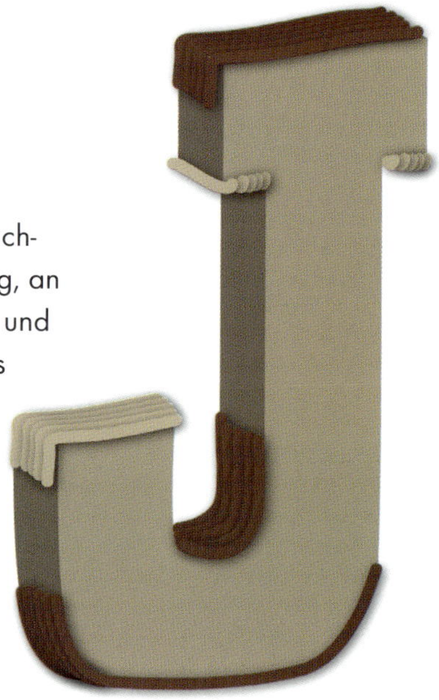

4 An der Unterseite des Buchstabens, in der Innenrundung, an der Unterseite des Anstrichs und am Auslauf des Buchstabens wiederholen.

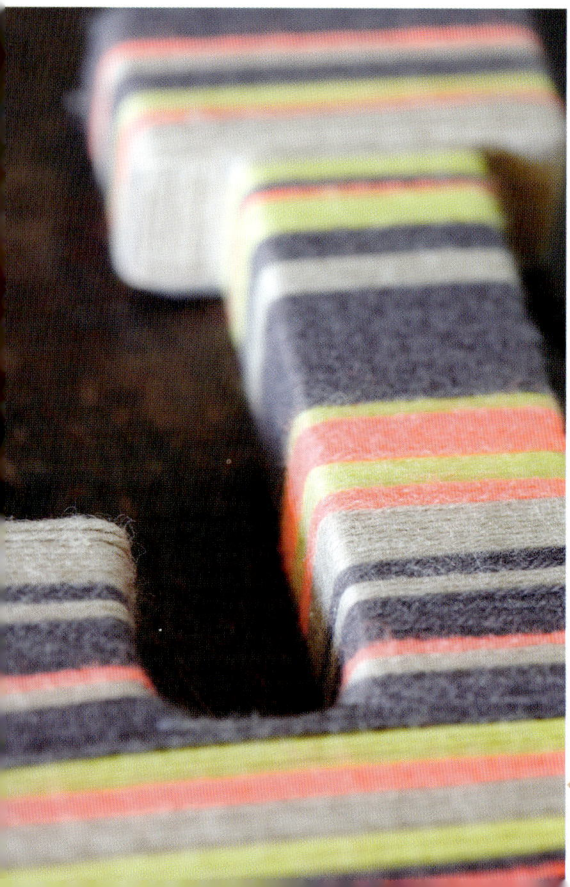

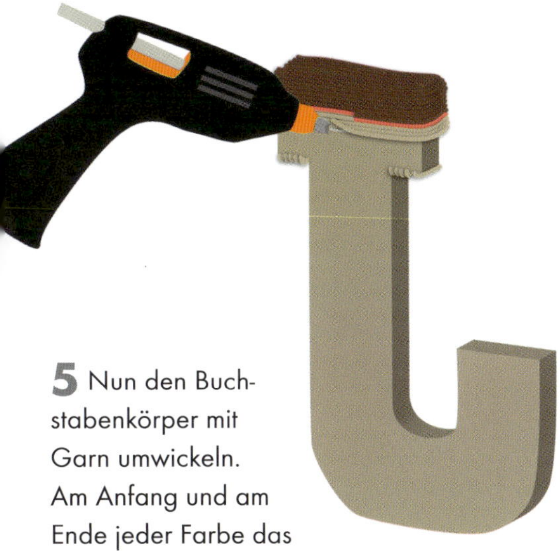

5 Nun den Buchstabenkörper mit Garn umwickeln. Am Anfang und am Ende jeder Farbe das Garn mit etwas Klebstoff befestigen.

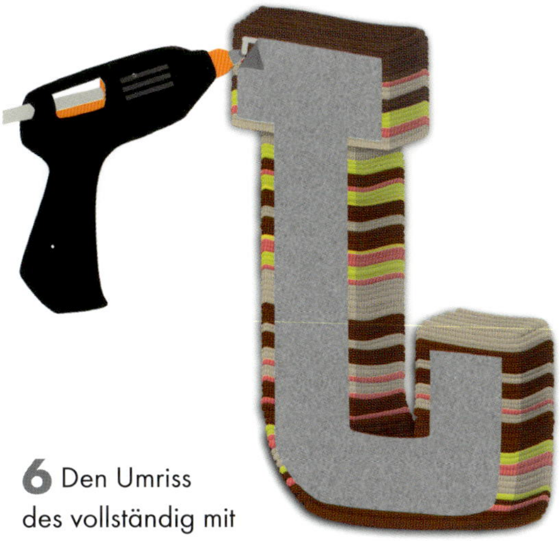

6 Den Umriss des vollständig mit Garn bedeckten Buchstabens auf dem Filz nachziehen. Den Filz-Buchstaben knapp innerhalb der Umrisslinie ausschneiden, sodass er kleiner als der umwickelte Buchstabe ist. Den Filz-Buchstaben mithilfe der Heißklebepistole auf die Rückseite des umwickelten Buchstabens kleben, sodass alle Garnenden bedeckt sind.

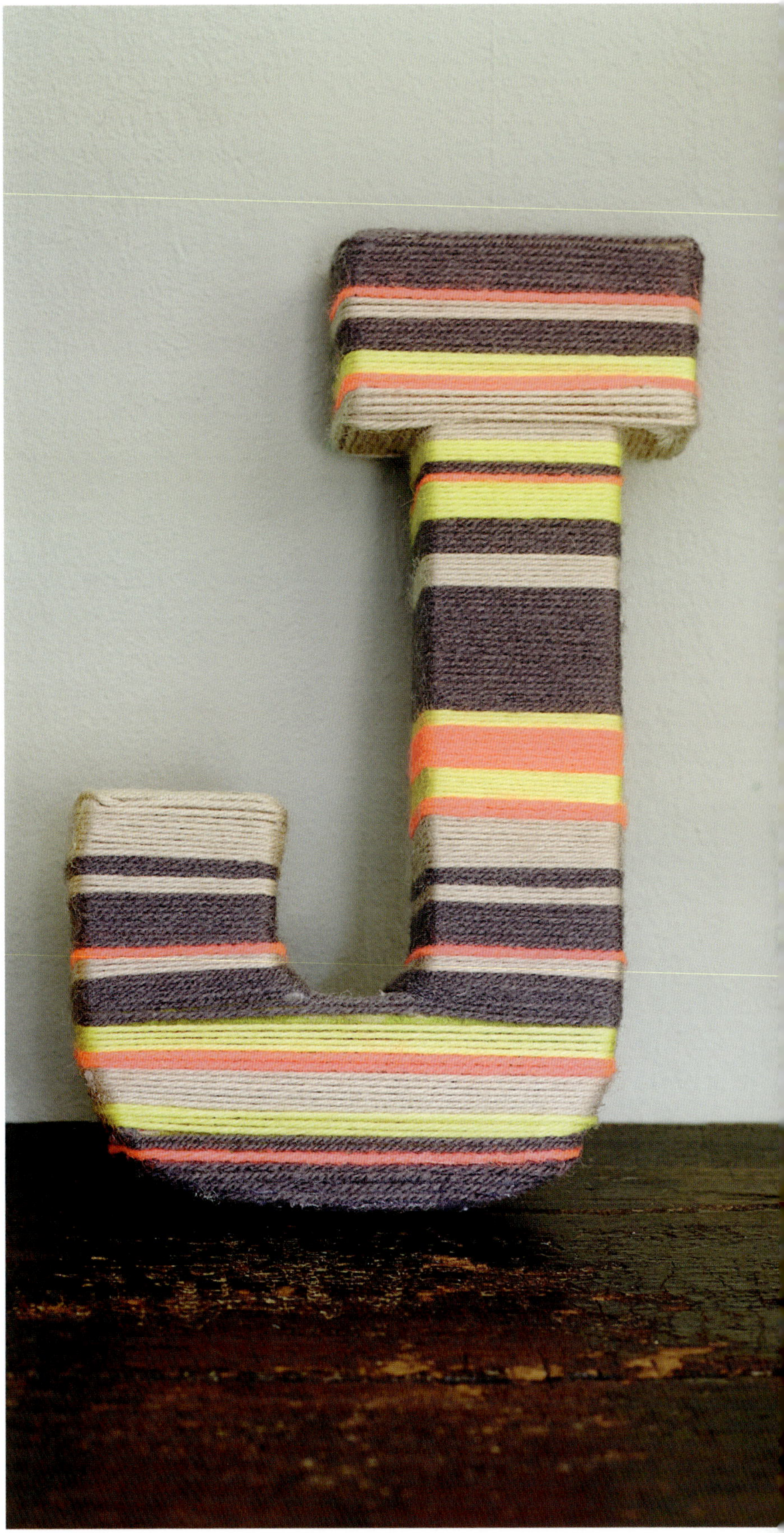

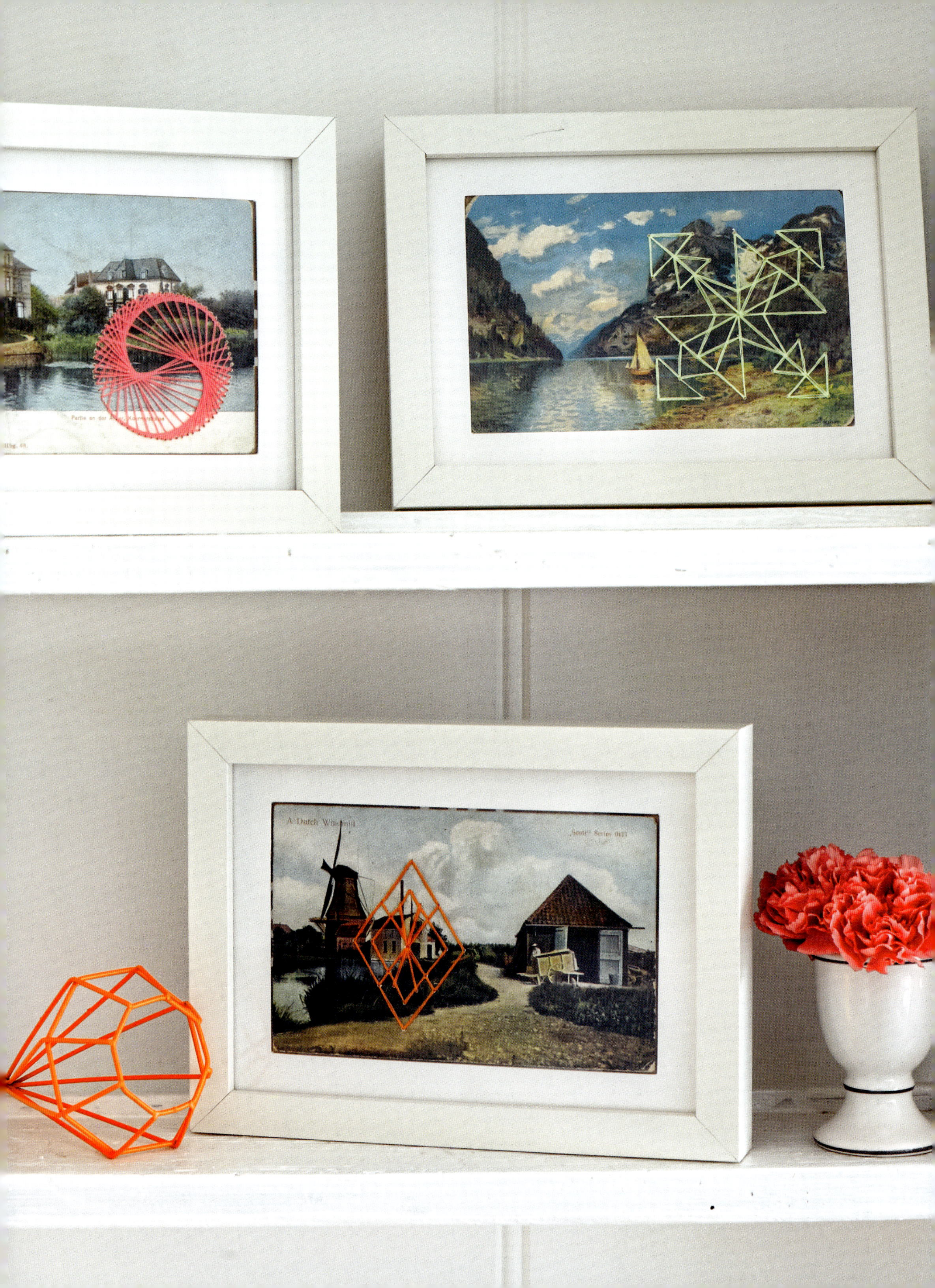
A Dutch Windmill

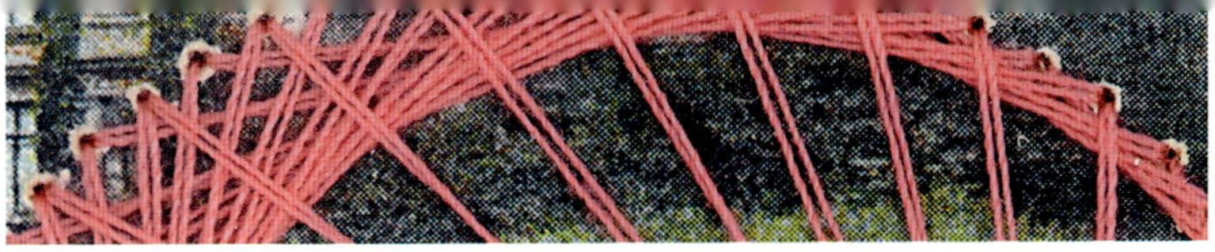

Bestickte NOSTALGIE-POSTKARTEN

Stöbern Sie im Kuriositätenladen oder auf dem Flohmarkt nach alten Postkarten. Mit einem geometrischen Muster in Neonfarben bestickt und mit einem einfachen Rahmen versehen, wird so eine Vintage-Postkarte zum originellen Präsent, mit dem Sie sich auch selbst beschenken können.

★★☆

Sie brauchen dazu:

- Alte Postkarten
- Lineal
- Schere
- Transparentpapier
- Bleistift
- Stecknadel
- Nähgarn in Neon-Orange, Neon-Grün und Neon-Pink
- Nähnadel
- Weiße Bilderrahmen

Rautenmuster

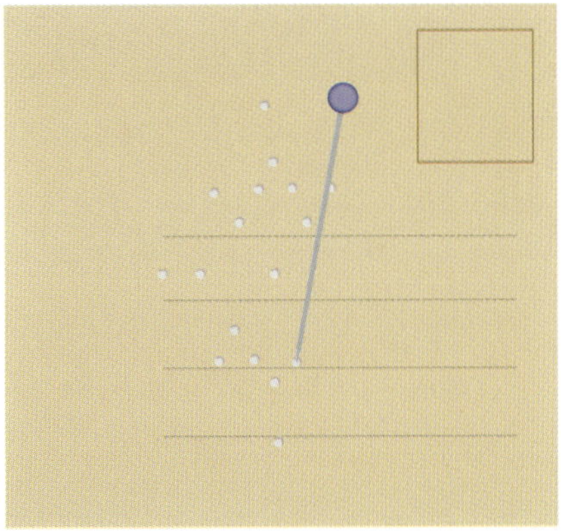

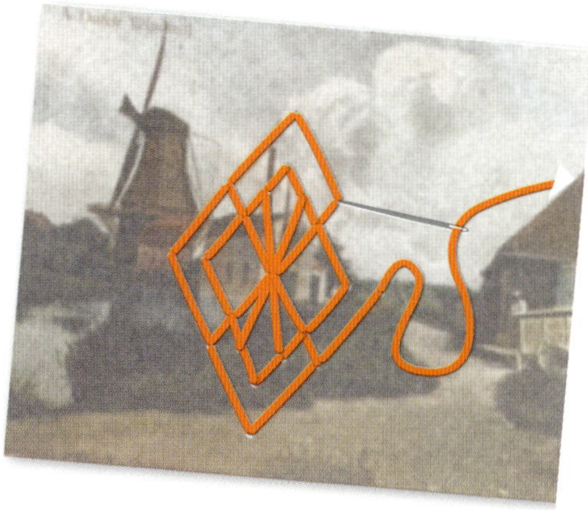

1 Anhand der Abbildung (oben) die Markierungen für die Löcher auf der Rückseite der Karte anbringen. Mit einer Nadel die Löcher bohren.

2 Den Faden in Neon-Orange doppelt nehmen und mit Rückstichen (siehe Seite 8) das abgebildete Muster aufsticken.

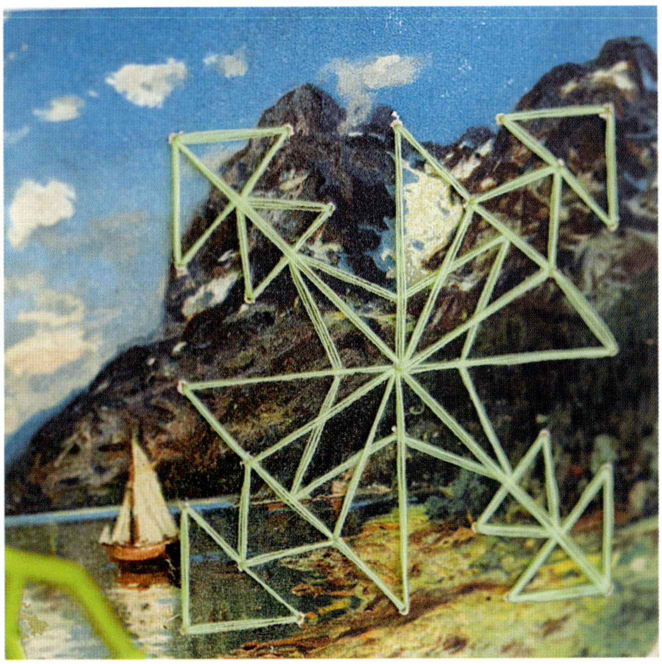

Quadratisches Muster

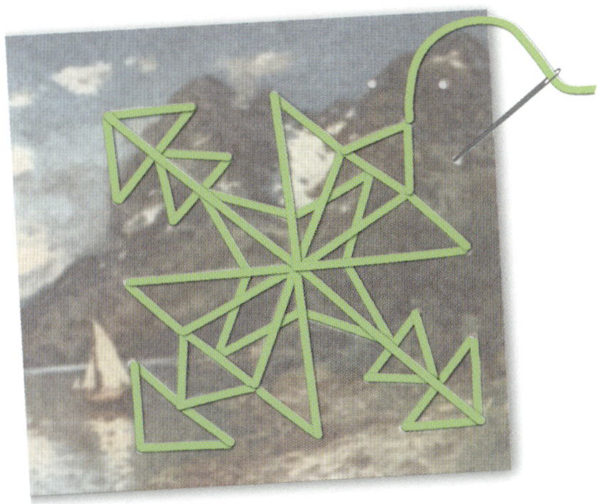

Anhand des Fotos (links) Löcher in eine weitere Karte bohren. Das abgebildete Muster mit Rückstichen in Neon-Grün arbeiten.

Kreisförmiges Muster

1 Einen Kreis mit 7,5 cm Durchmesser auf eine Karte zeichnen und in gleichmäßigen Abständen 70 Löcher rund um die Kreislinie bohren. (Auf der Abbildung rechts sind die Löcher in jeder Hälfte des Kreises von 1 bis 35 nummeriert.)

2 Für die erste Kurve mit dem Faden in Neon-Pink einen Stich zwischen Nr. 2 und Nr. 3 arbeiten, einen weiteren zwischen Nr. 3 und Nr. 5, einen dritten zwischen Nr. 4 und Nr. 7. Diese Sequenz fortlaufend wiederholen, sodass jeder Stich um ein Loch länger wird. So entsteht eine makellos exakte Kurve.

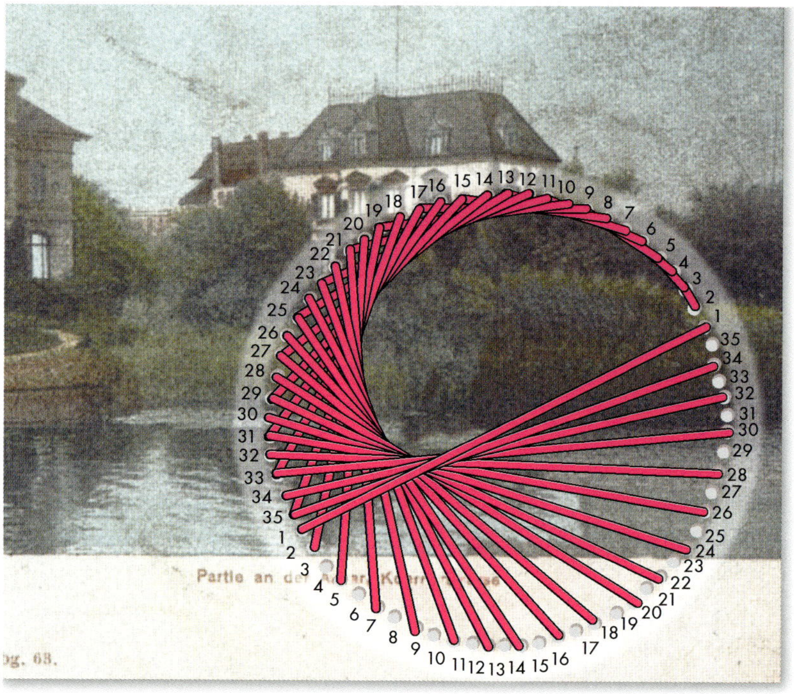

3 Die Sequenz weiter wiederholen; zuletzt einen Stich zwischen den beiden Löchern mit der Nummer 1 arbeiten.

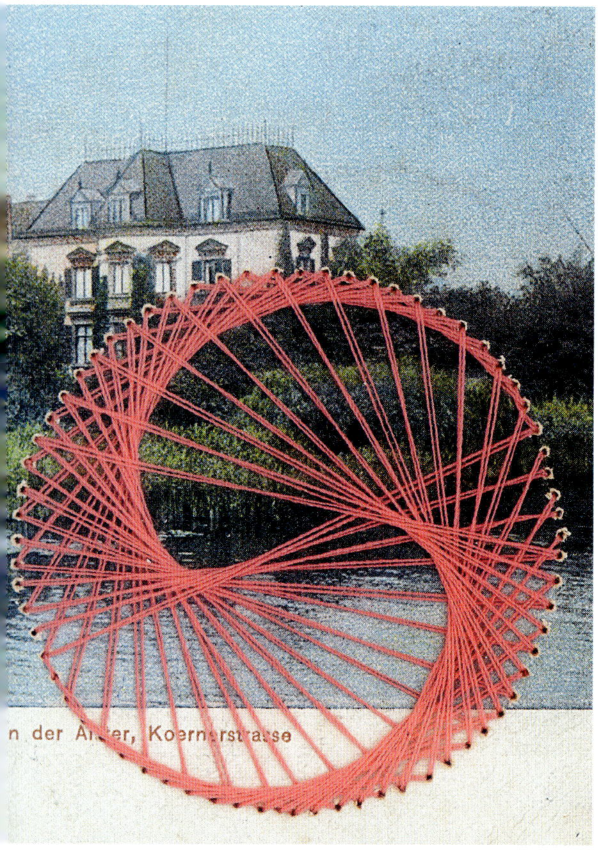

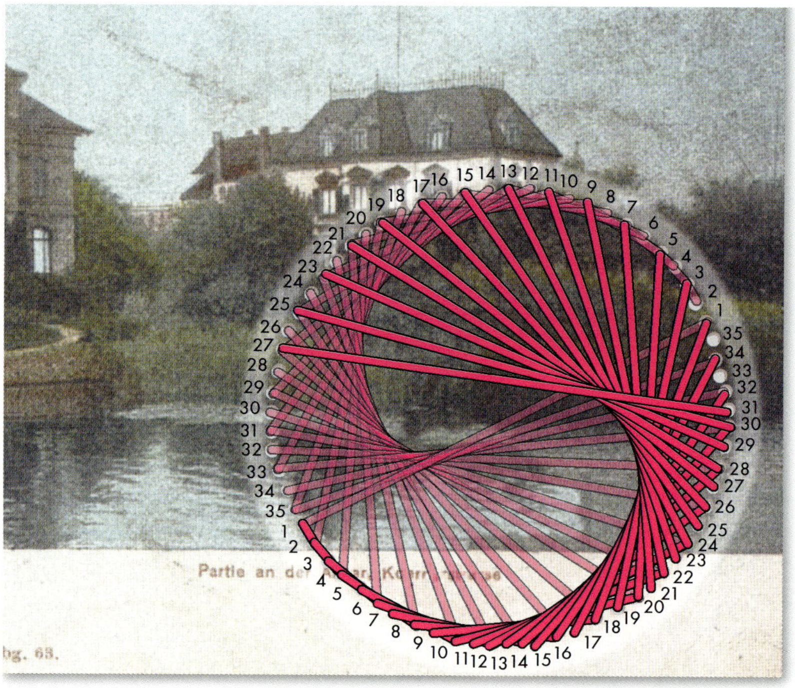

4 Beim zweiten Loch mit der Nummer 1 – auf der anderen Seite des Kreises – von vorne beginnen: Einen Stich zwischen Nr. 1 und Nr. 2, den nächsten zwischen Nr. 2 und Nr. 4, dann den nächsten zwischen Nr. 3 und Nr. 6 arbeiten usw. Den letzten Stich arbeiten Sie zwischen Nr. 31 und Nr. 27. Nun stehen einander zwei Kurven gegenüber.

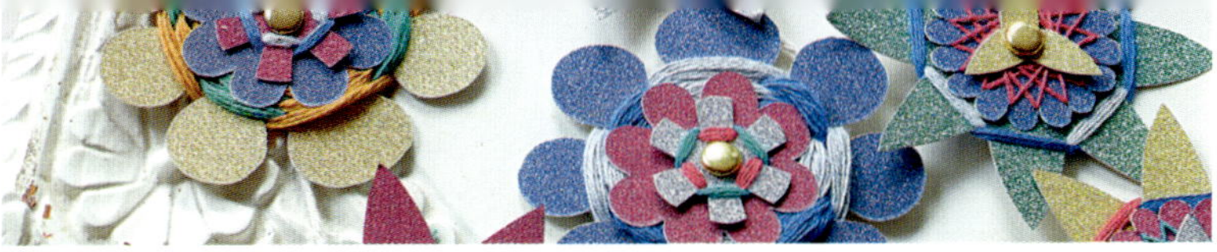

Glitzerblumen-GIRLANDE

Schablonen aus Glitzerkarton werden mit Garn umwickelt, übereinandergelegt und zu einer Blume zusammengefügt. Aneinandergereiht ergeben diese Glitzerblumen eine wunderhübsche Girlande, die sich im Kinderzimmer genauso gut macht wie in Ihrem Arbeitszimmer.

Sie brauchen dazu:

- **Glitzerkarton in Silber, Gold, Grün, Blau und Rosa**
- **Bleistift**
- **Schere**
- **Baumwollgarn in Grau, Senfgelb, Rosa, Blau und Grün**
- **Große Stecknadel**
- **Musterklammern**
- **Schnur, 200 cm lang**

1 Anhand der Schablonen auf Seite 120 jede Blumenform in jeder Kartonfarbe einmal ausschneiden.

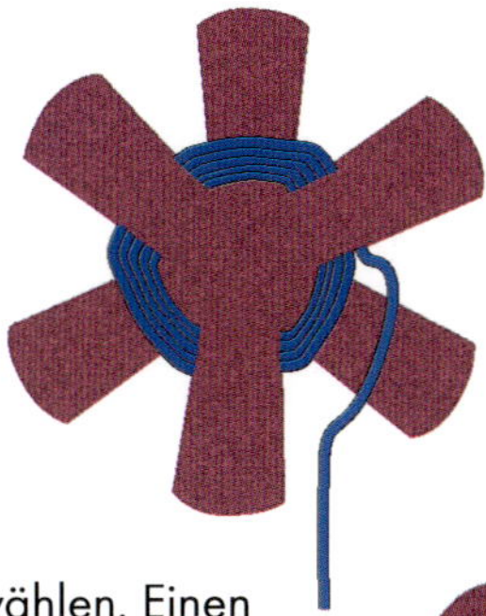

2 Eine sechsstrahlige Blütenmitte auswählen. Einen kontrastfarbigen Garnfaden etwa 5-mal um jeden zweiten Strahl wickeln. Einen Garnfaden in einer anderen Kontrastfarbe ebenso um die „übersprungenen" Strahlen wickeln.

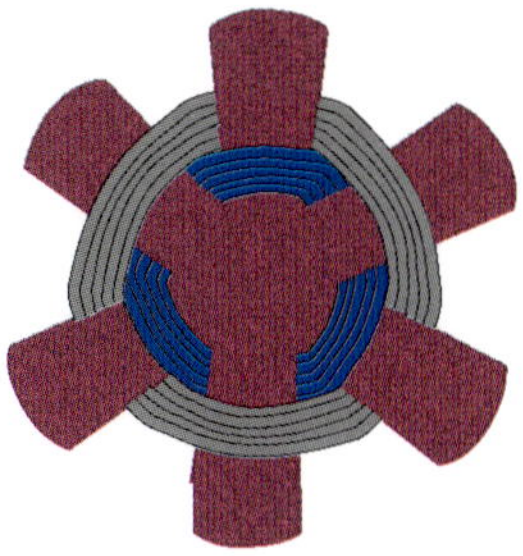

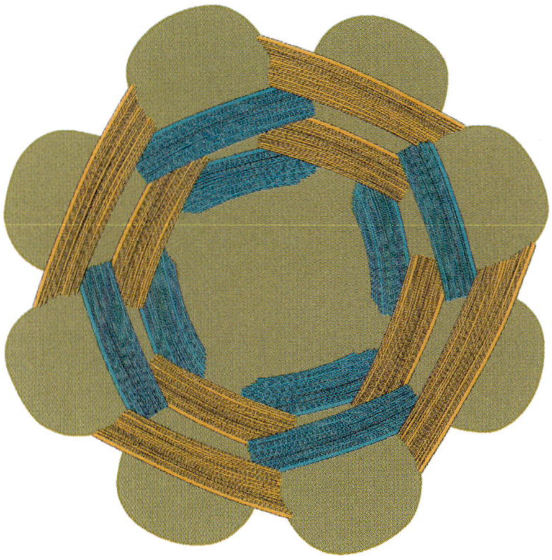

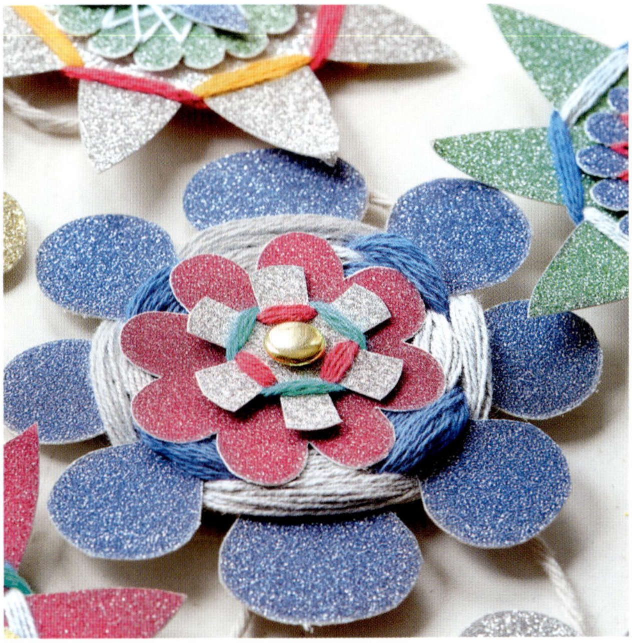

3 Eine große Blumenform mit runden Blütenblättern in einer anderen Kartonfarbe auswählen. Einen kontrastfarbigen Garnfaden etwa 25-mal um jedes zweite Blütenblatt wickeln. Einen Faden in einer ähnlichen Farbe wie der Karton ebenso um die „übersprungenen" Blütenblätter wickeln. Diese Schritte nochmals wiederholen. Alle Blütenblätter nach unten flach drücken.

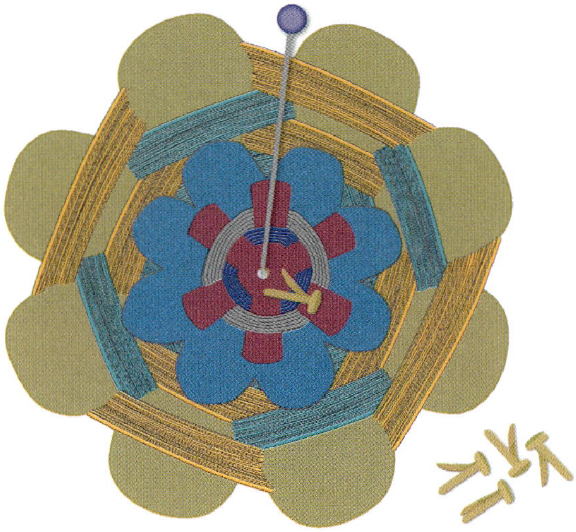

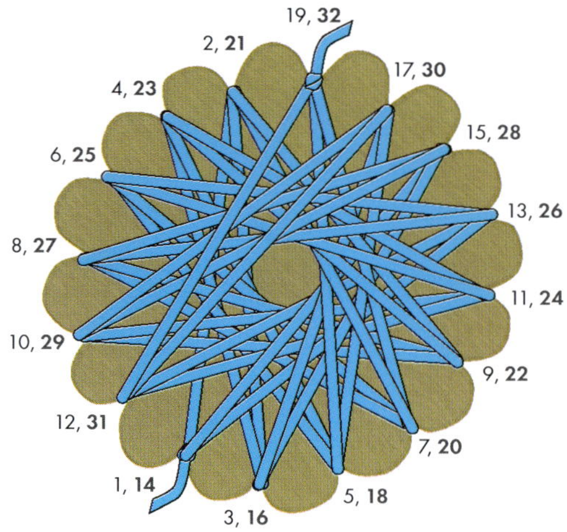

4 Auf die große Blumenform eine mittelgroße 8-blättrige Blume in einer dritten Farbe platzieren, die in Schritt 2 umwickelte Blütenmitte obenauf legen. Mit einer Stecknadel ein kleines Loch in die Mitte jeder Kartonschicht bohren und die drei Schichten mit einer Musterklammer aneinander fixieren.

5 Für die zweite Variante eine mittelgroße 16-blättrige Blume (als mittlere Schicht) in der angegebenen Reihenfolge mit einem kontrastfarbigen Faden umwickeln.

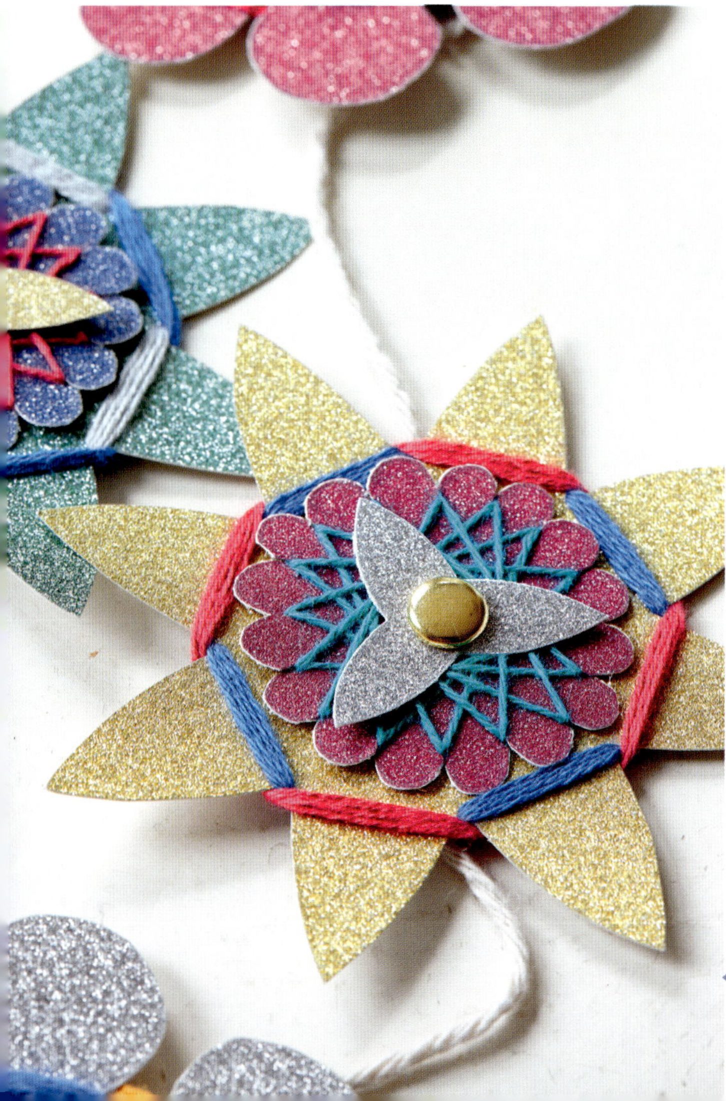

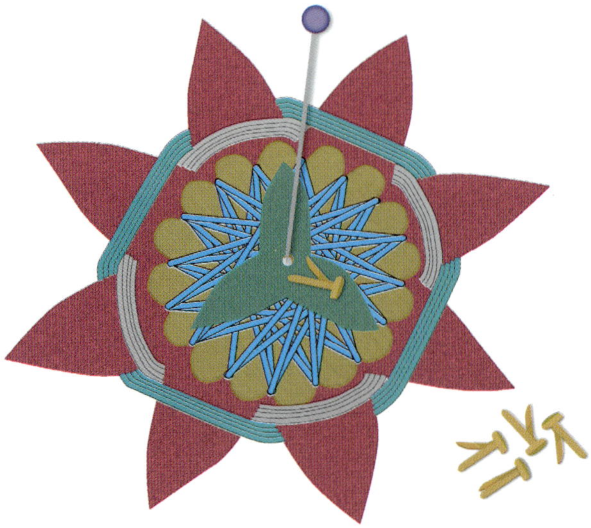

6 Eine große Blumenform mit spitzen Blütenblättern in einer anderen Kartonfarbe auswählen. Garnfäden in zwei Kontrastfarben wie zuvor um die Blütenblätter wickeln. Darauf die in Schritt 5 umwickelte Blume platzieren, eine dreistrahlige Blütenmitte in einer dritten Farbe obenauf legen. Die Kartonschichten wie zuvor in der Mitte durchlöchern und mit einer Musterklammer aneinander fixieren.

7 Auf diese Weise 10 Blumen zusammenstellen – 5 von jeder der beiden Varianten. Die fertigen Blumen so arrangieren, dass die beiden Varianten einander abwechseln. Alle Blumen an der Schnur befestigen, dazu die Schnur an den Musterklammern an den Rückseiten festknoten.

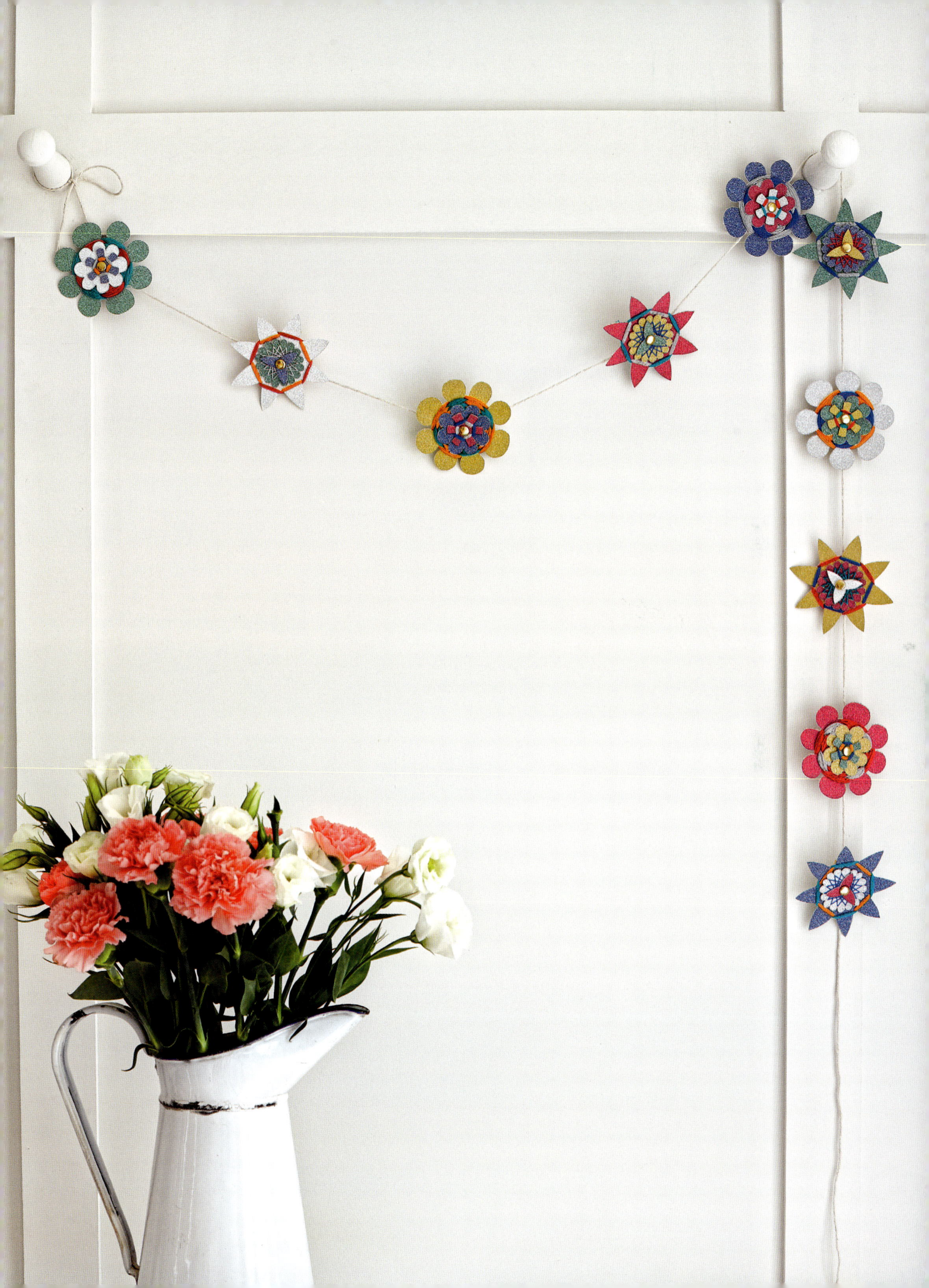

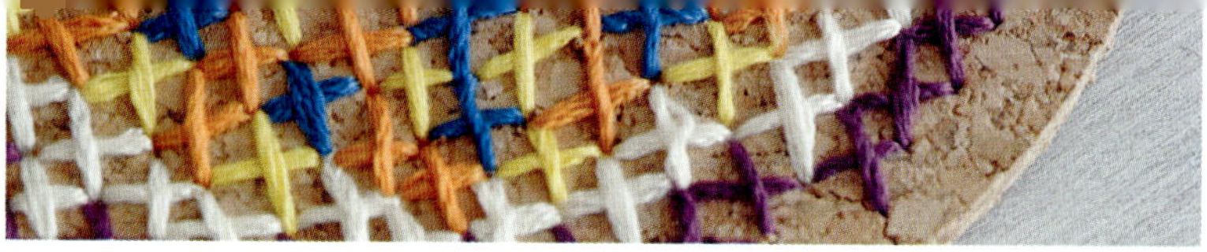

„Fruchtige" GLÄSERUNTERSETZER

Ein willkommenes, praktisches Mitbringsel sind diese hübschen Gläseruntersetzer, die nach ganz einfachen Kreuzstichvorlagen mit Fruchtmotiven bestickt werden.

Sie brauchen dazu:

- 4 runde Korkuntersetzer
- Lineal
- Bleistift
- Nähnadel
- Schere
- Stickgarn in Violett, Creme, Gelb, Orange, Blaugrün, Korallenrot, Jadegrün, Schwarz, Hellgelb, Grün und Braun

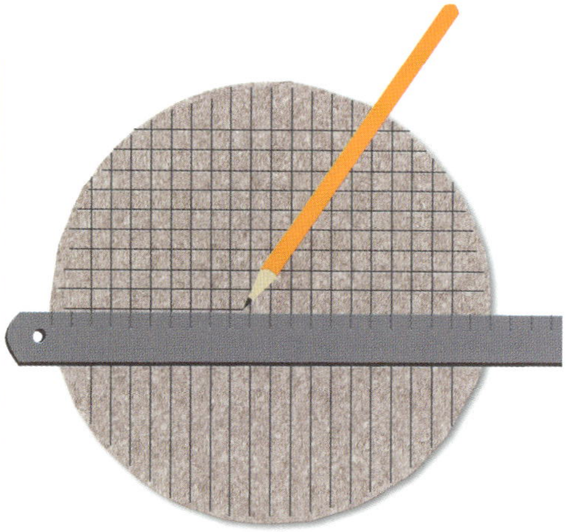

1 Einen mittig ausgerichteten, quadratischen Raster aus 18 mal 18 Reihen auf die Rückseite jedes Untersetzers zeichnen.

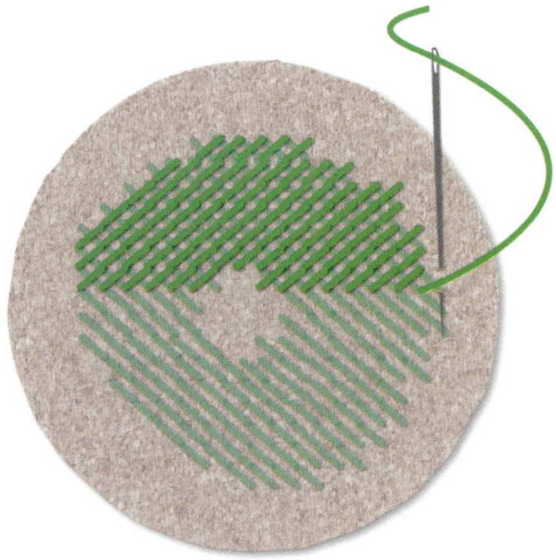

2 Die Stickerei nach den Vorlagen auf Seite 121–122 arbeiten. Ein Kreuz in jedes Rasterfeld sticken. Zuerst alle Diagonalstiche in eine Richtung ausführen, dann in die entgegengesetzte Richtung arbeiten und die einzelnen Kreuzstiche vollenden.

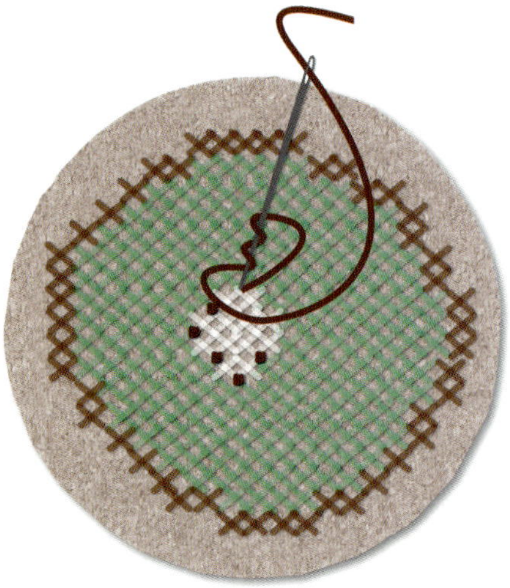

3 Für die Kerne der **Kiwifrucht** rund um den cremefarbenen mittleren Bereich Knötchenstiche (siehe Seite 11) in Braun arbeiten.

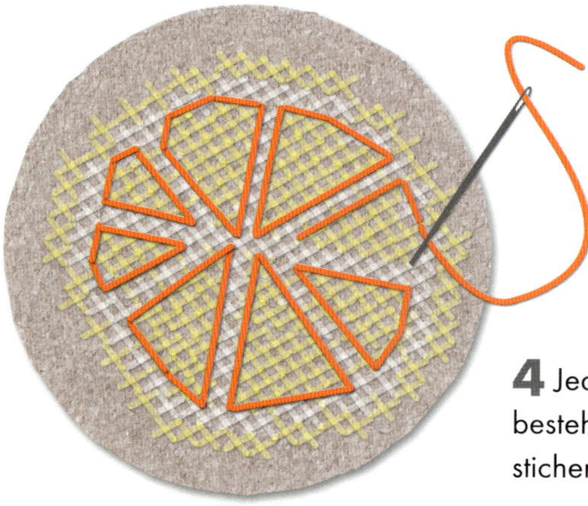

4 Jedes Segment der **Orange** besteht aus langen orangen Spannstichen (siehe Seite 8).

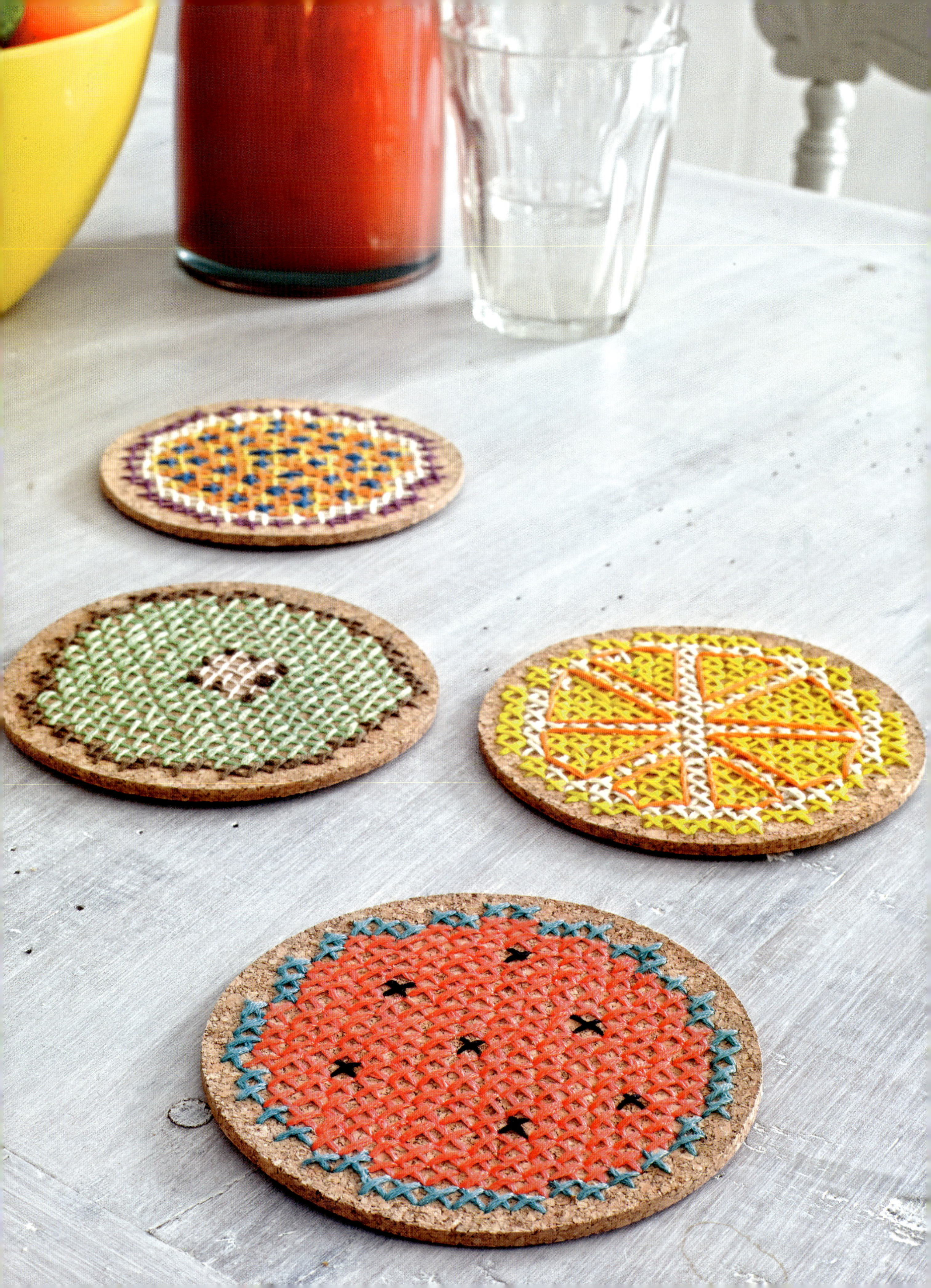

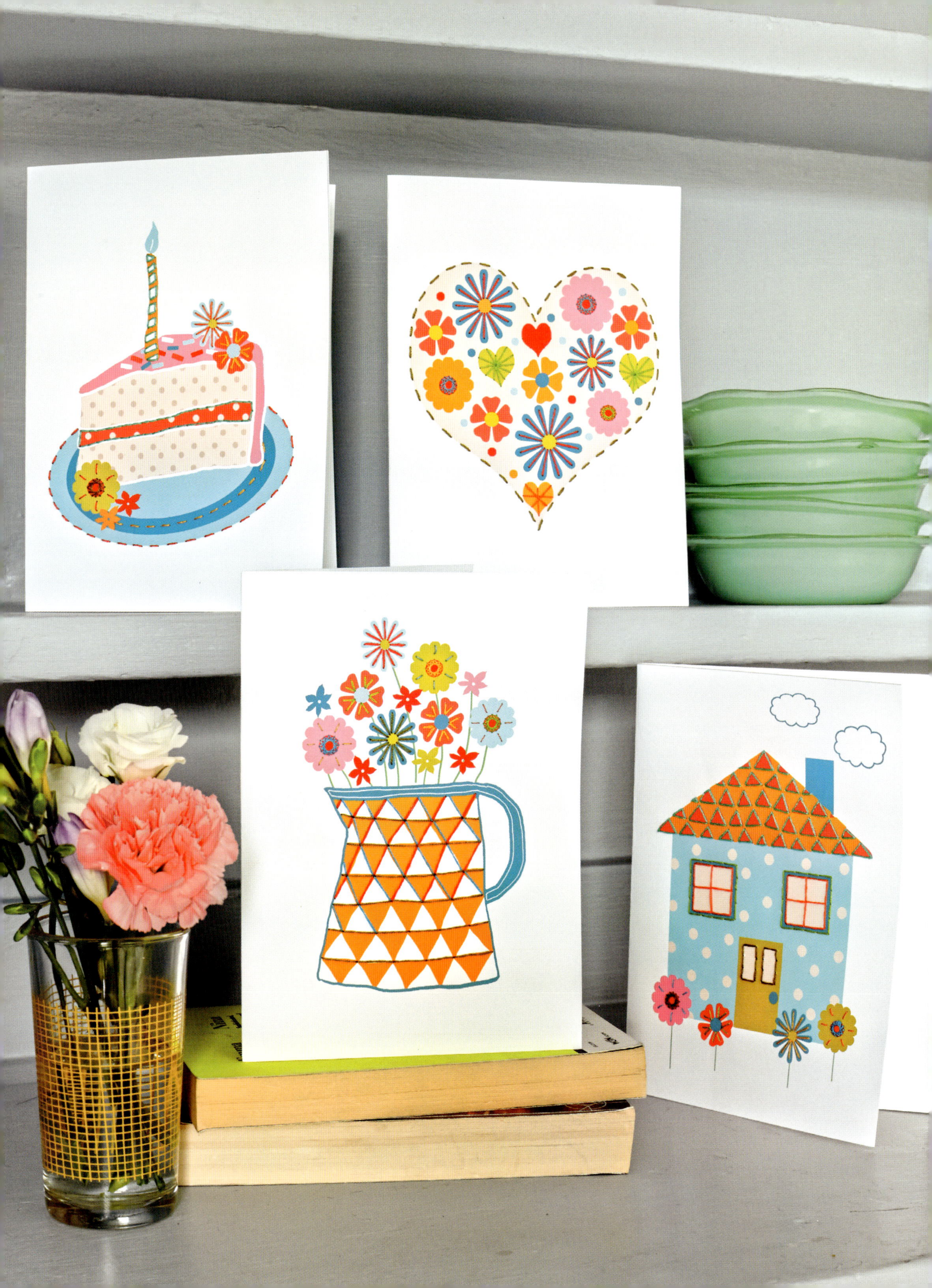

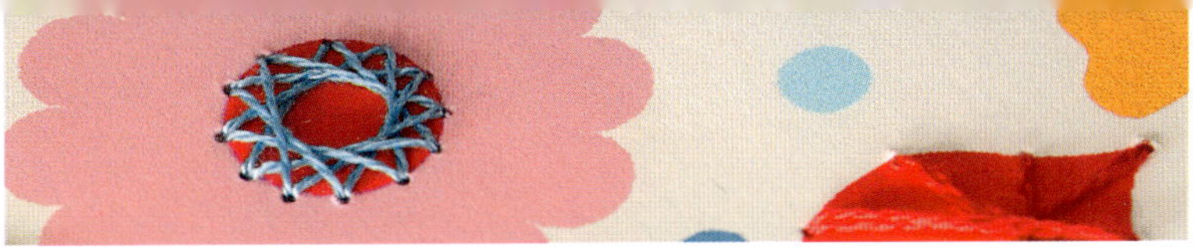

Bestickte GRUSSKARTEN

Manchmal soll es eine besondere Grußkarte sein: zum Geburtstag eines lieben Menschen, als ganz persönliches Dankeschön oder als Zeichen echter Zuneigung. Jede dieser Karten im Retro-Design mit aufgestickten Details ist ein Unikat, das der Empfänger bestimmt zu schätzen weiß.

Sie brauchen dazu:

- Scanner, Drucker
- Kartonblätter, 29 x 21 cm
- Kuverts im Format DIN C5
- Baumwollstickgarn in Türkis, Gelb, Rosa, Orange, Olivgrün und Limettengrün
- Nähnadel
- Schere

1 Die Motive auf Seite 122–123 einscannen und ein Motiv auf jedes Kartonblatt drucken. Achten Sie darauf, dass das Motiv auf die richtige Seite des Kartonblattes kommt und in der rechten Hälfte zentriert ist.

2 Jedes Kartonblatt zur Hälfte falten, sodass das Motiv sich auf der Vorderseite befindet. Je nach dem gewünschten Effekt mit einem, zwei oder drei Stickgarnfäden Details aufsticken.

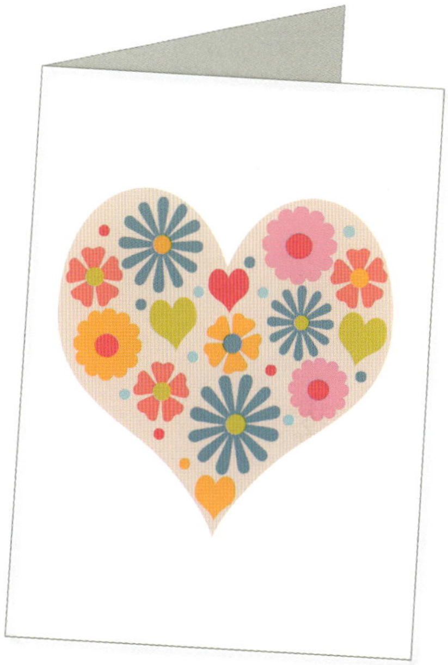

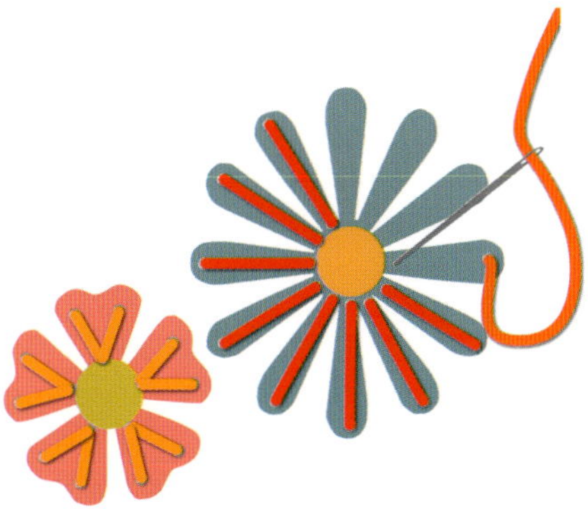

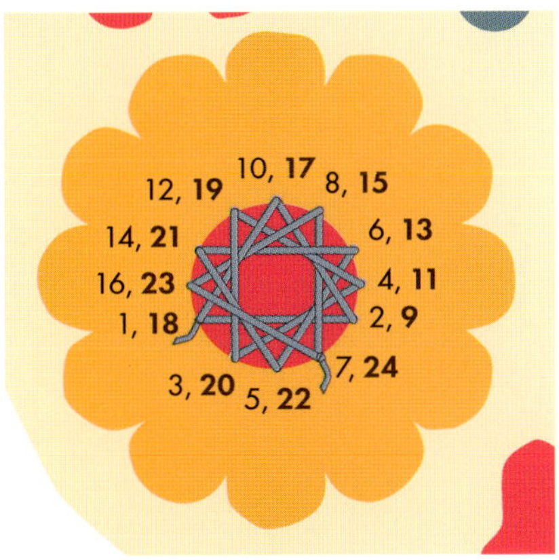

3 Auf jedes Blütenblatt der kleinen fünfblättrigen Blumen mit kurzen Spannstichen (siehe Seite 8) in einer Kontrastfarbe ein V aufsticken, das von der Blütenmitte ausgeht. Auf jedem Blütenblatt der Margeriten in einer Kontrastfarbe einen langen Spannstich arbeiten.

4 Die Mitte der großen Blumen in einer Kontrastfarbe besticken (Reihenfolge der Stiche siehe Abbildung).

5 Quer über die kleinen Herzen lange Spannstiche in einer passenden Farbe arbeiten.

Herz

Am Umriss der Herzform entlang Vorstiche (siehe Seite 8) in Olivgrün arbeiten.

Haus

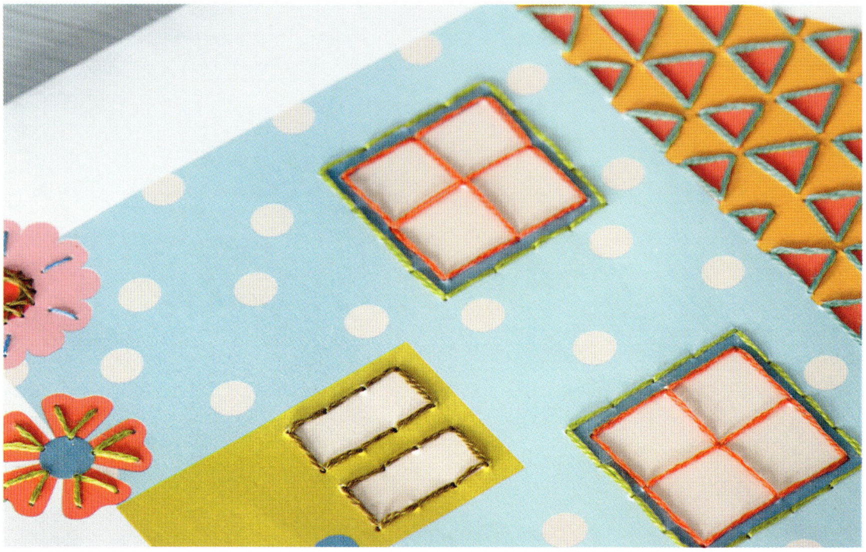

Mit dem türkisen Garn an den Umrissen der dreieckigen Dachziegel mit Spannstichen entlang sticken. An den Umrissen der Fenster entlang Rückstiche (siehe Seite 8) in Limettengrün sticken. Die Fensterkreuze in Orange mit Spannstichen, die Umrisse der Glasscheiben in der Tür in Olivgrün mit Rückstichen arbeiten.

Henkelvase

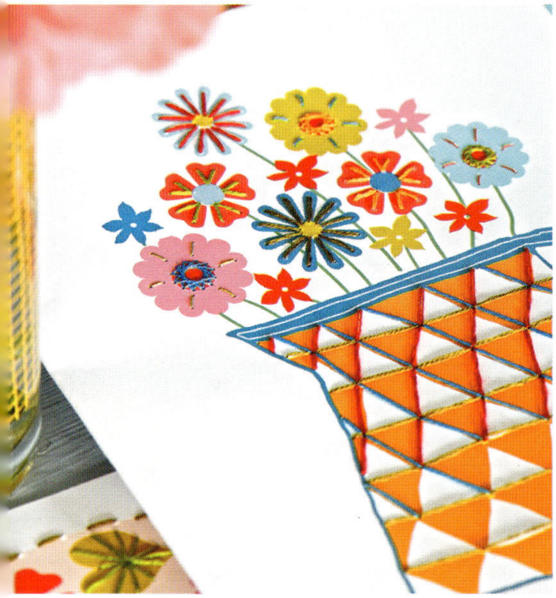

In Olivgrün, Rosa und Türkis an den Umrissen der Dreiecke auf der Vase mit Spannstichen entlang sticken. Die Blumen wie in Schritt 3 und 4 arbeiten.

Tortenstück

Rund um den Teller Vorstiche in Rosa und Gelb, rund um die Tortenfüllung und die Kerze Rückstiche in Türkis sticken. Die Blumen wie in Schritt 3 und 4 arbeiten.

Tipp

Die Rückseite der Stickerei können Sie abdecken, indem Sie ein Blatt Papier darüberkleben. So sieht die Karte besonders gekonnt aus.

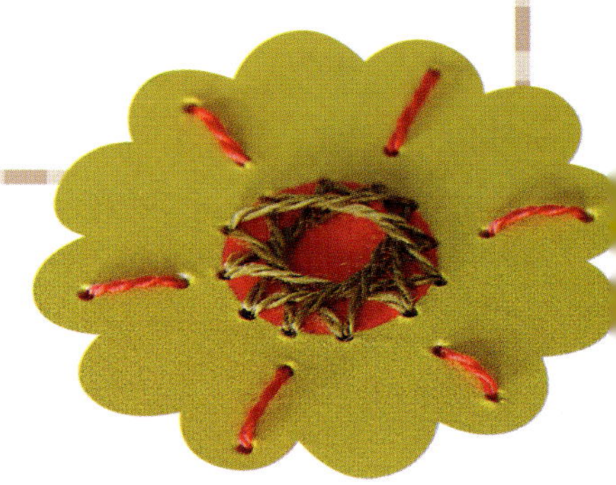

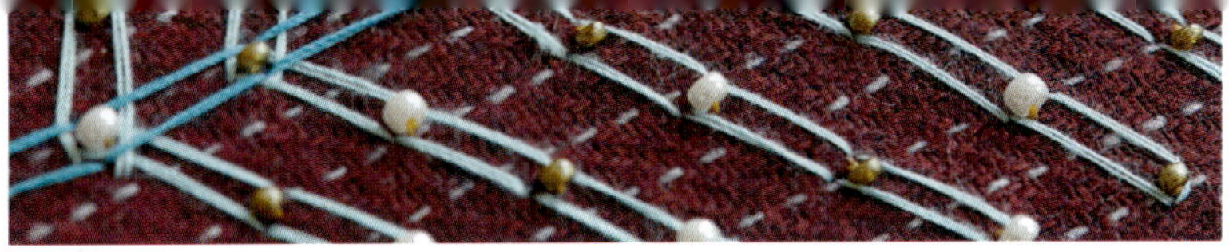

KISSEN mit Pfeilmuster

Mit diesem kultigen Stickmuster setzen Sie einen eindrucksvollen stilistischen Akzent. Die hauchdünnen, schnurgeraden Linien zwischen den wie Nagelköpfe glänzenden Perlen erinnern frappierend an ein traditionelles „Spannbild".

★★★

Sie brauchen dazu:

- Weinroter Wollstoff mit Nadelstreifmuster, 130 x 50 cm
- Wasserlöslicher Textilstift
- 135 Perlmuttperlen
- 120 Bronzeperlen
- Nähnadel
- Weinrotes Nähgarn
- Schere
- Stickgarn in Blaugrün, Helltürkis und Senfgelb
- Nähmaschine
- Kissen, 40 x 40 cm

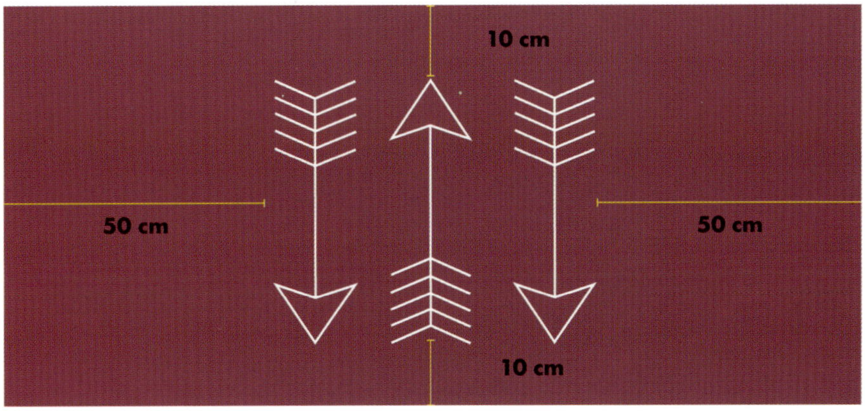

1 Nach der Vorlage auf Seite 124 den Bereich zum Aufsticken der Pfeile auf dem Stoff markieren und die Pfeile mit wasserlöslichem Textilstift auf den Stoff zeichnen.

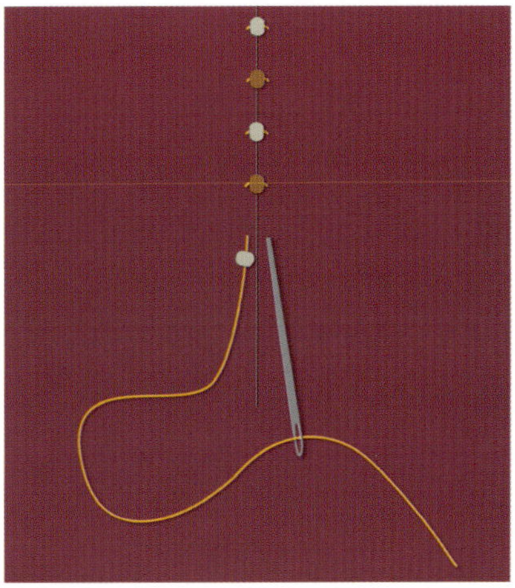

2 Mit dem Nähgarn die Perlen in Abständen von 1 cm an jeder Linie jedes Pfeils entlang annähen, und zwar immer abwechselnd eine Perlmutt- und eine Bronzeperle.

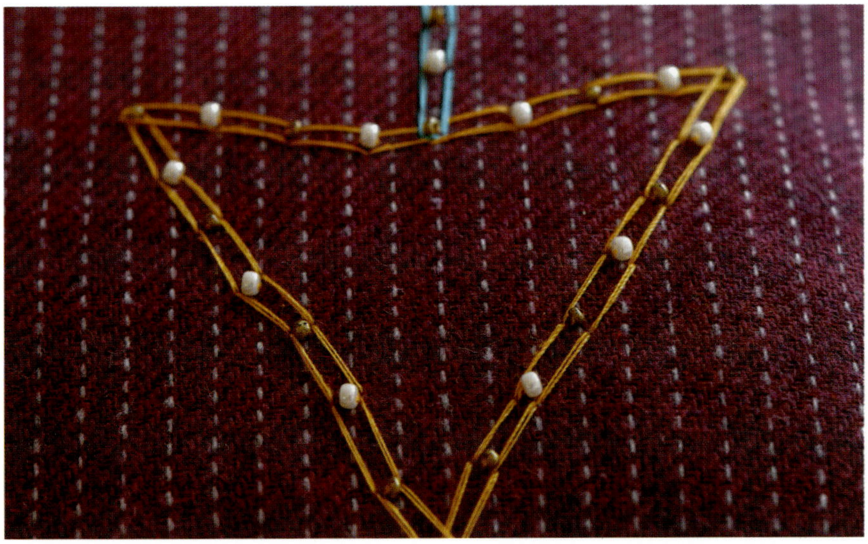

3 Nun zum Stickgarn wechseln und jede Perlenreihe mit zwei parallelen Linien aus Spannstichen (siehe Seite 8) einschließen, um die Spannbild-Optik zu erzeugen: Zunächst einen Spannstich von einer Perle zur nächsten arbeiten, unter dieser Perle durchstechen und auf die andere Seite wechseln, den nächsten Stich bis zur nächsten Perle ausführen usw. Dann in die Gegenrichtung sticken, um die Lücken zu füllen. Die aneinander anstoßenden Stiche in dieselben Löcher arbeiten. Die Pfeilspitzen in Senfgelb, den Schaft in Blaugrün und die Befiederung in Helltürkis sticken.

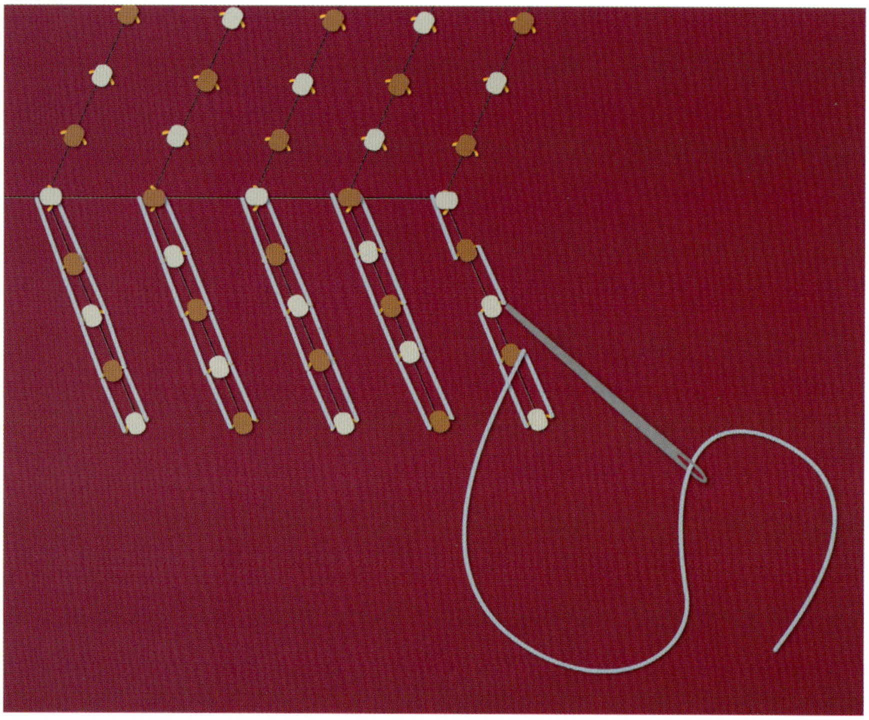

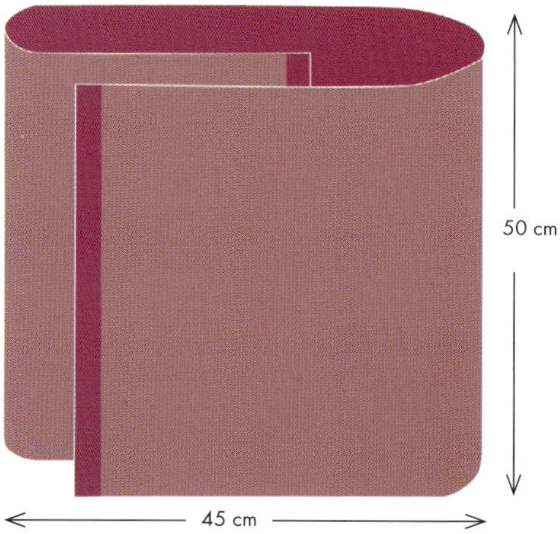

4 Beide kurzen Stoffkanten säumen. Dazu die Kante zweimal auf die linke Seite umschlagen und die Umschläge mit der Nähmaschine mit weinrotem Nähgarn festnähen.

5 Dann den Stoff rechts auf rechts zusammenlegen, sodass sich die Schmalseiten überlappen und der zusammengelegte Stoff 45 x 50 cm misst.

6 Die beiden offenen Kanten mit einer Nahtzugabe von 2,5 cm zusammennähen. Die Kissenhülle auf rechts wenden und das Kissen hineinstecken.

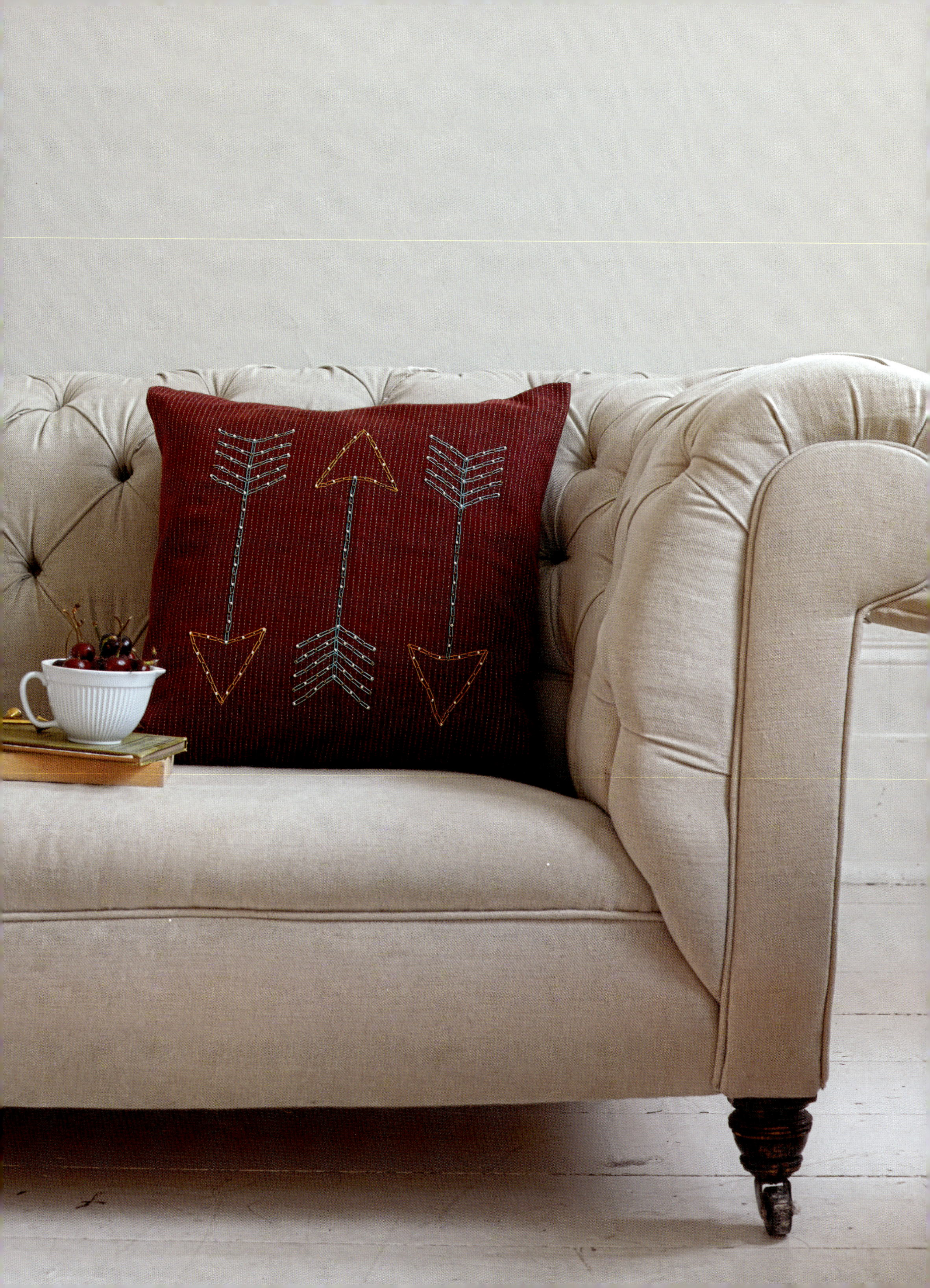

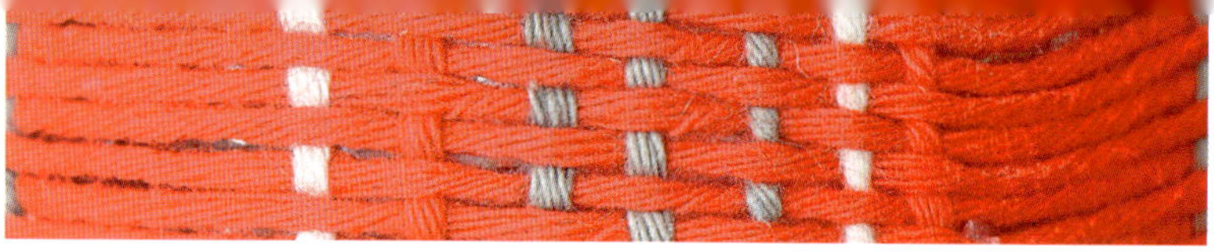

VASE im Funky-Look

Eine flotte Tischdekoration sorgt erst für die richtige Partystimmung! Für diese schmucke Vase brauchen Sie nur eine leere Flasche, verschiedenfarbiges Strickgarn und ein bisschen Fantasie.

Sie brauchen dazu:

- Glasflasche
- Strickgarn in Rot, Creme und Grau
- Heißklebepistole
- Schere
- Wollnadel

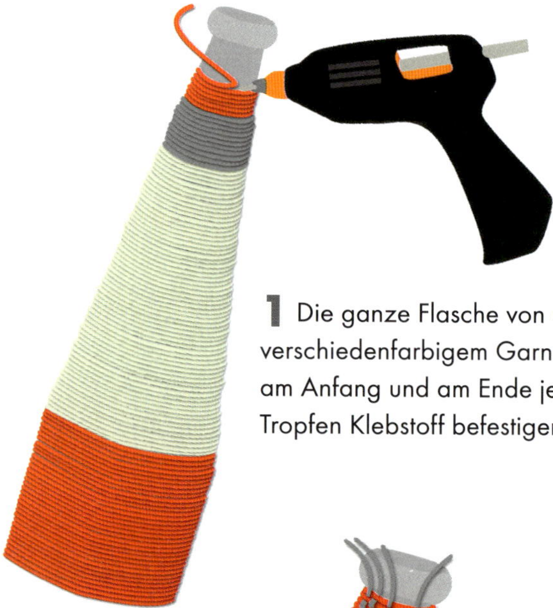

1 Die ganze Flasche von unten nach oben mit verschiedenfarbigem Garn umwickeln. Das Garn am Anfang und am Ende jeder Farbe mit einem Tropfen Klebstoff befestigen.

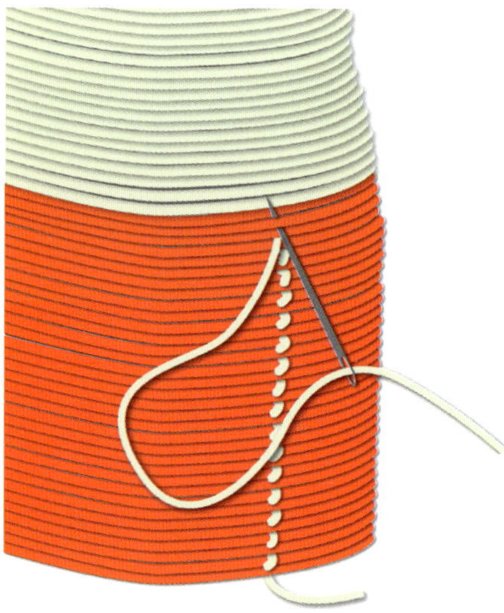

2 Wenn die Flasche fertig umwickelt ist, einen Faden in passender Länge abschneiden und als „Schussfaden" durch die „Kettfäden" an der Flasche führen.

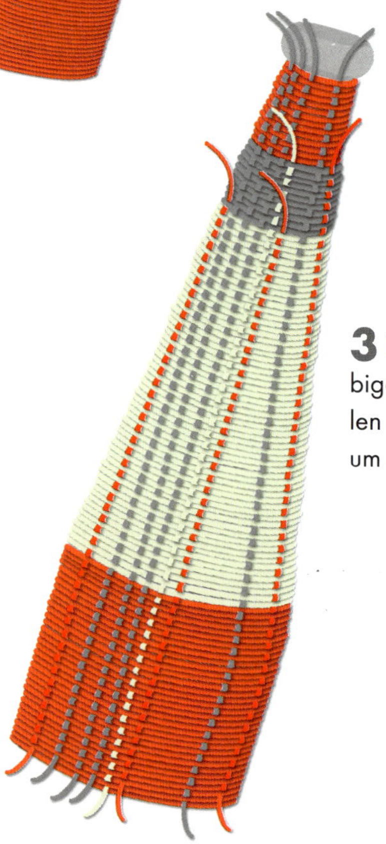

3 Diesen Schritt mit verschiedenfarbigen Fäden an verschiedenen Stellen rund um die Flasche wiederholen, um die Webe-Optik zu erzeugen.

4 Die unteren Enden der eingewebten Fäden an der Unterseite der Flasche festkleben. Obere Fadenenden wenn nötig abschneiden.

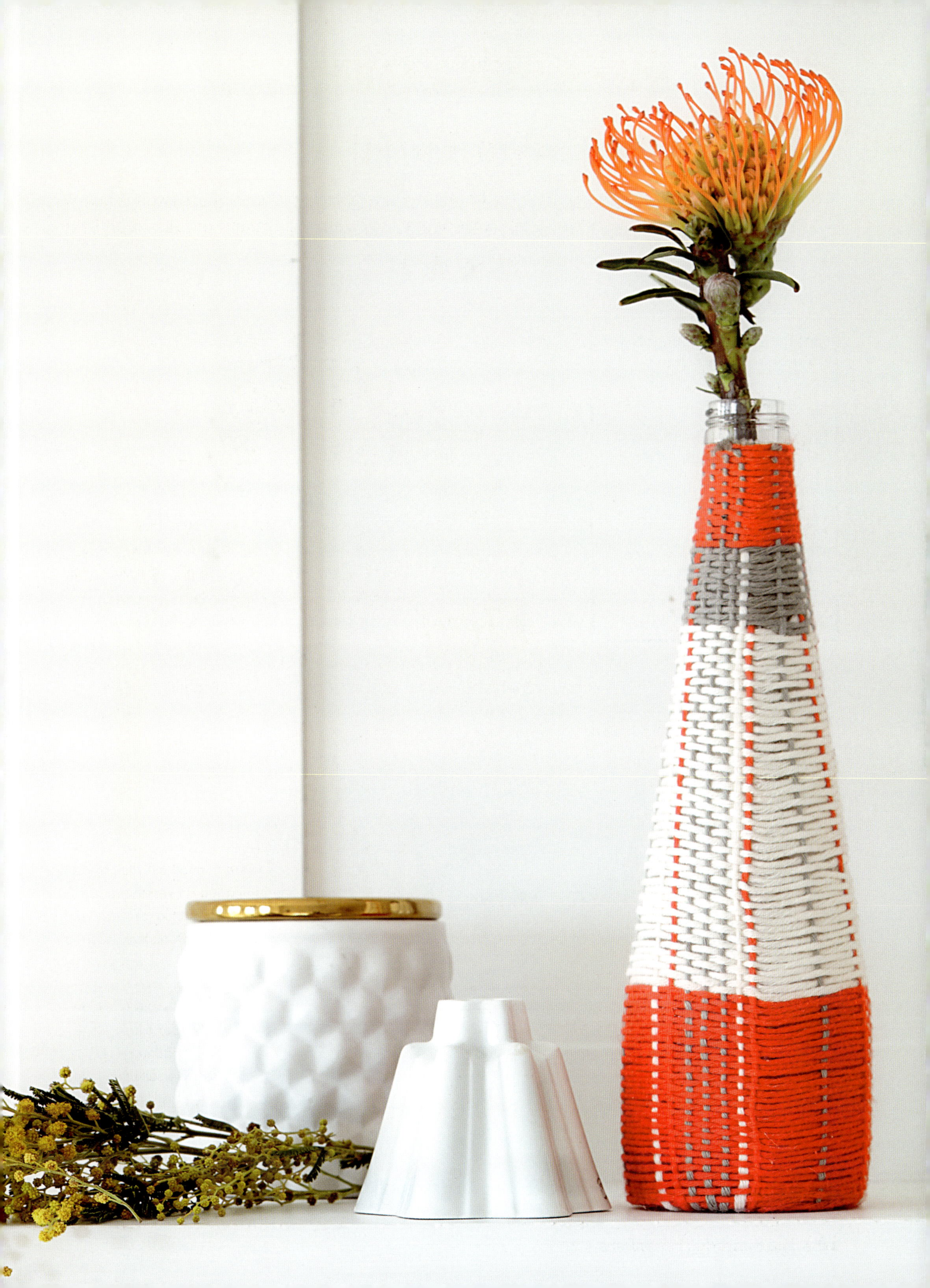

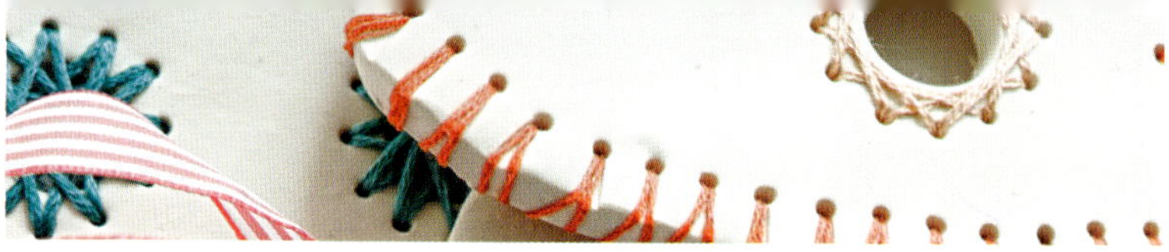

Deko mit HERZ

Die bestickten Herzen sind das ideale romantische Geschenk zum Valentinstag. Sie können aber auch Ihr eigenes Wohnzimmer damit schmücken.

★★★

Sie brauchen dazu:

- **Ofenhärtende Modelliermasse**
- **Nudelwalker**
- **Keksausstecher (Herzform, kleine runde Form)**
- **Zahnstocher**
- **Gabel**
- **Stickgarn in Helltürkis, Jadegrün, Dunkelgrün, Braunorange, Pfirsich, Hellrosa, Mittelrosa und Dunkelrosa**
- **Nähnadel**
- **Bänder, 25 cm lang, Farben: helltürkis, pfirsichfarben kariert, rosa gestreift**

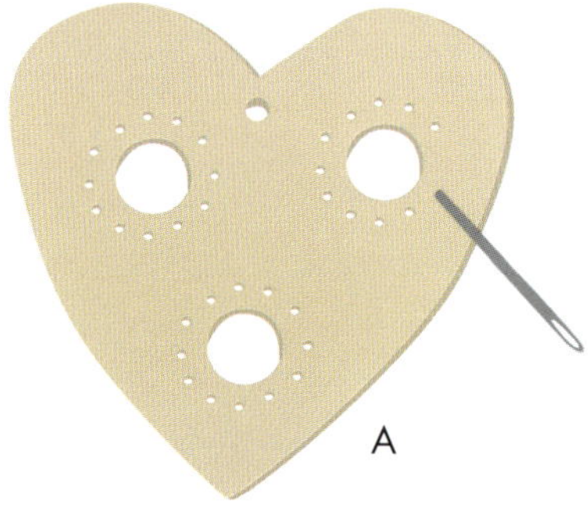

1 Die Modelliermasse 5 mm dick ausrollen und drei Herzformen (A, B und C) ausstechen. Zum Durchziehen eines Bandes zum Aufhängen an jedem Herz nahe der Oberkante ein Loch anbringen. Mit dem runden Ausstecher bei Herz A und C drei Löcher ausstechen, bei Herz B nur das untere Loch. Bei Herz A mit dem Zahnstocher rund um die großen Löcher in gleichmäßigen Abständen je 12 kleine Löcher bohren.

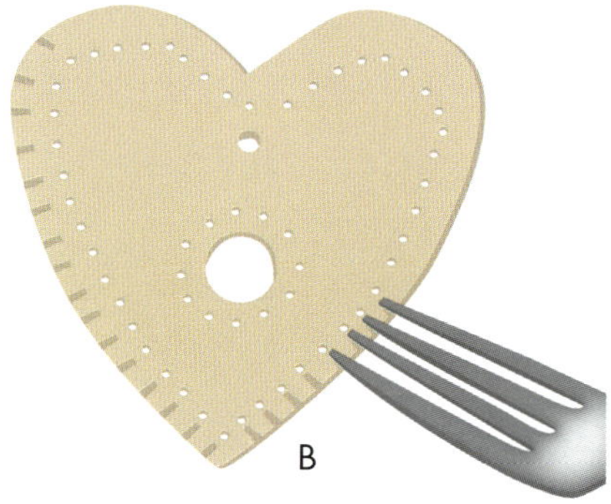

2 Bei Herz B mit dem Zahnstocher 12 kleine Löcher in gleichmäßigen Abständen rund um das große Loch sowie 46 kleine Löcher in gleichmäßigen Abständen am Rand platzieren. Mit den Zinken der Gabel den Rand strukturieren.

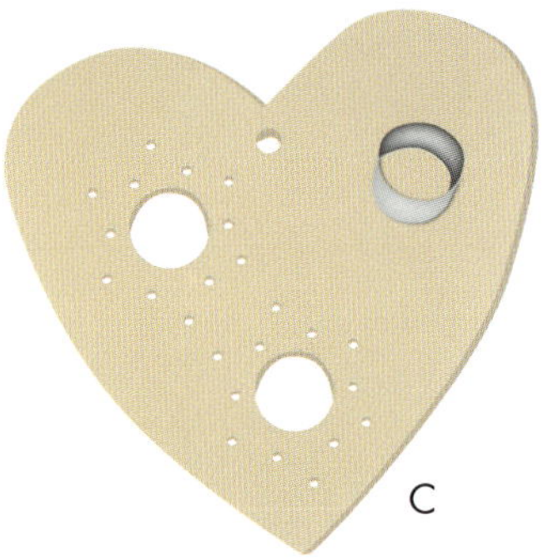

3 Bei Herz C je 16 kleine Löcher sternförmig rund um die großen Löcher anordnen (siehe Abbildung). Die Herzen nach der Herstelleranleitung backen und auskühlen lassen.

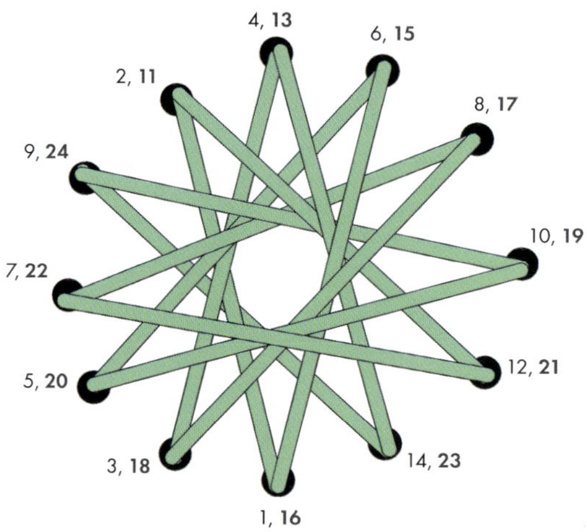

4 Bei Herz A rund um das linke obere Loch mit helltürkisem Garn das links abgebildete Muster sticken. Bei einem der beiden anderen Löcher in Jadegrün und beim dritten in Dunkelgrün wiederholen. Das helltürkise Band durch das Aufhängungsloch fädeln und oben zu einer Schlinge verknoten.

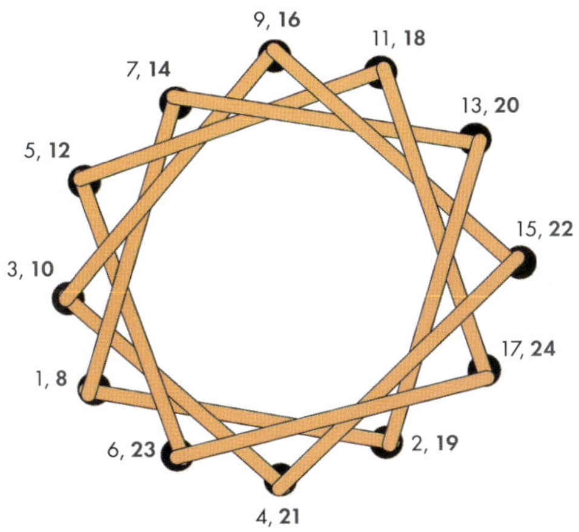

5 Bei Herz B rund um das Loch mit pfirsichfarbenem Garn das oben abgebildete Muster sticken. Den Rand in Braunorange mit Überwendlingsstich besticken, dabei für die V-Formen zweimal durch jedes Loch stechen. Aus dem pfirsichfarben karierten Band wie in Schritt 4 eine Schlinge zum Aufhängen knüpfen.

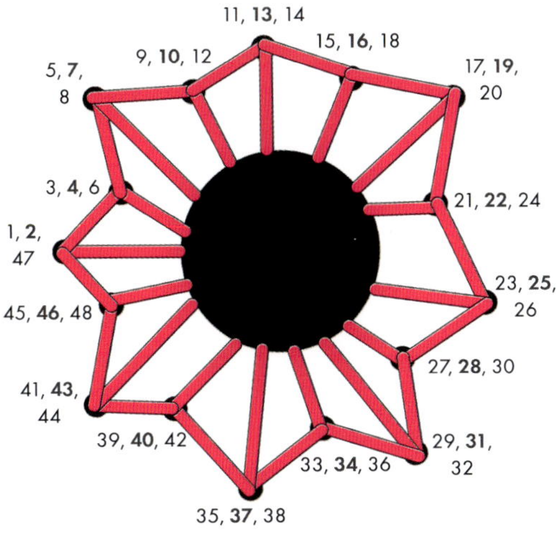

6 Bei Herz C rund um das linke obere Loch mit hellrosa Garn das oben abgebildete Muster sticken. Bei den anderen beiden Löchern in Mittelrosa bzw. Dunkelrosa wiederholen. Aus dem rosa gestreiften Band eine Schlinge zum Aufhängen knüpfen.

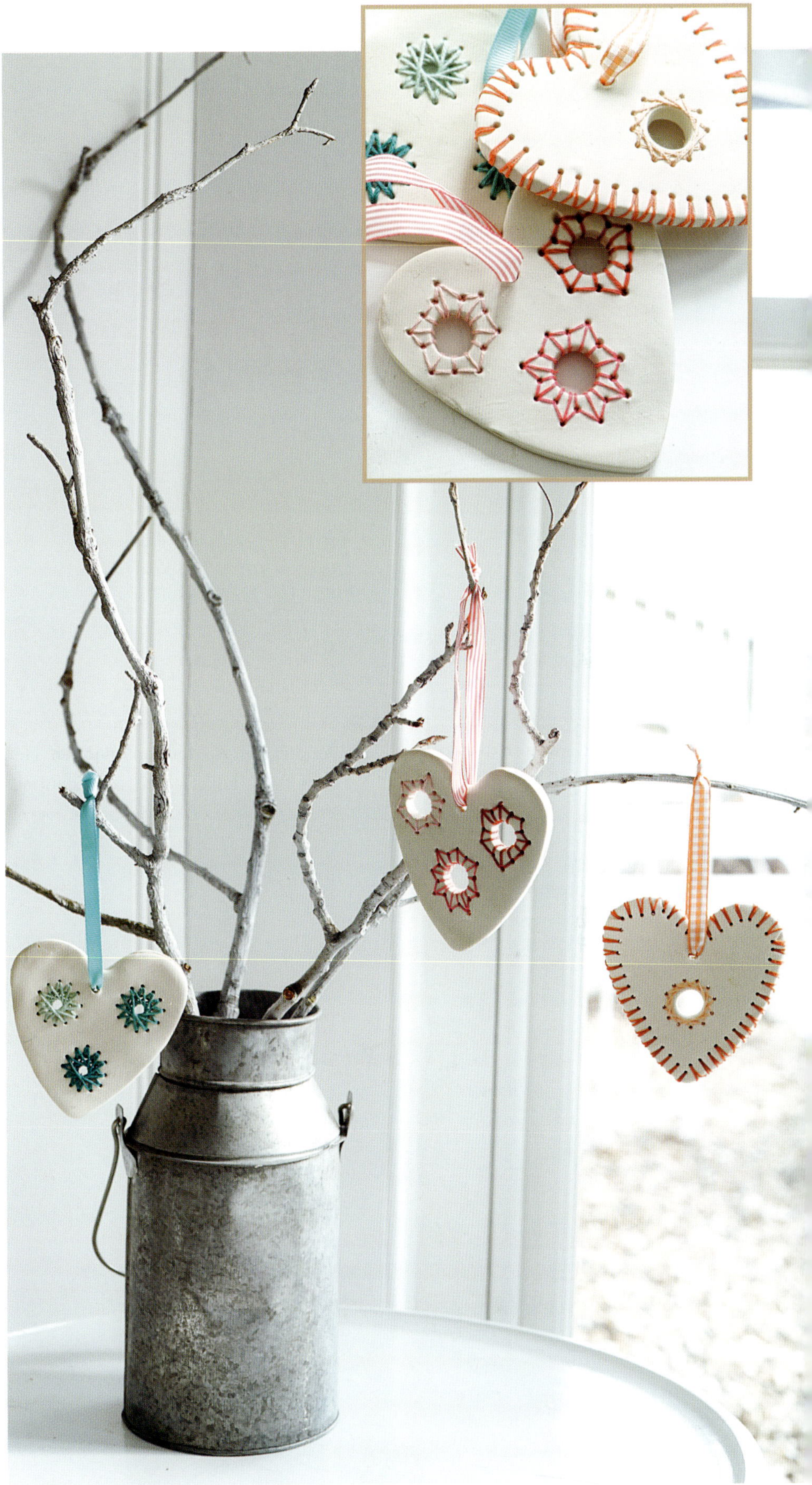

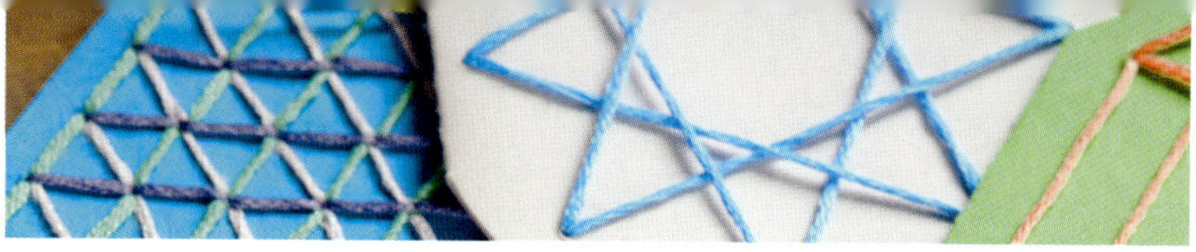

GESCHENKANHÄNGER de luxe

Kleiner Aufwand, große Wirkung: Diese Anhänger sind in „null Komma nichts" fertig und geben jedem kleinen oder größeren Geschenk eine persönliche Note.

★☆☆

Sie brauchen dazu:

- Karton in Türkis, Flieder, Grün, Violett und Hellblau oder Hellgrün
- Transparentpapier
- Bleistift
- Schere oder Bastelmesser
- Nähnadel
- Stickgarn in Violett, Jadegrün, Flieder, Blau und Korallenrot
- Lochstanzer
- 25 cm lange Kordeln in Grün, Blau und Rosa

1 Die Umrisse der Anhänger nach den Vorlagen auf Seite 126 auf den Karton übertragen und ausschneiden. Den Karton entlang der punktierten Mittellinie ritzen. Auf jener Hälfte, die bestickt wird, mithilfe der Vorlage die Löcher markieren.

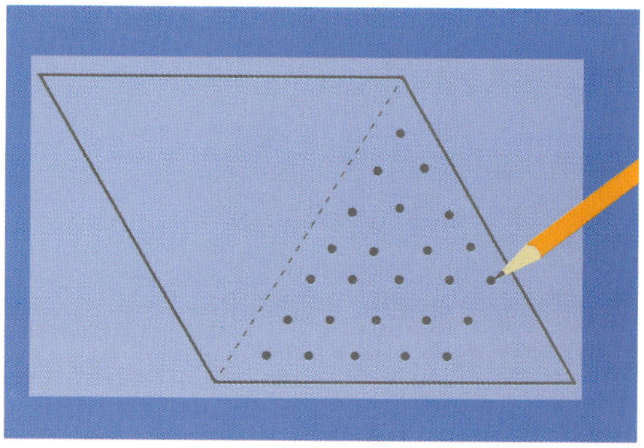

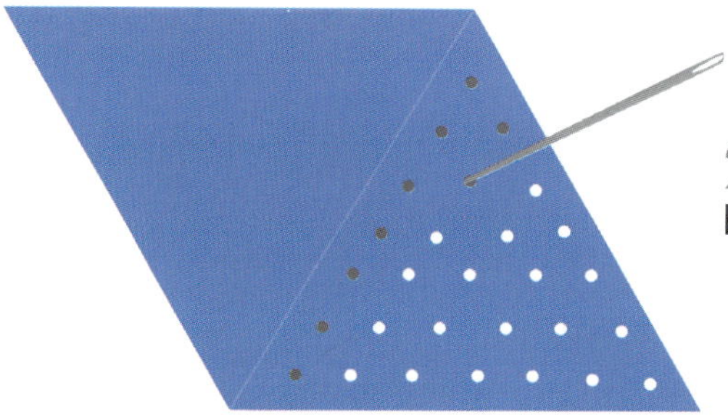

2 Mit einer Nähnadel die Löcher bohren.

Dreieck

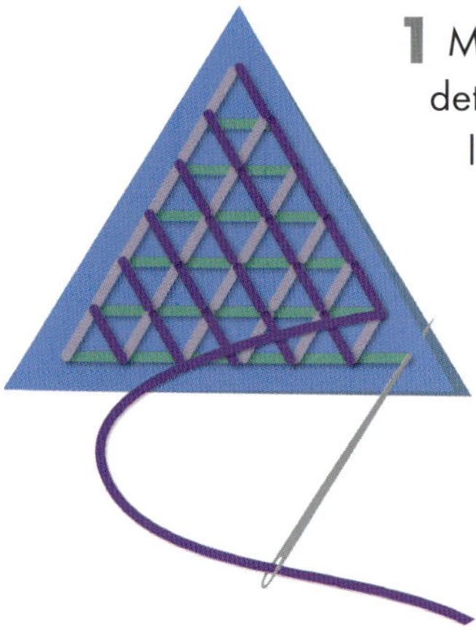

1 Mit dem Stickgarn das abgebildete Muster aus geraden Rückstichlinien (Seite 8) sticken: zuerst die fliederfarbenen Linien, dann die jadegrünen, dann die violetten. Alle Linien in derselben Farbe verlaufen parallel zu einer anderen Seite des Dreiecks.

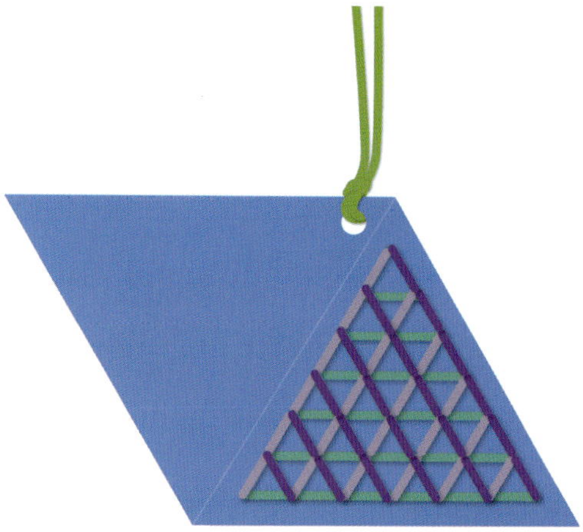

2 Mit dem Lochstanzer in die Rückseite des Anhängers ein Loch stanzen. Eine 12,5 cm lange Kordel doppelt nehmen, die Schlinge durch das Loch fädeln, die Enden durch die Schlinge stecken und festziehen.

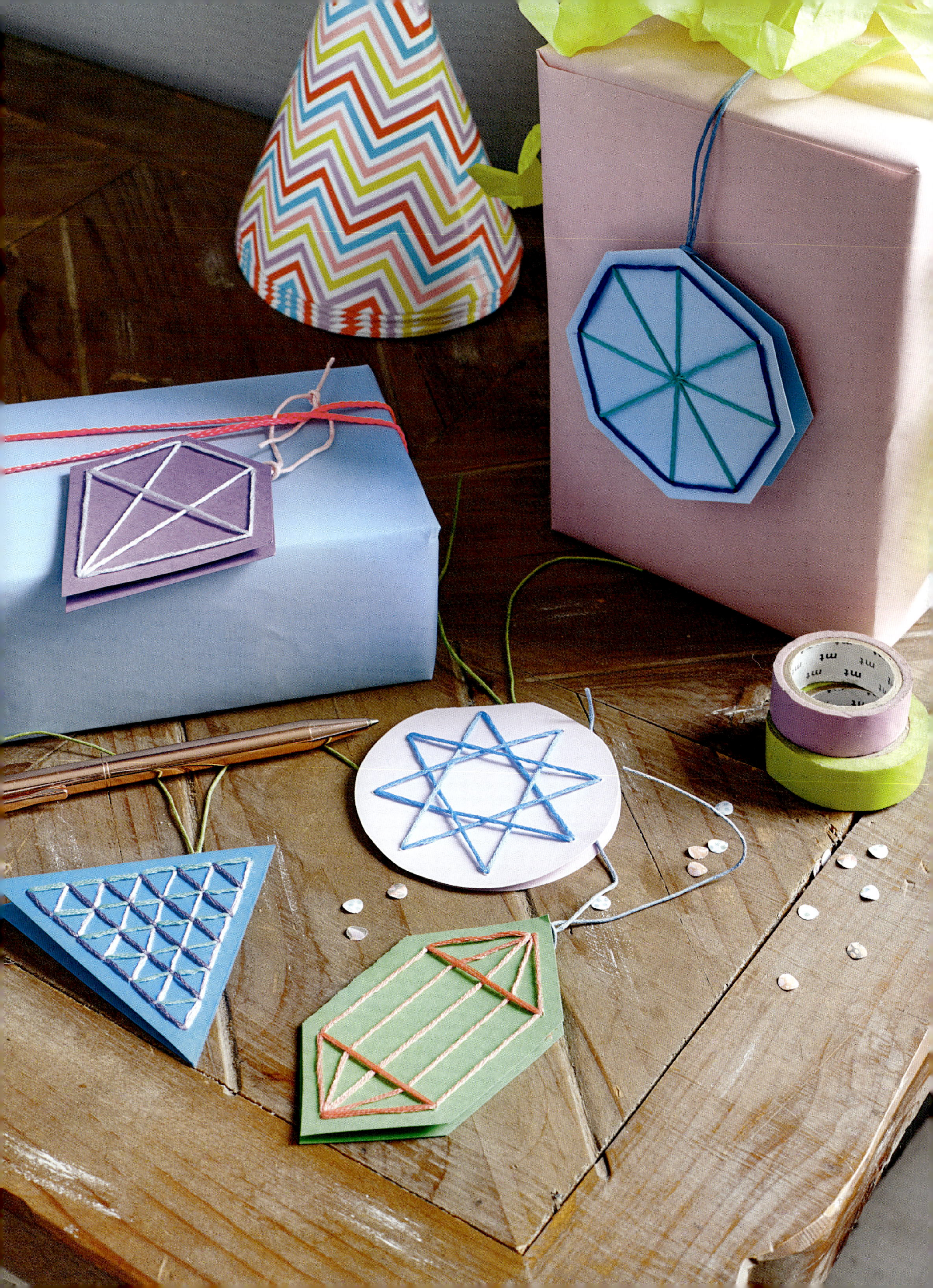

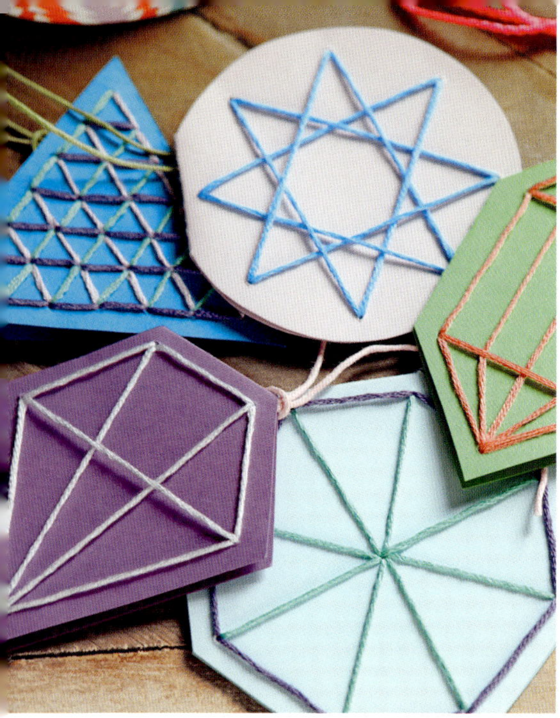

Kreis

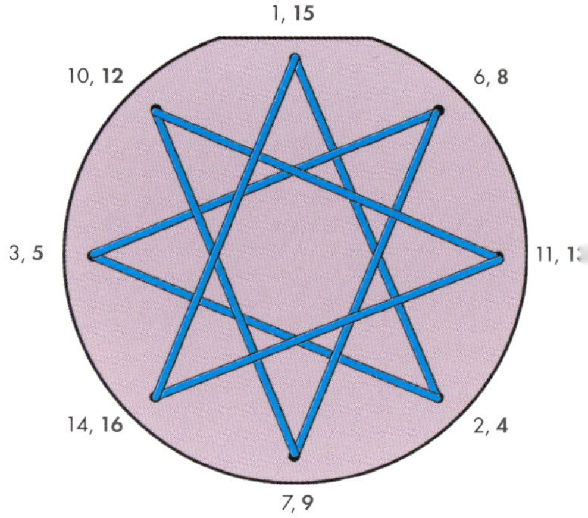

1 Das Muster mit blauem Garn sticken: Dazu das Garnende verknoten und bei Loch Nr. 1 von der Rückseite auf die Vorderseite durchstechen. Dann das Muster sticken (Reihenfolge siehe Abbildung). Jeder zweite Stich wird auf der Rückseite des Kartons ausgeführt.

2 Wie beim dreieckigen Anhänger eine Schnur zum Aufhängen anbringen. Dazu die zweite Hälfte der grünen Kordel verwenden.

Sechseck

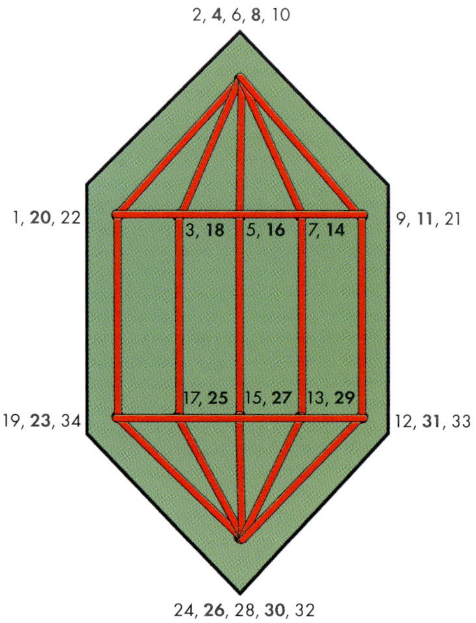

1 Mit korallenrotem Garn wie in Schritt 1 des kreisförmigen Anhängers das Muster arbeiten.

2 Wie beim dreieckigen Anhänger eine Schnur zum Aufhängen anbringen. Dazu eine Hälfte der blauen Kordel verwenden.

Achteck

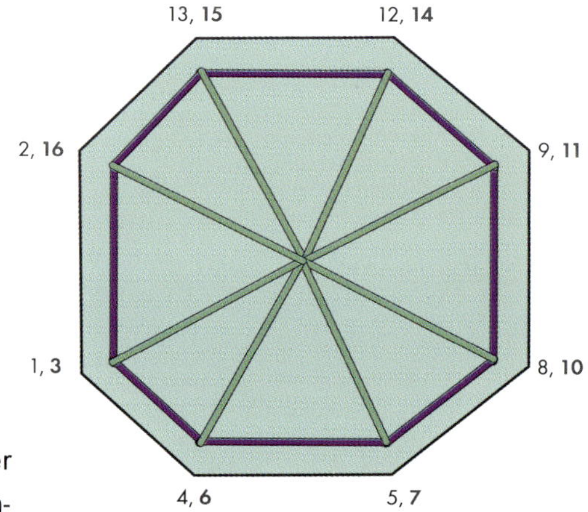

1 Mit violettem Garn wie in Schritt 1 des kreisförmigen Anhängers die achteckige Linie arbeiten. Dann mit jadegrünem Garn vom Mittelpunkt aus nacheinander zu jedem Eckpunkt des Achtecks einen Spannstich sticken.

2 Wie beim dreieckigen Anhänger eine Schnur zum Aufhängen anbringen. Dazu die andere Hälfte der blauen Kordel verwenden.

Fünfeck

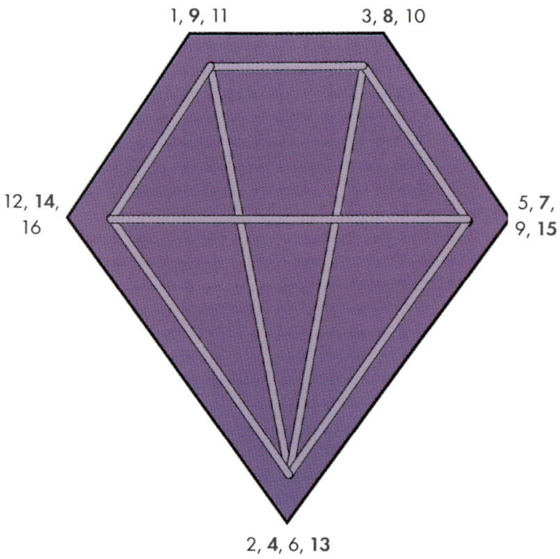

1 Mit fliederfarbenem Garn wie in Schritt 1 des kreisförmigen Anhängers das Muster arbeiten.

2 Wie beim dreieckigen Anhänger eine Schnur zum Aufhängen anbringen. Dazu eine Hälfte der rosa Kordel verwenden.

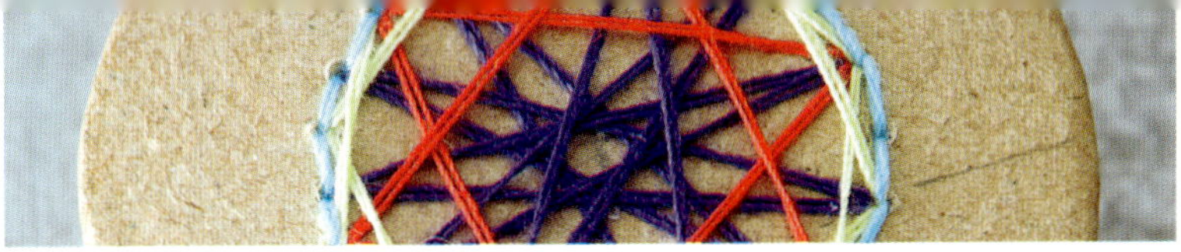

Bestickte MINIATUR-SCHACHTELN

Diese Schächtelchen sind kleine Kunstwerke, in denen Sie ein Geschenk luxuriös verpacken oder wichtige Kleinigkeiten aufheben können. Ich habe hier Schachteln aus ungefärbtem Papiermaché verwendet – mit gefärbtem Papiermaché ist der Effekt womöglich noch schöner!

★★☆

Sie brauchen dazu:

- **Herzförmige, quadratische und runde Schachteln aus Papiermaché**
- **Bleistift**
- **Nähnadel**
- **Stickgarn in Rot, Grün, Türkis, Violett und Hellgrün**

Herzförmige Schachtel

1 Ein Herz in die Mitte des Schachteldeckels zeichnen. Mit der Nadel an der herzförmigen Umrisslinie in gleichmäßigen Abständen 18 Löcher bohren. In die Seitenfläche des Schachteldeckels knapp an der Oberkante in gleichmäßigen Abständen 36 Löcher bohren.

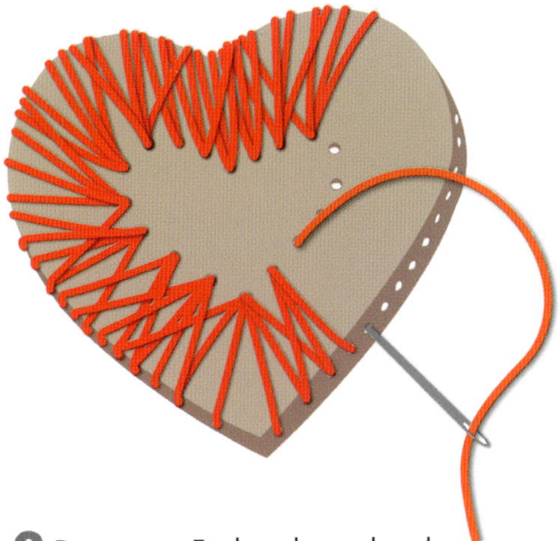

2 Den roten Faden doppelt nehmen, die Enden an der Innenseite des Schachteldeckels verknoten. Beliebige Stiche von den Löchern an der herzförmigen Umrisslinie in der Mitte hinunter zu den Löchern an den Seitenflächen arbeiten, bis das freigebliebene Herz in der Mitte deutlich zu erkennen ist. Damit fortfahren, bis Sie mit dem Ergebnis zufrieden sind.

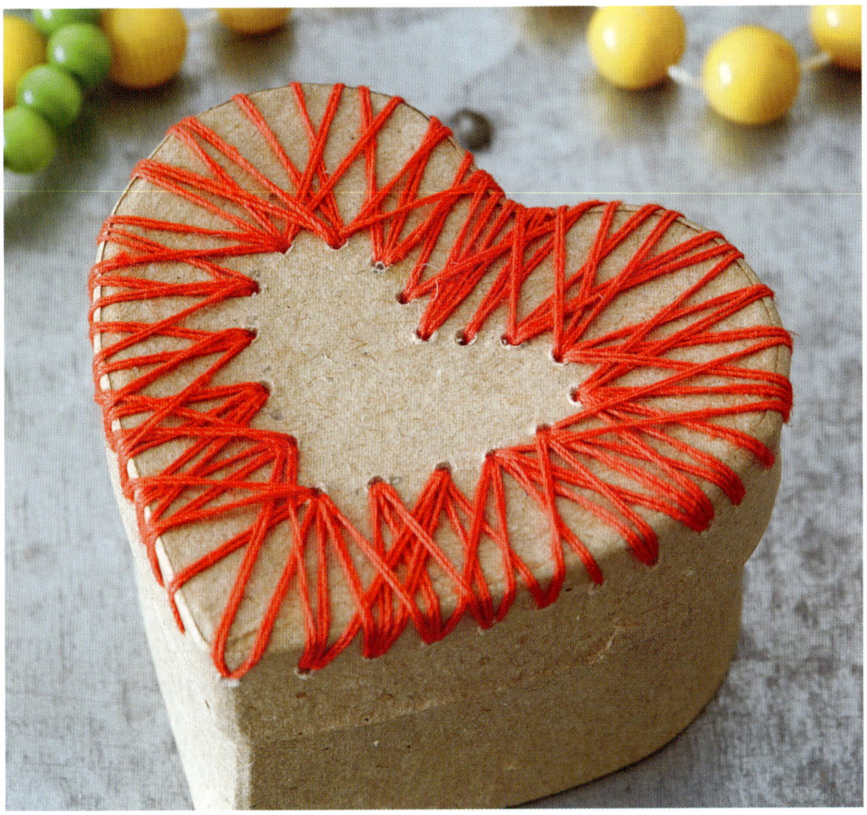

Quadratische Schachtel

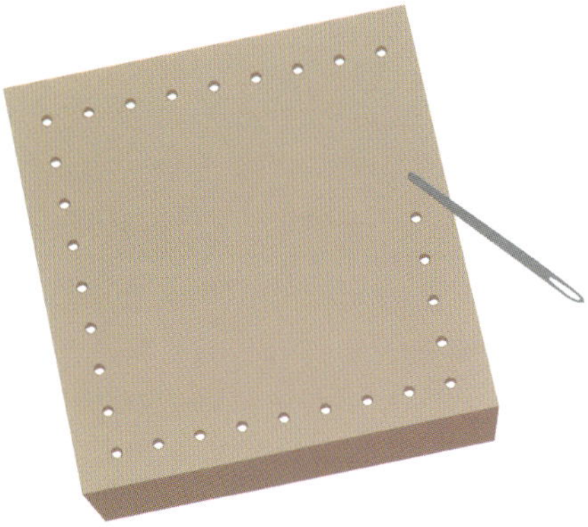

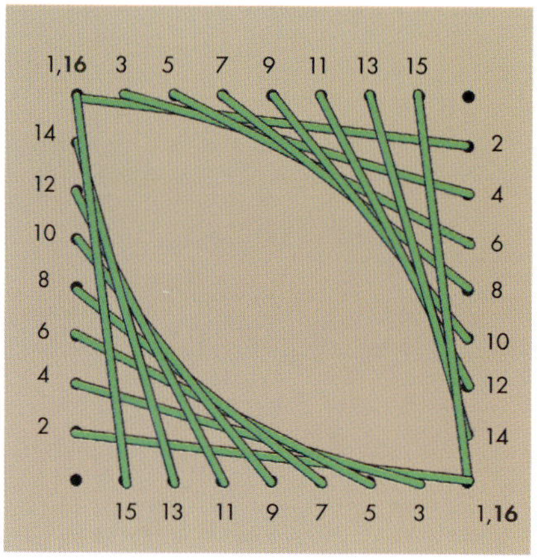

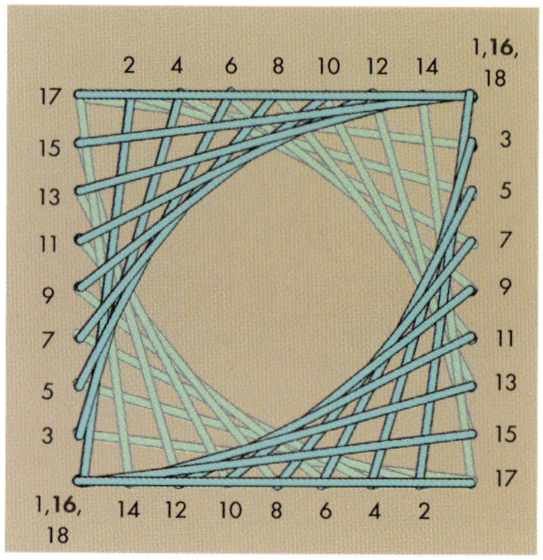

1 Ein Quadrat knapp innerhalb der Kante auf den Schachteldeckel zeichnen. Mit der Nadel ein Loch in jede Ecke des Quadrats sowie 7 Löcher in gleichmäßigen Abständen an jeder Seite des Quadrates bohren.

2 Den grünen Faden doppelt nehmen, die Enden an der Innenseite des Schachteldeckels verknoten. Die beiden Hälften des Musters in der abgebildeten Reihenfolge arbeiten.

3 Für die obere Lage des Musters den türkisen Faden doppelt nehmen; die beiden Hälften des Musters in der abgebildeten Reihenfolge arbeiten.

Runde Schachtel

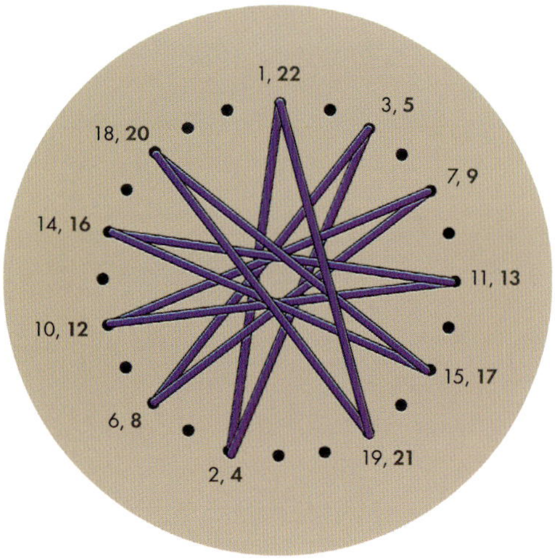

1 Auf den runden Schachteldeckel einen kleineren konzentrischen Kreis zeichnen. 24 Löcher in gleichmäßigen Abständen entlang dieser Kreislinie bohren. Den violetten Faden doppelt nehmen, die Enden an der Innenseite des Schachteldeckels verknoten und in der angegebenen Reihenfolge den elfzackigen Stern sticken.

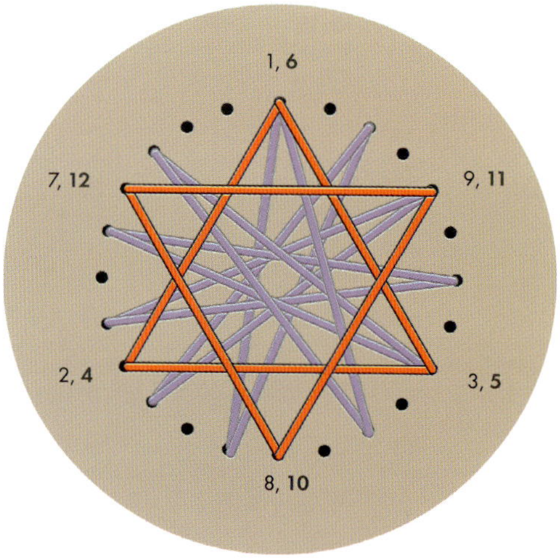

2 Nun mit dem roten Garn in der angegebenen Reihenfolge den sechszackigen Stern sticken.

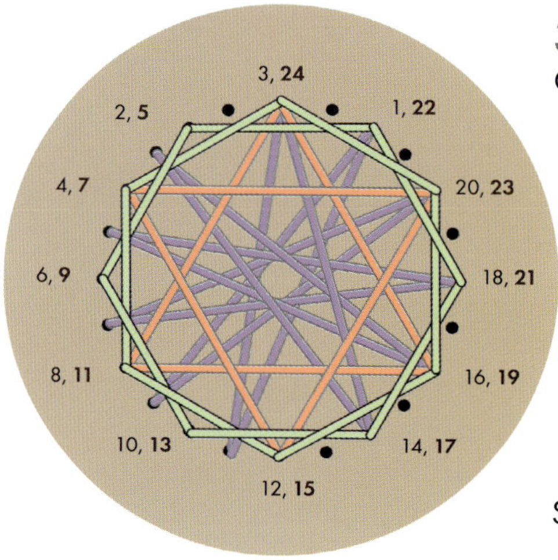

3 Mit dem hellgrünen Garn in der angegebenen Reihenfolge den zwölfzackigen Stern sticken, der die oberste Lage des Musters bildet.

4 Zuletzt mit türkisem Garn an der Kreislinie entlang Rückstiche (siehe Seite 8) arbeiten.

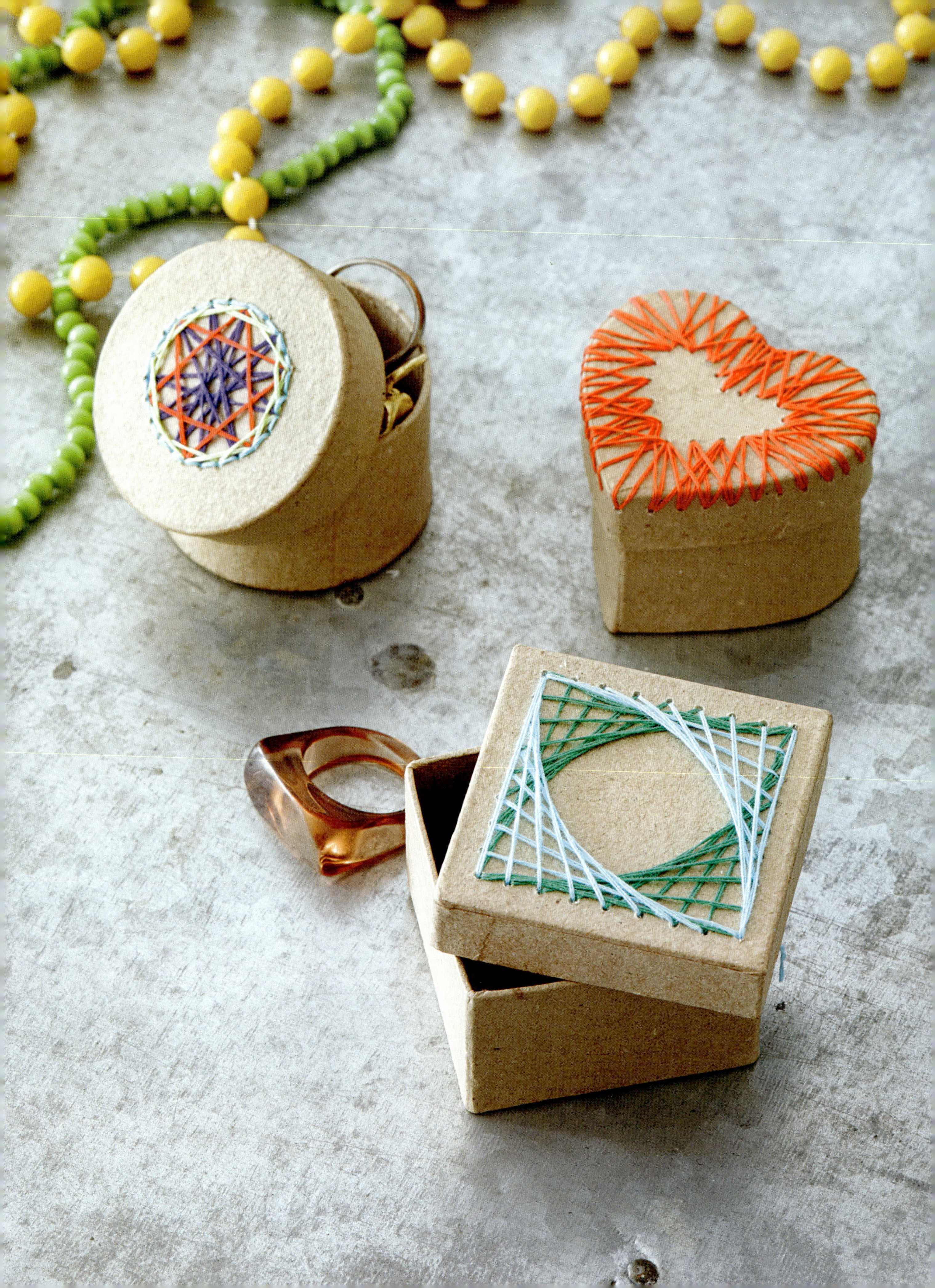

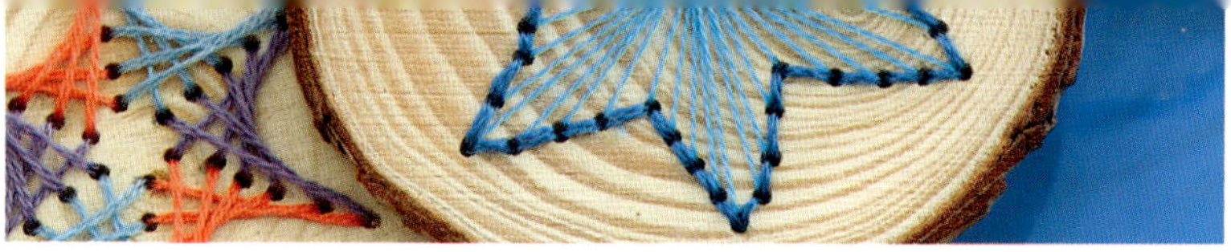

Fadenbilder als SCHLÜSSELANHÄNGER

Auch Holz lässt sich mit geometrischen Fadenbildern besticken. Die gemaserte Oberfläche bildet einen reizvollen Kontrast zu den trendig-bunten Sternmotiven.

★★☆

Sie brauchen dazu:

- Transparentpapier
- Bleistift
- 3 Holzscheiben mit ca. 6 cm Durchmesser
- Klemmvorrichtung
- Bohrmaschine mit 1,75-mm-Bohrer
- 3-mm-Bohrer
- Nähnadel
- Stickgarn in Violett, Orange, Türkis und Blaugrün
- Schere
- 3 Schlüsselringe

1 Auf jede Holzscheibe eine der drei Vorlagen auf Seite 125 übertragen. Die Löcher mit dem kleineren Bohrer bohren; für das Aufhängungsloch knapp unter der Oberkante jeder Scheibe den größeren Bohrer nehmen.

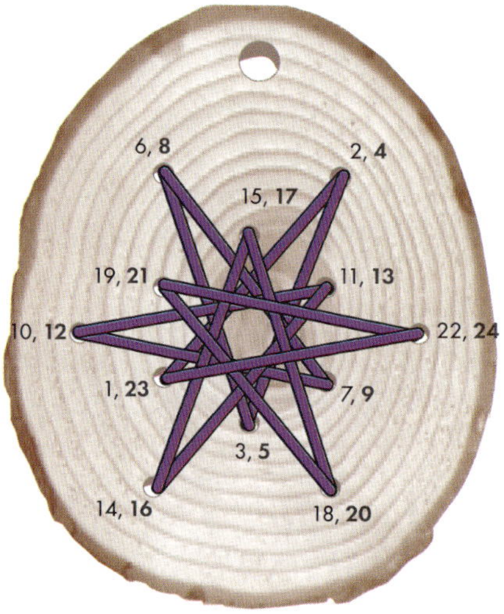

2 Für den violetten Stern alle sechs Stränge des violetten Garnes verwenden. Das Garnende auf der Rückseite hinter Loch Nr. 1 verknoten, dann das Muster in der angegebenen Reihenfolge arbeiten.

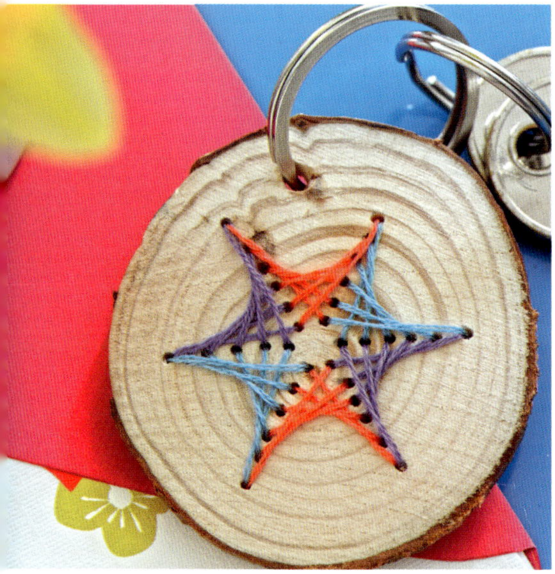

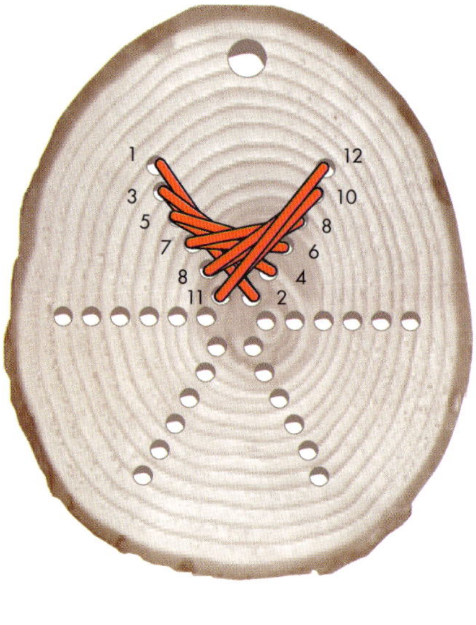

3 Für den mehrfarbigen Stern zwei Stränge von jeder Garnfarbe verwenden, mit Orange beginnen. Die Enden auf der Rückseite verknoten und das Muster in der angegebenen Reihenfolge arbeiten. Den nächsten Bereich in der gleichen Reihenfolge in Türkis besticken, dann den nächsten in Violett. Die drei übrigen Bereiche ebenso arbeiten, die gleiche Farbenfolge einhalten.

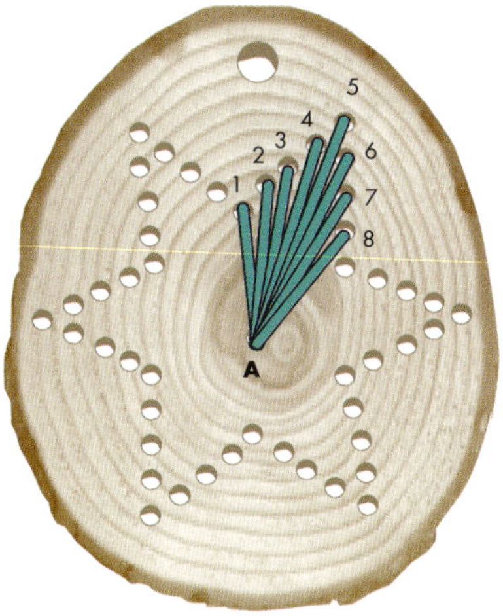

4 Für den letzten Stern einen Strang vom türkisen Stickgarn auf der Rückseite verknoten und das Muster in der angegebenen Reihenfolge arbeiten: Den Faden bei jedem Stich vom mittleren Loch A nach außen führen, danach an der Rückseite zum Loch A zurückführen. Wenn alle Zacken fertig bestickt sind, an der Umrisslinie des Sterns entlang Rückstiche in Blaugrün (Seite 8) arbeiten.

5 Zuallerletzt an dem Loch an der Oberkante jedes Anhängers einen Schlüsselring anbringen.

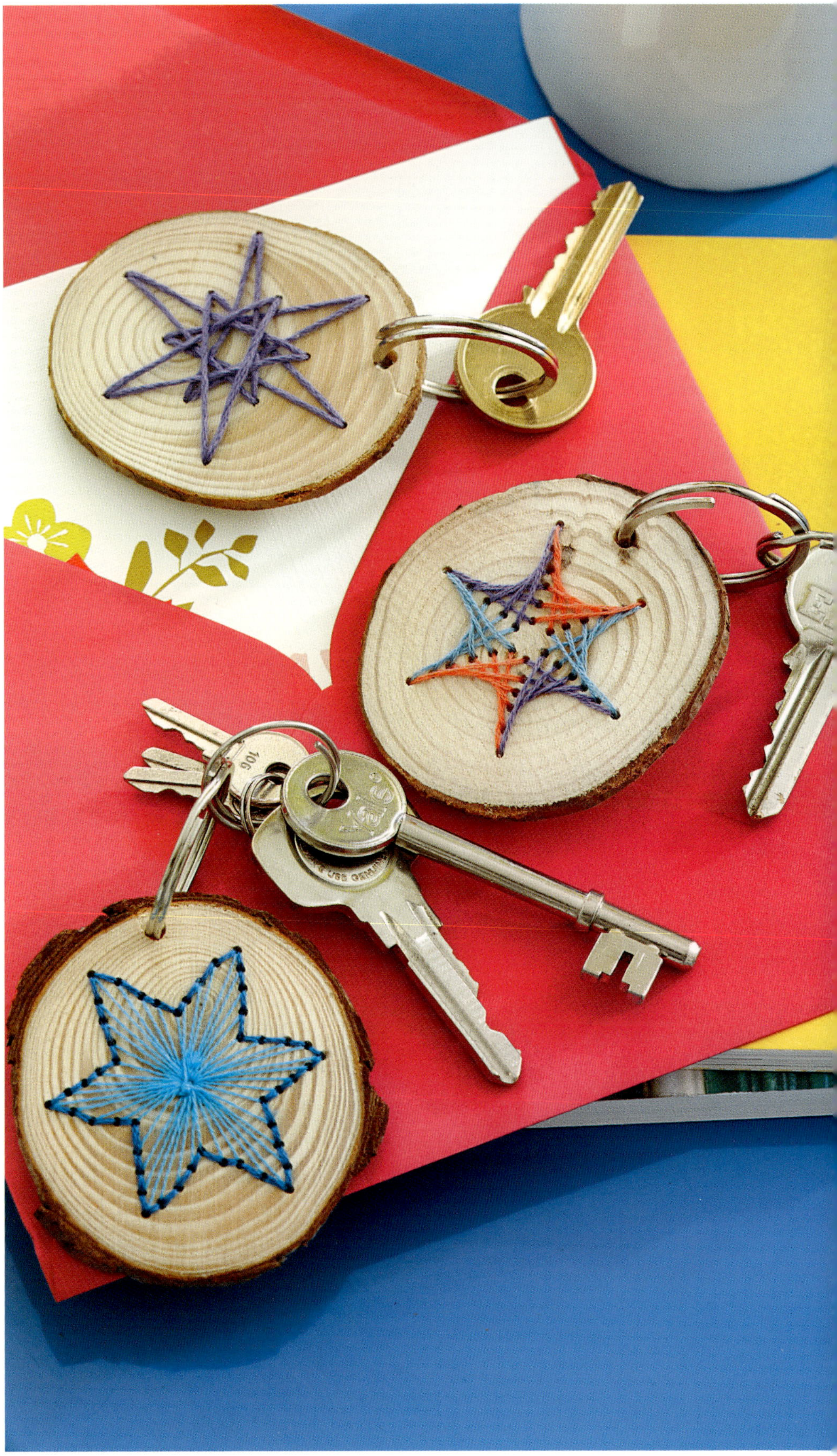

Tipp

Beim Bohren der Löcher die Holzscheibe mit einer Klemmvorrichtung gut fixieren, damit sie nicht verrutscht.

Vorlagen und Schablonen

Die meisten Vorlagen und Schablonen auf den folgenden Seiten sind in Originalgröße abgedruckt und können direkt verwendet werden. Einige müssen mit dem Kopierer auf 200 % oder 400 % vergrößert werden. Bei manchen Projekten müssen Sie die Vorlage mithilfe von Transparentpapier übertragen: Dazu ein Blatt Transparentpapier auf die Vorlage legen und mit Abdeckband befestigen. Die Linien und/oder Punkte mit einem harten Bleistift (2H) abpausen, dann das Transparentpapier umdrehen und die Vorlage mit einem weichen Bleistift (HB) auf die Rückseite zeichnen. Nun das Papier nochmals umdrehen, in der gewünschten Position auf das Werkstück legen und die Vorlage nochmals mit dem harten Bleistift (2H) genau nachziehen. Das Vorlagepapier entfernen. So lassen sich Linien und Punkte deutlich und exakt auf das Werkstück übertragen.

EULE ALS FADENBILD (Seite 16)

Auf 200 % vergrößern

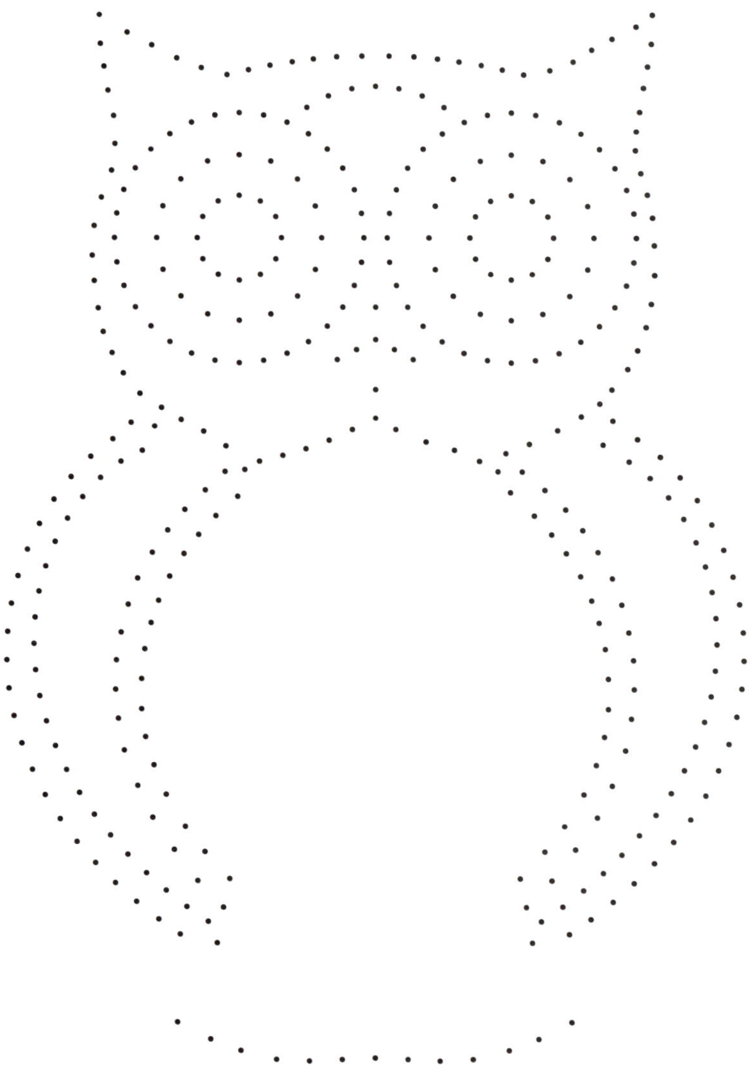

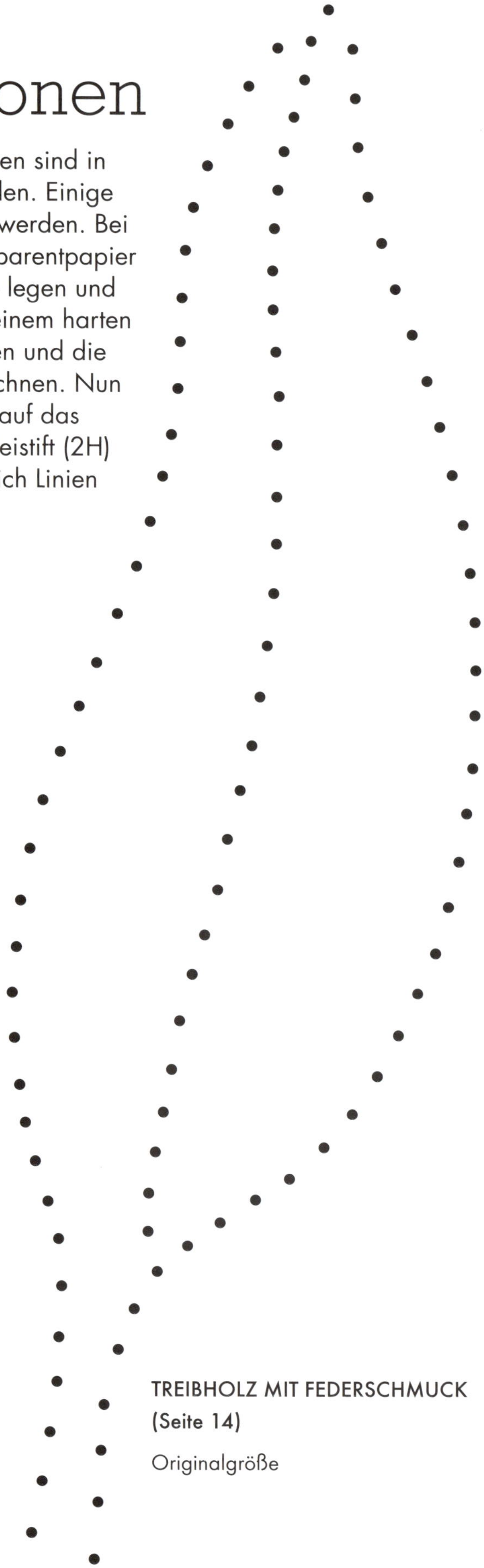

TREIBHOLZ MIT FEDERSCHMUCK (Seite 14)

Originalgröße

LAMPENSCHIRM MIT GEOMETRISCHEM MUSTER (Seite 20)

Auf 400 % vergrößern

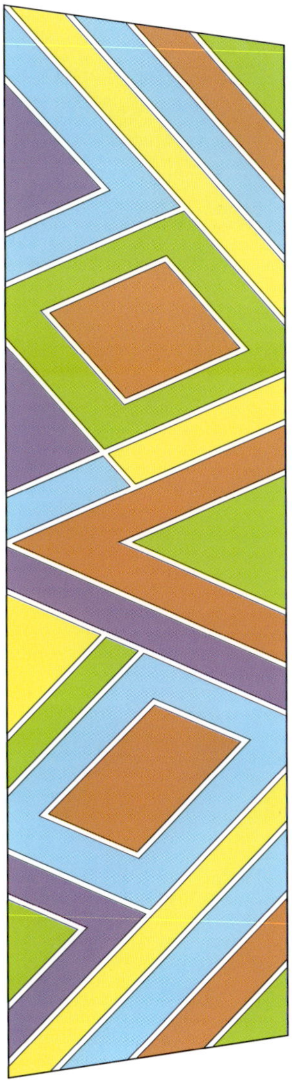

KULTIGER TRAUMFÄNGER (Seite 36)

Originalgröße

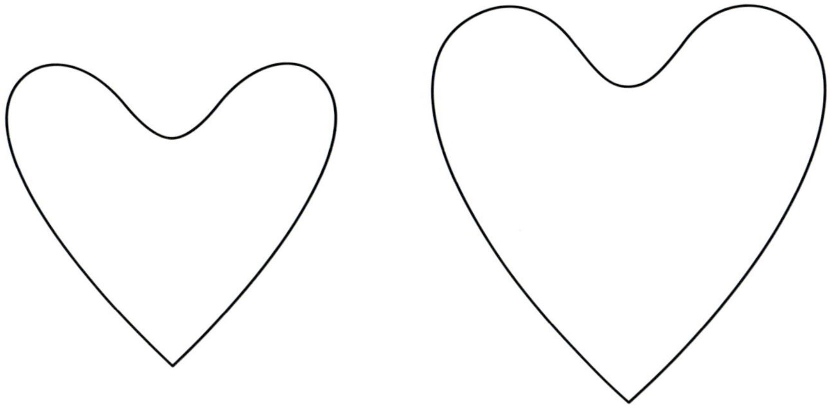

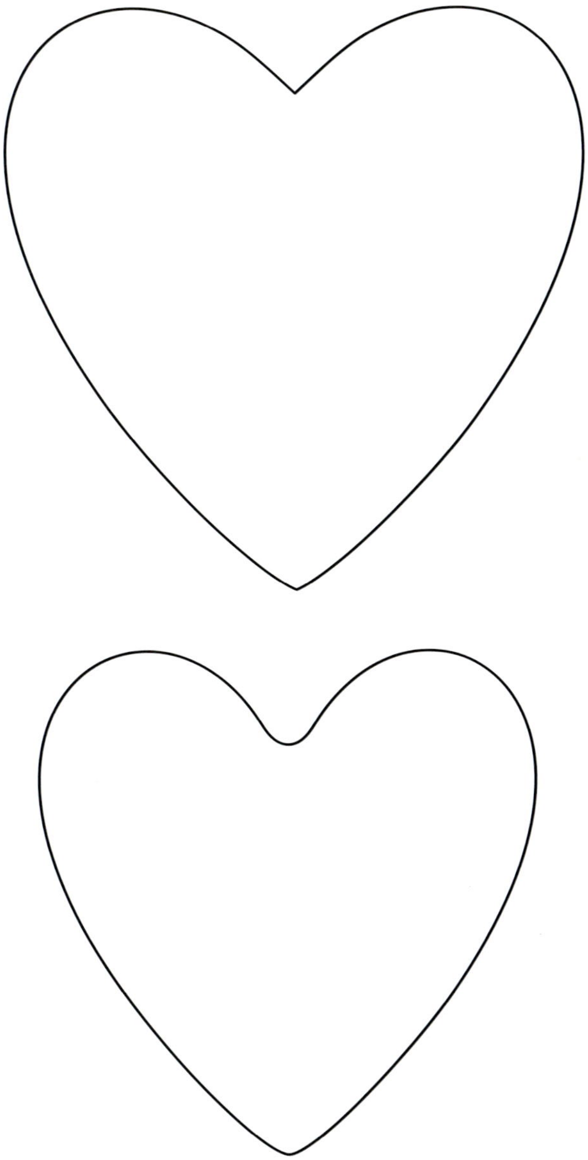

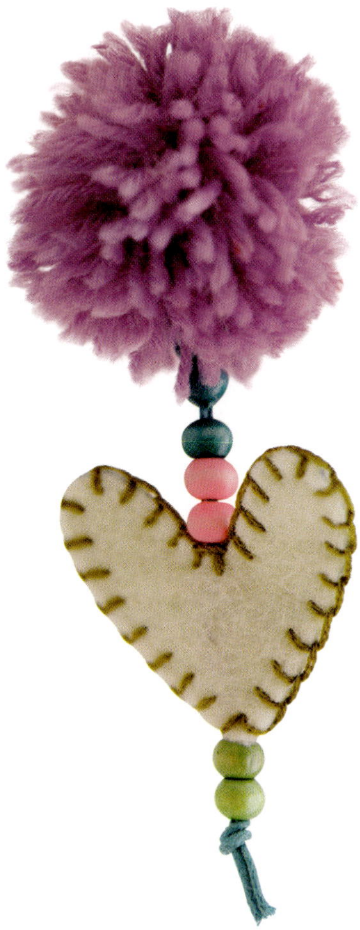

TRENDIGER BLUMENGRUSS (Seite 39)

Originalgröße

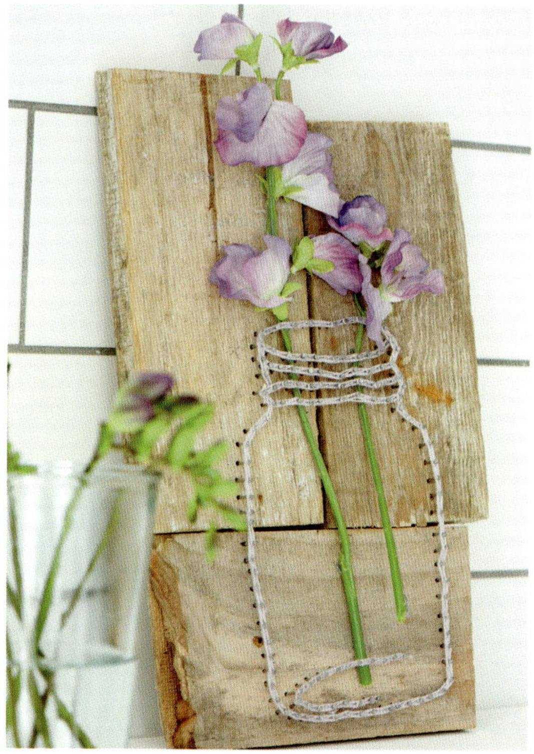

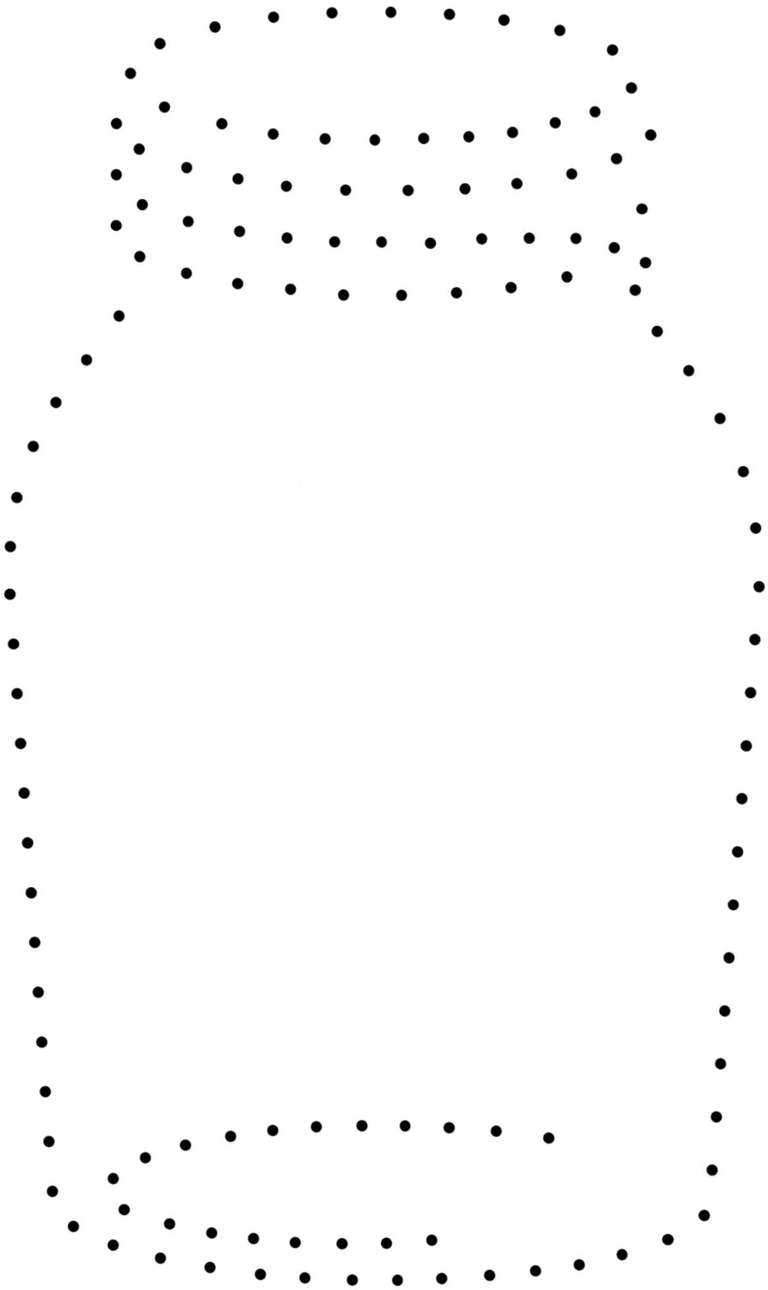

HIRSCH ALS WANDBILD (Seite 42)

Originalgröße

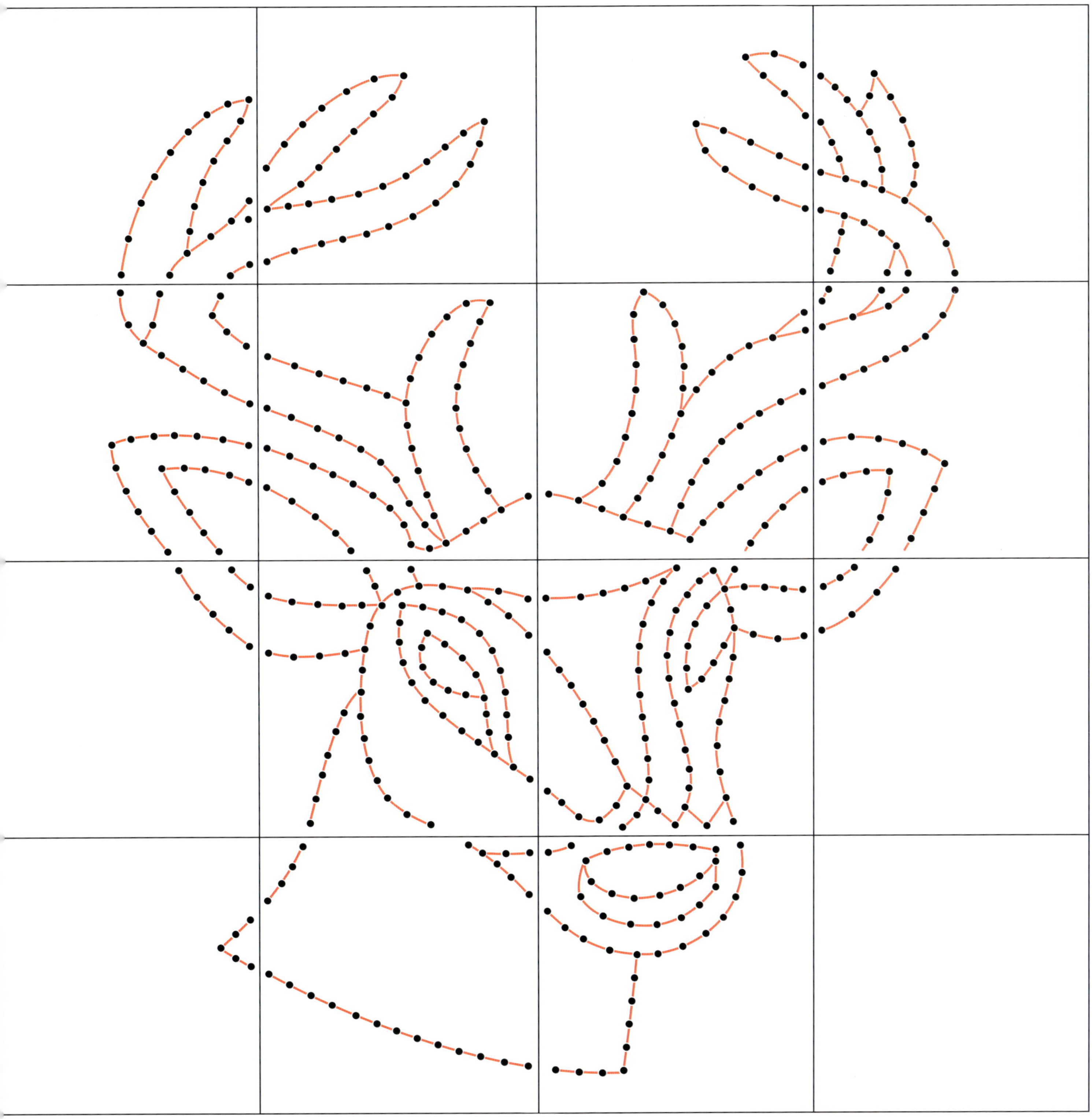

TISCHSETS MIT STICKMUSTER (Seite 44)

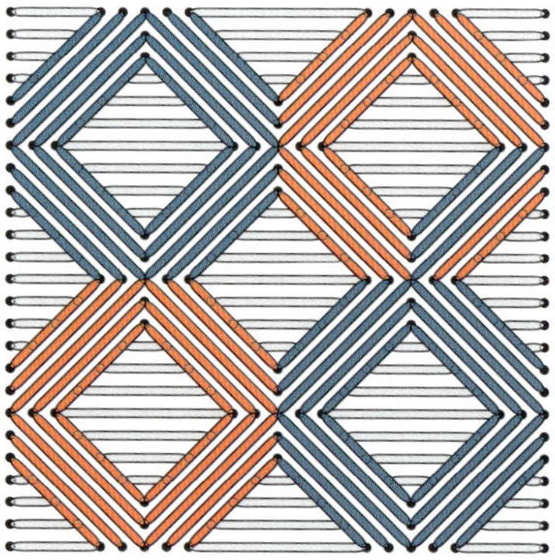

Tischset (Teilansicht)

Auf 200 % vergrößern

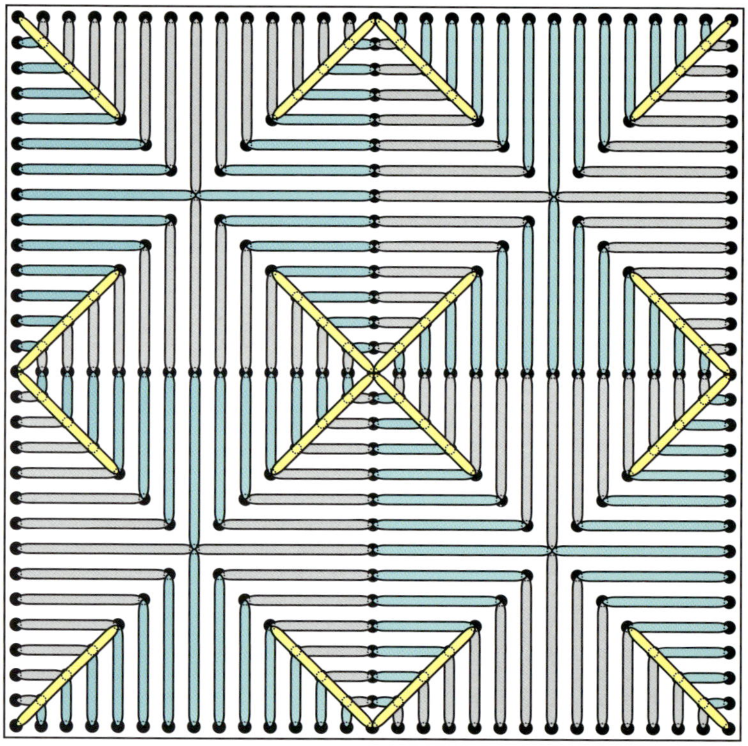

Tischset (Teilansicht)/Gläseruntersatz

Originalgröße

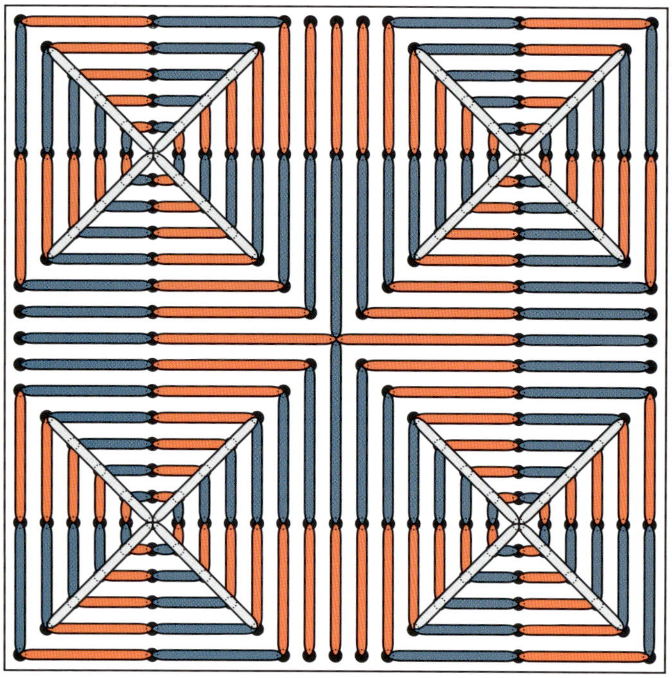

Gläseruntersatz

Originalgröße

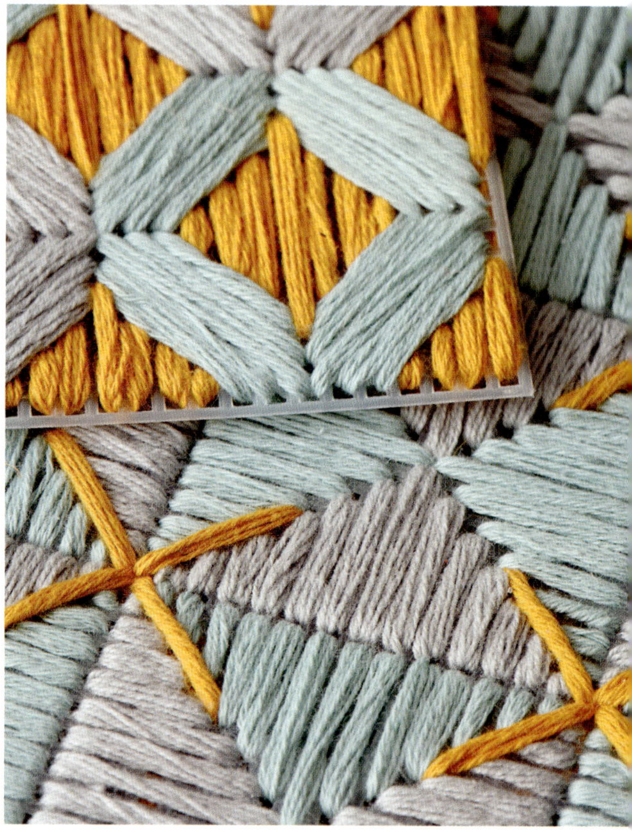

EINKAUFSTASCHE „DÍA DE LOS MUERTOS“ (Seite 69)

Originalgröße

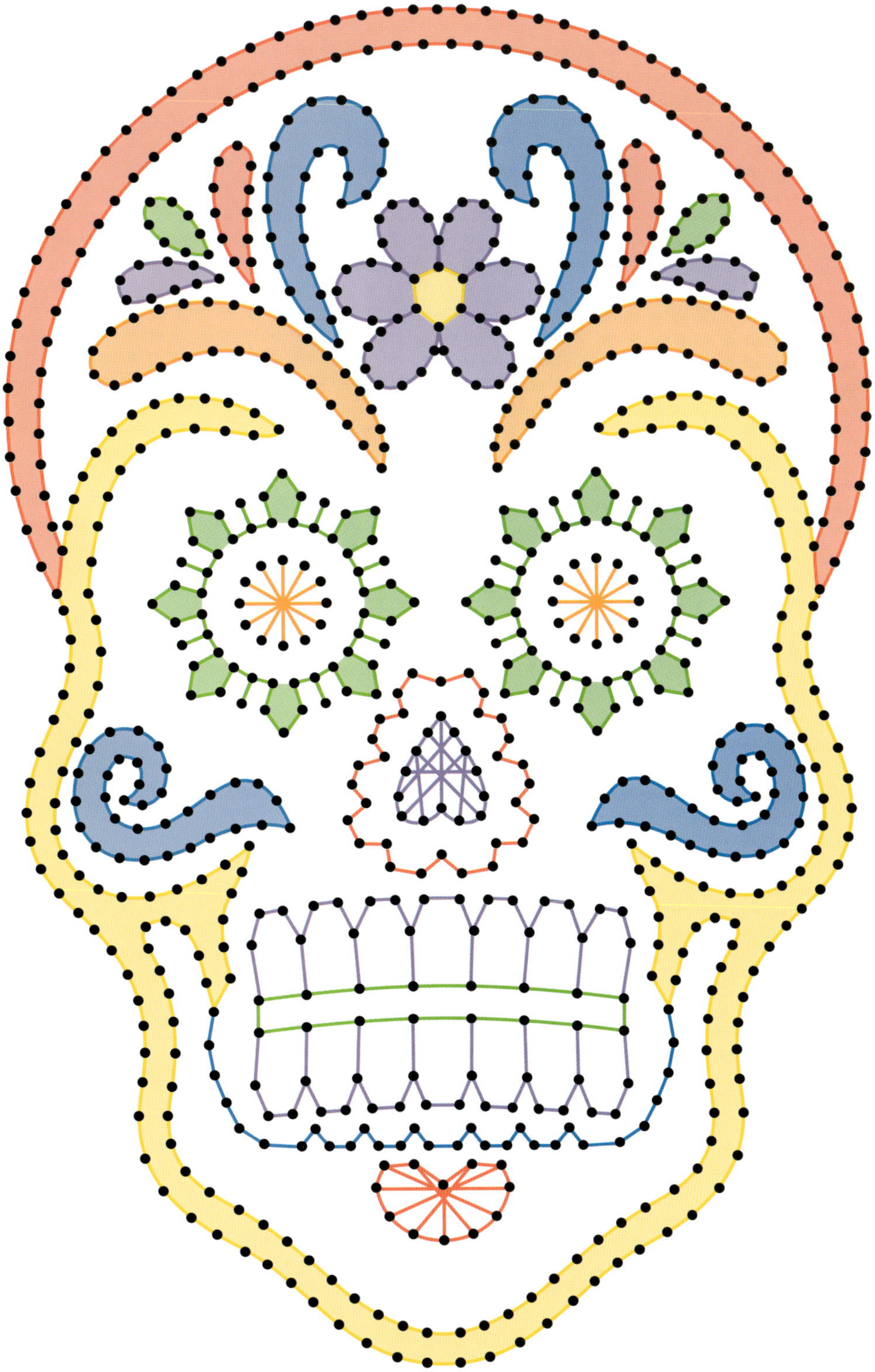

ANANAS-TÄSCHCHEN (Seite 76)

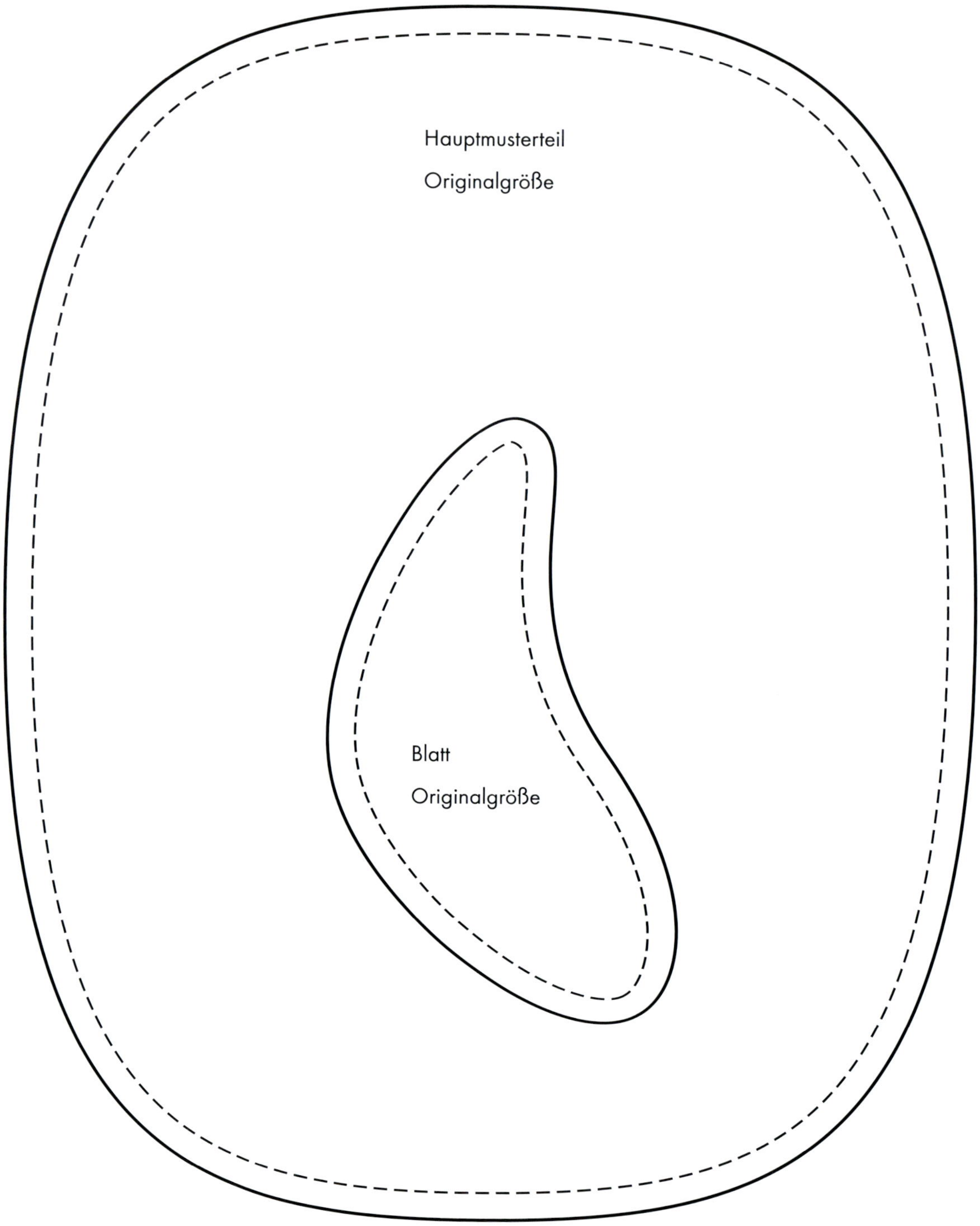

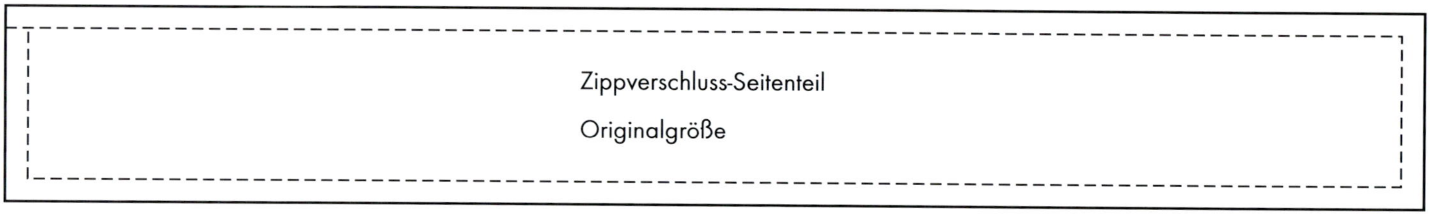

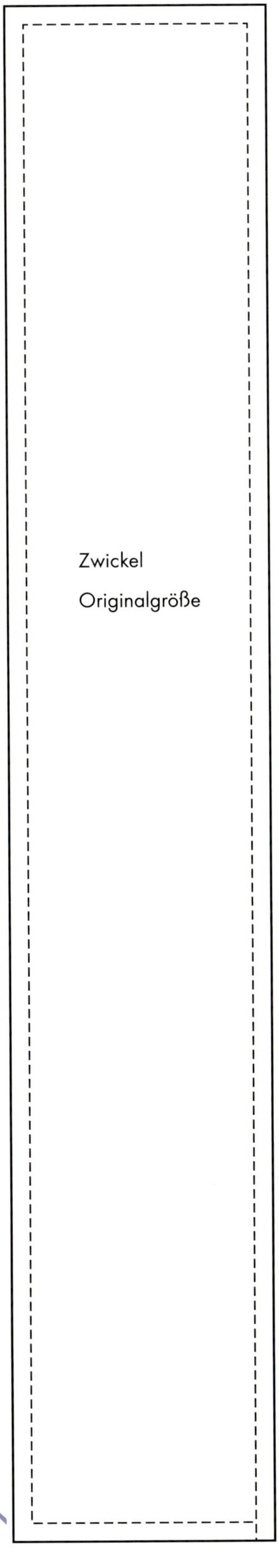

Zwickel

Originalgröße

ANANAS-TÄSCHCHEN (Seite 76)

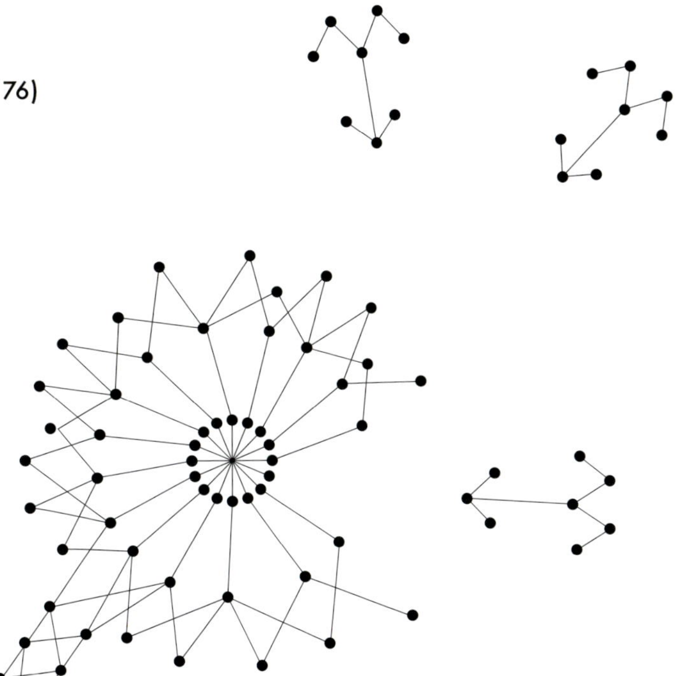

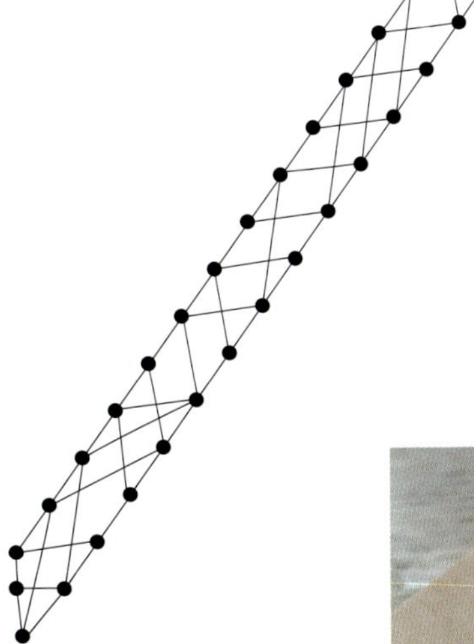

BESTICKTE NOTIZBÜCHER (Seite 82)

Originalgröße

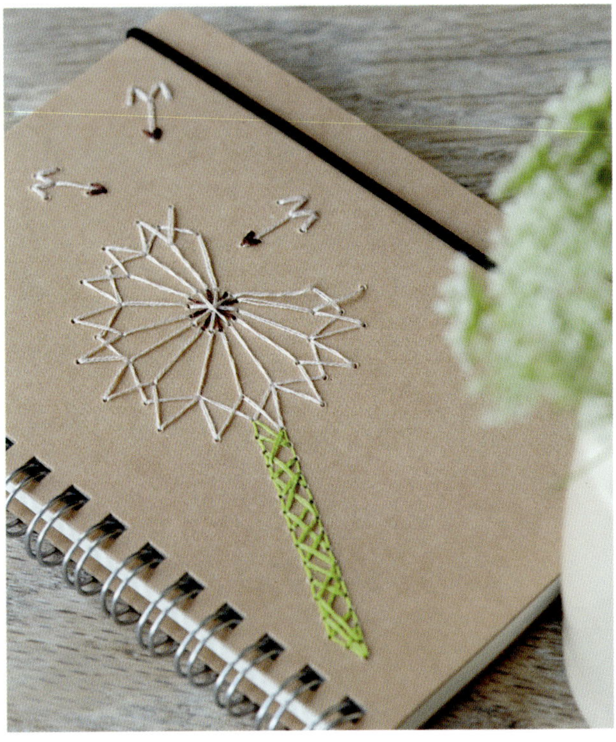

GLITZERBLUMEN-GIRLANDE (Seite 89)

Originalgröße

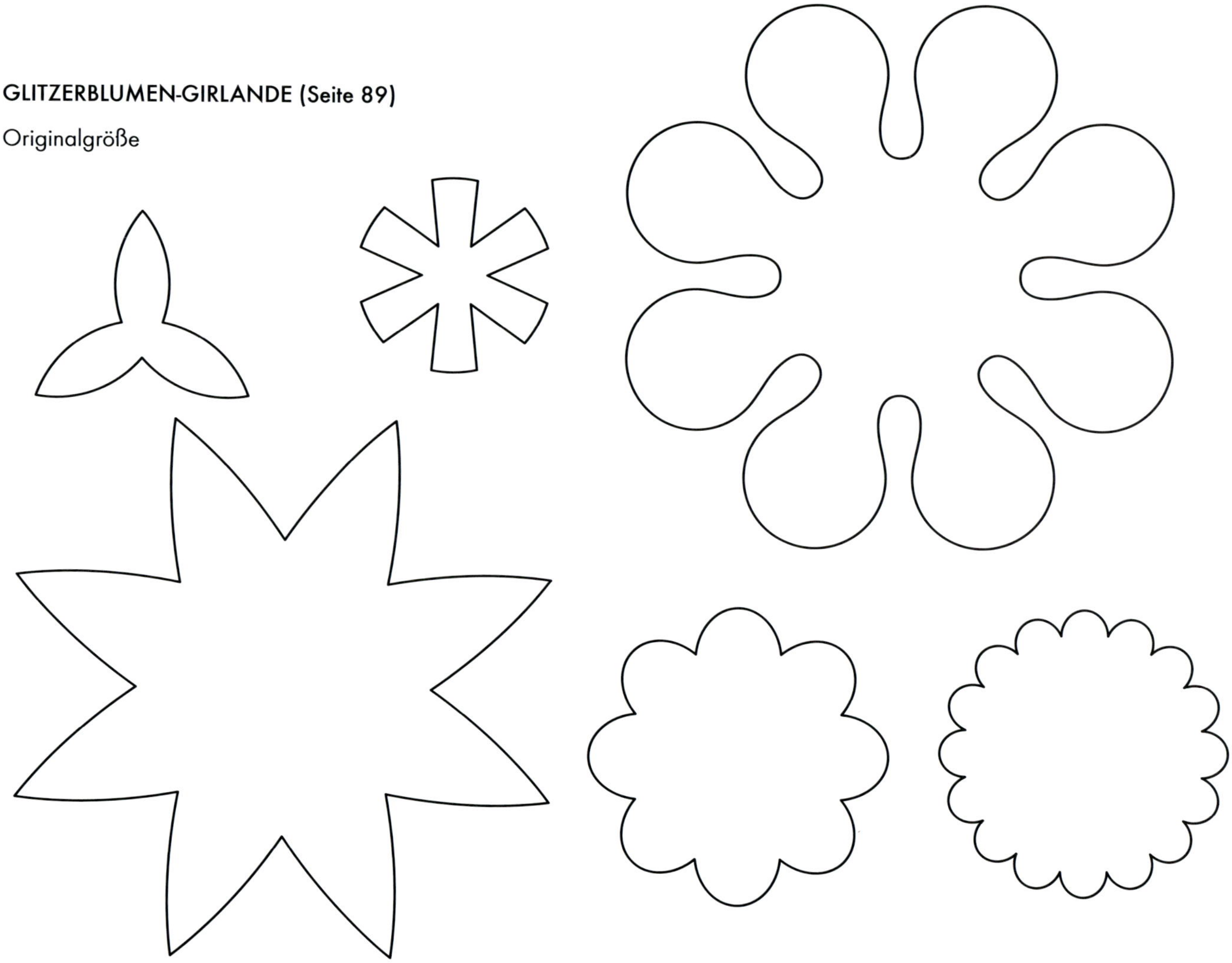

„FRUCHTIGE" GLÄSERUNTERSETZER (Seite 92)

Originalgröße

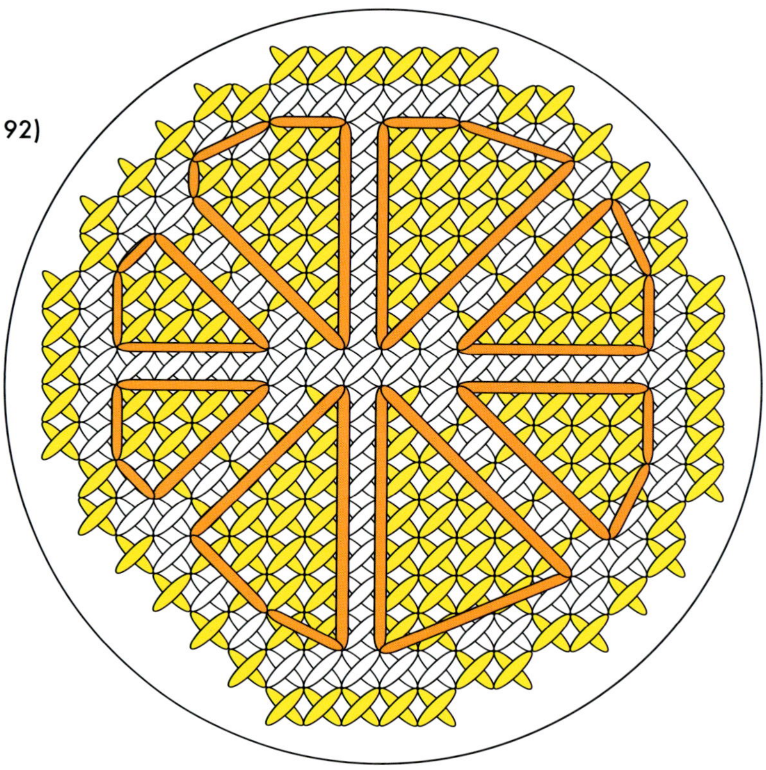

„FRUCHTIGE" GLÄSERUNTERSETZER (Seite 92)

Originalgröße

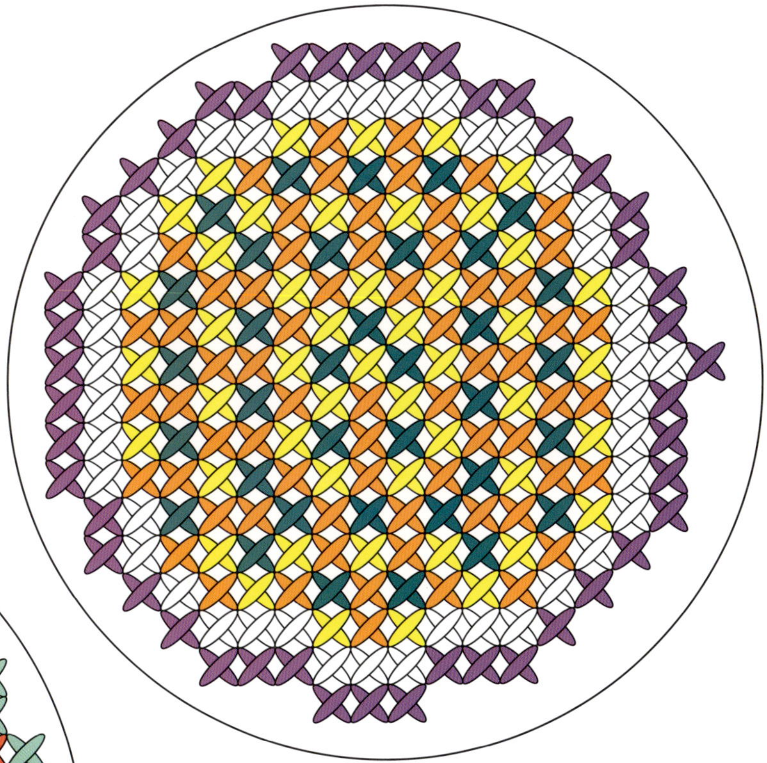

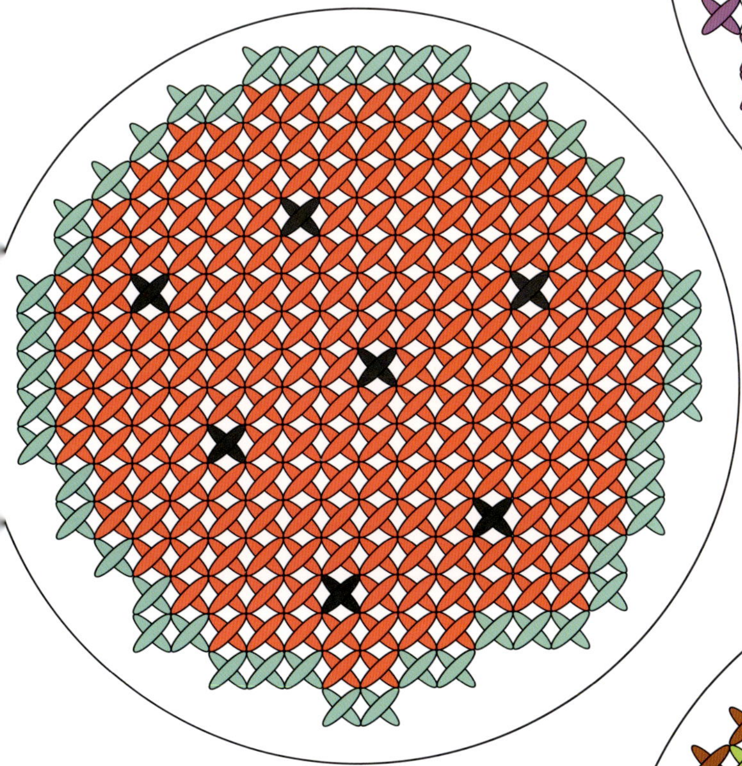

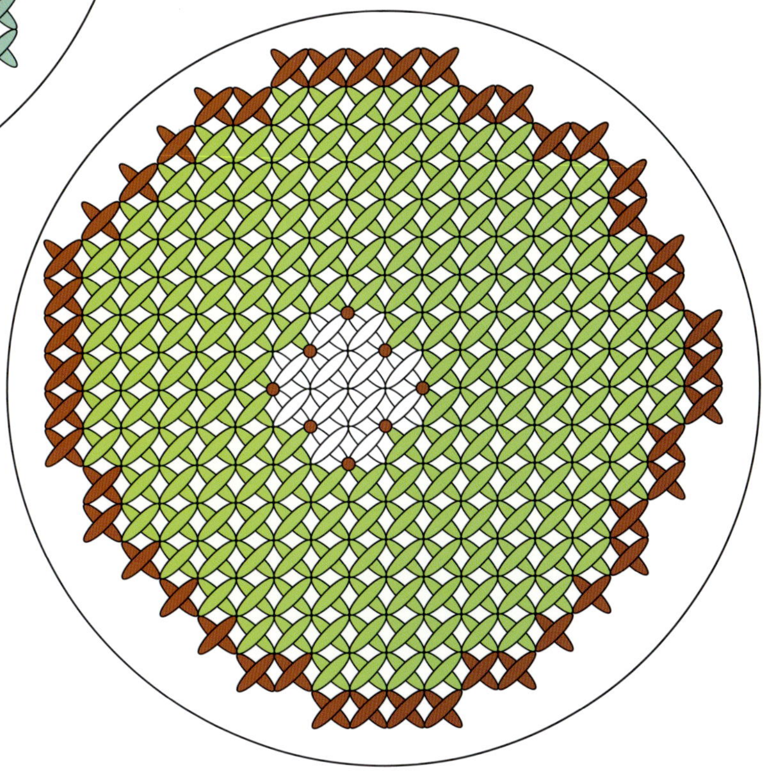

BESTICKTE GRUSSKARTEN (Seite 94), auf 200 % vergrößern

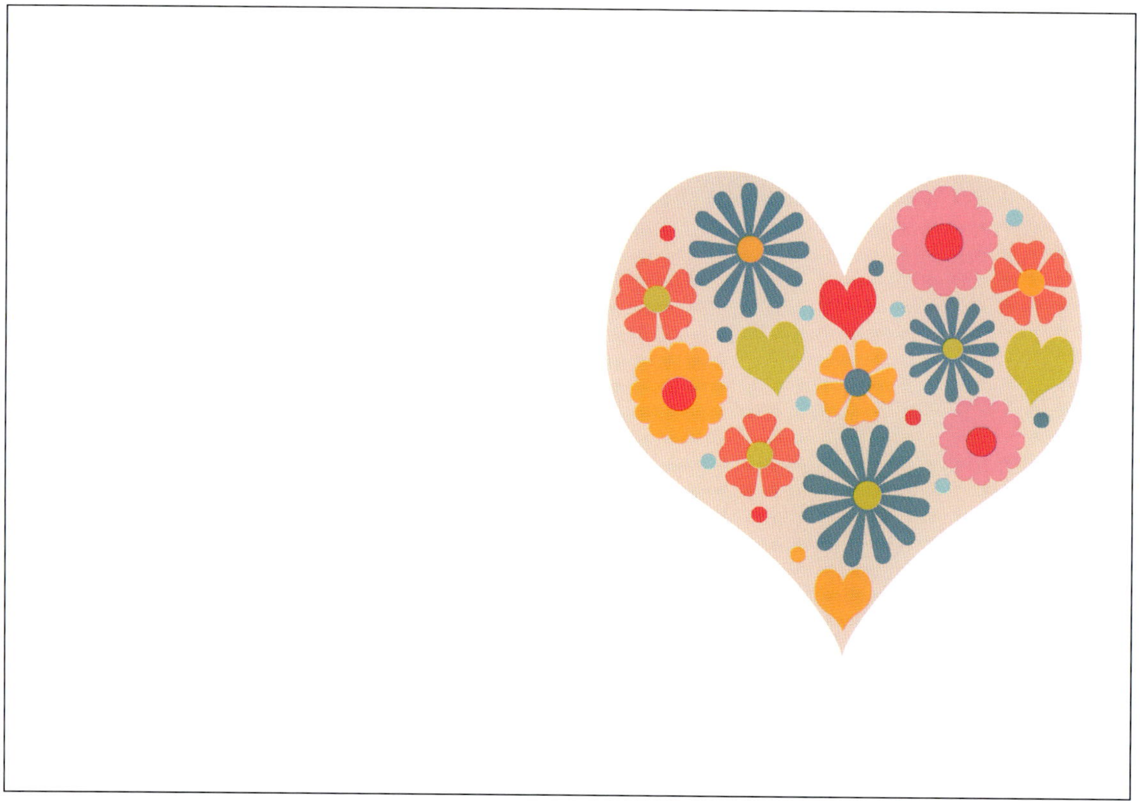

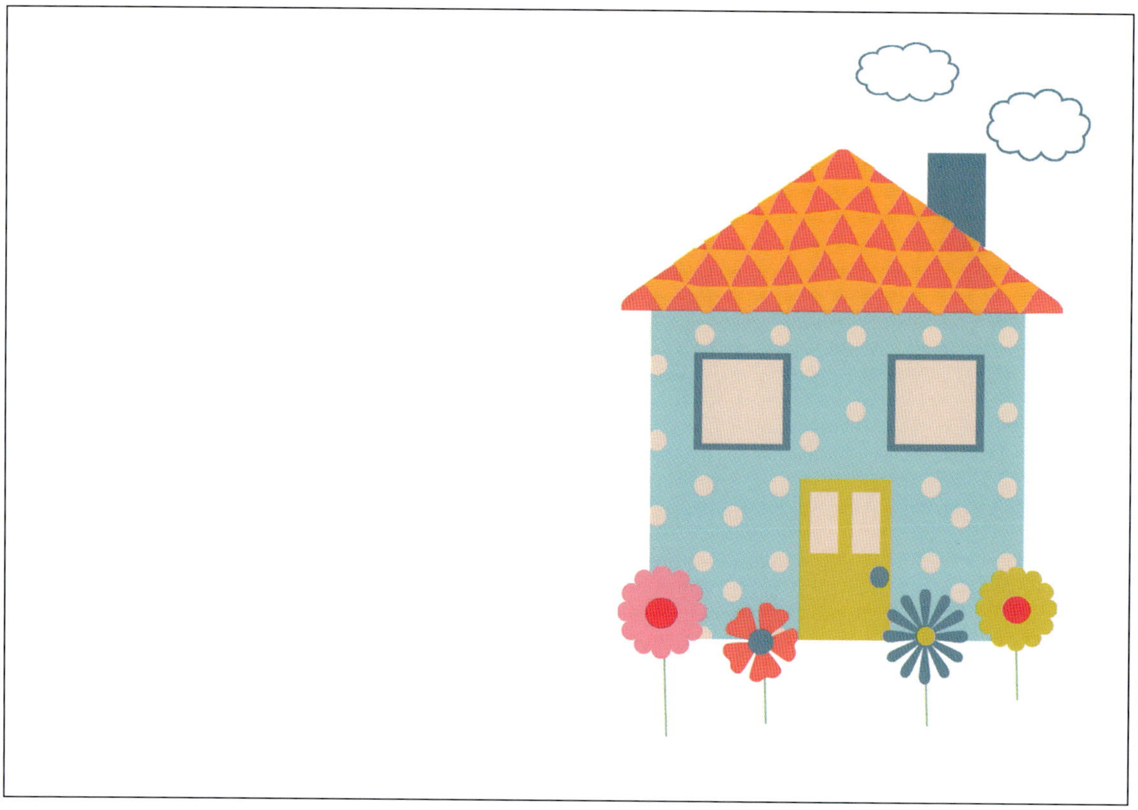

BESTICKTE GRUSSKARTEN (Seite 94), auf 200 % vergrößern

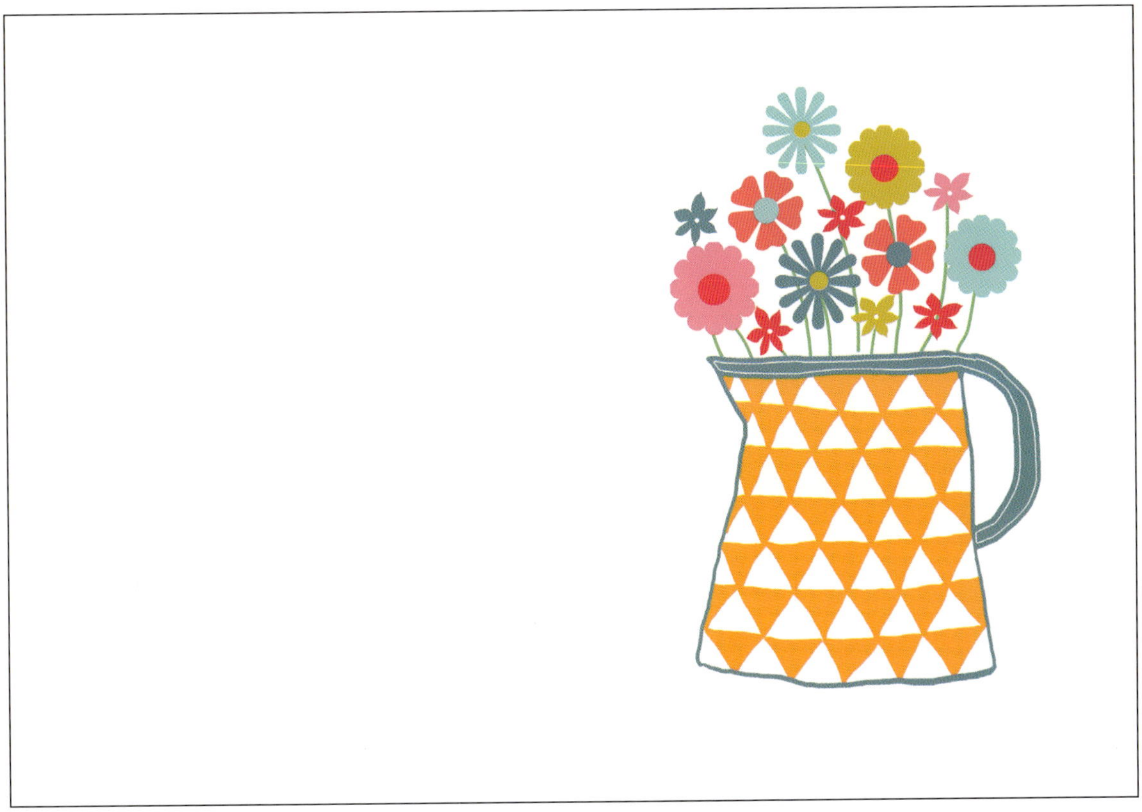

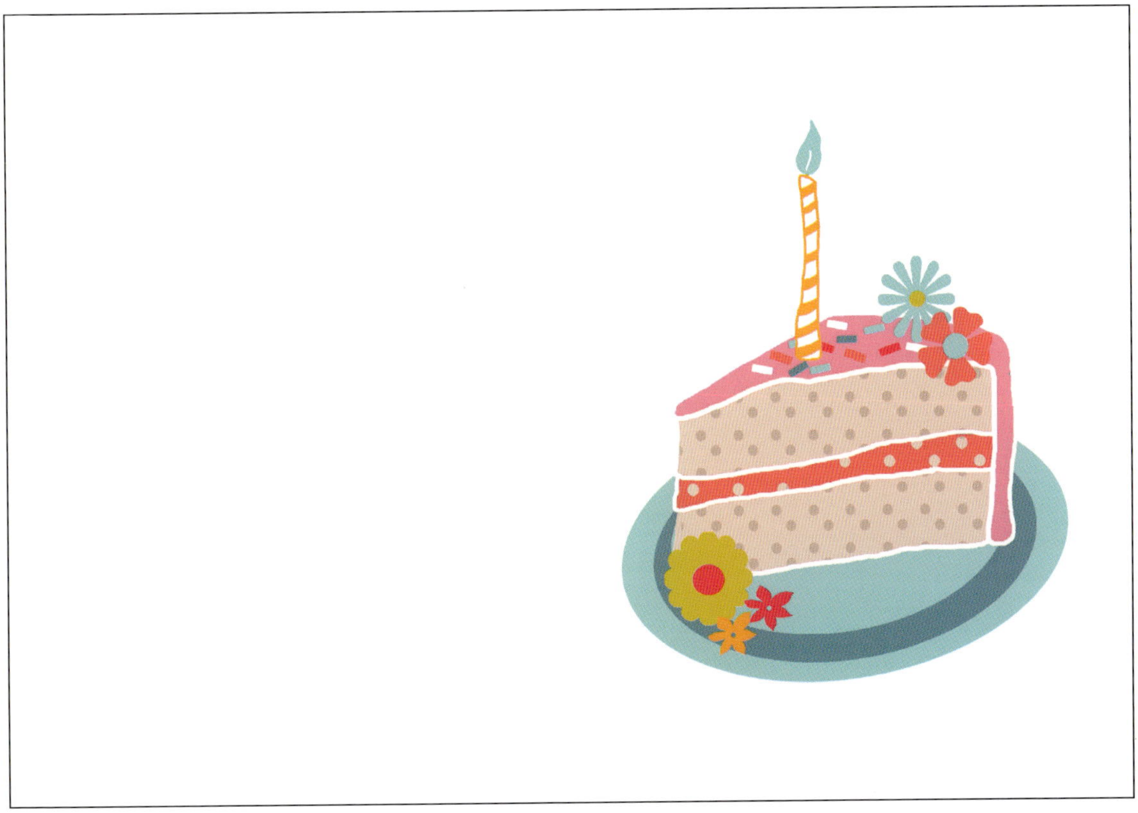

KISSEN MIT PFEILMUSTER (Seite 97)

Auf 200 % vergrößern

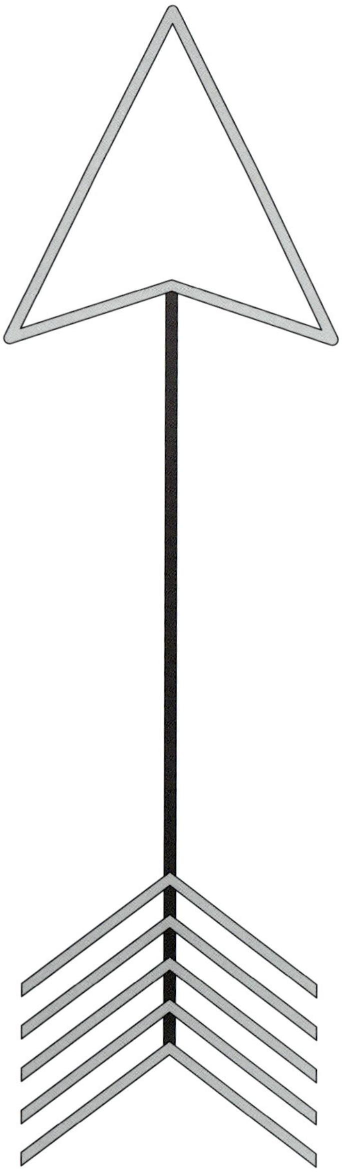

DEKO MIT HERZ (Seite 102)

Originalgröße

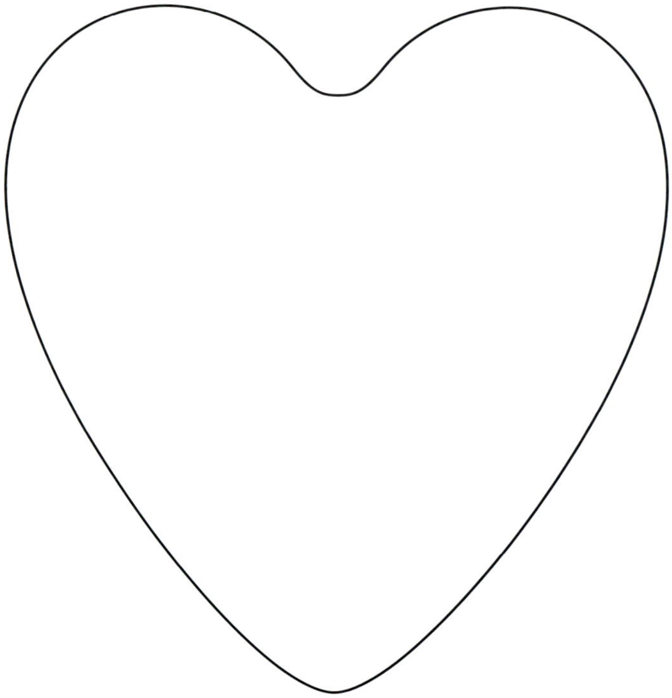

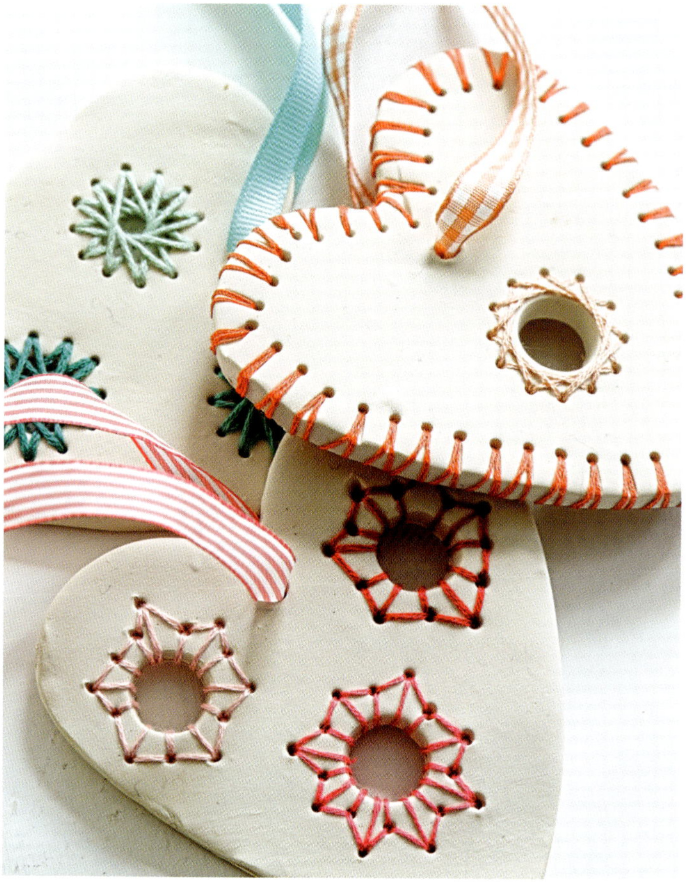

FADENBILDER ALS SCHLÜSSELANHÄNGER (Seite 110), Originalgröße

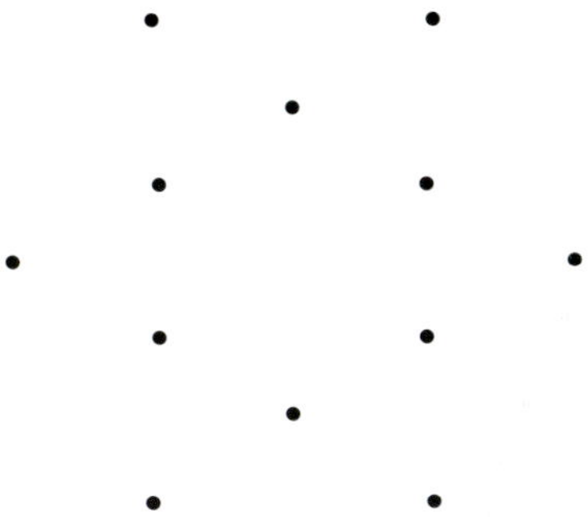

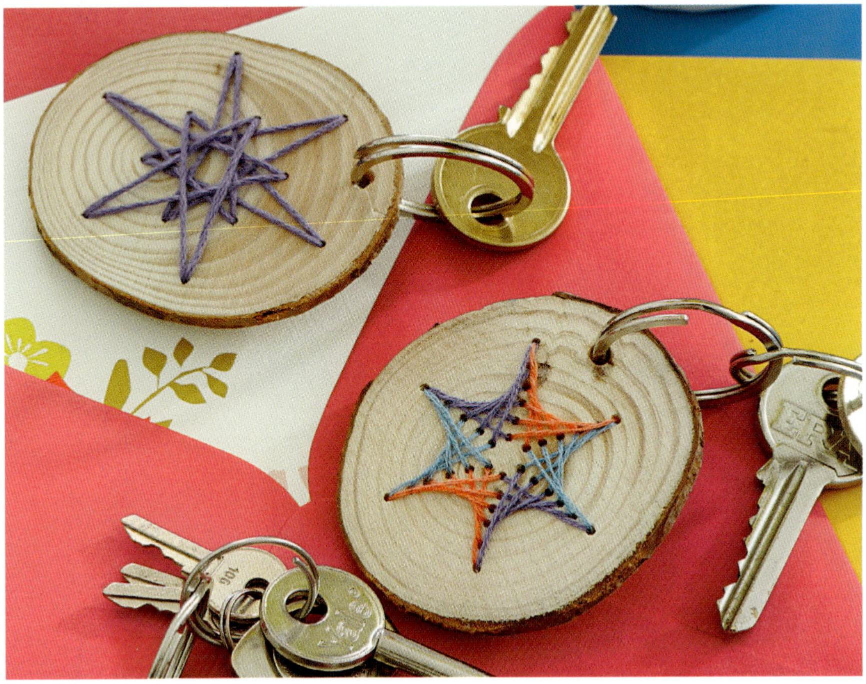

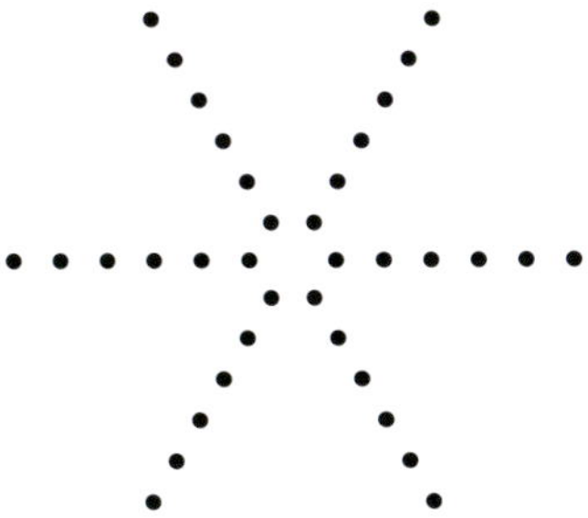

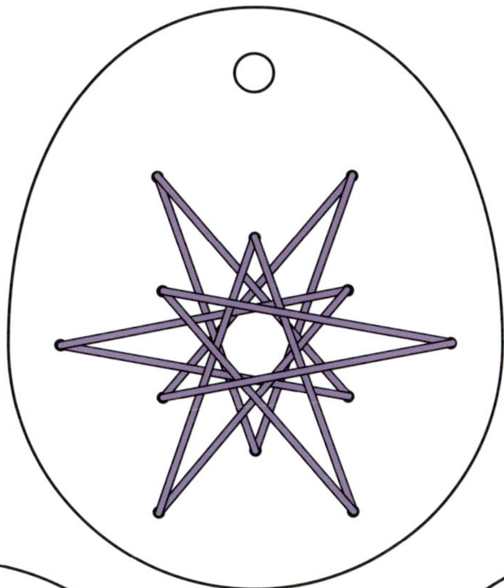

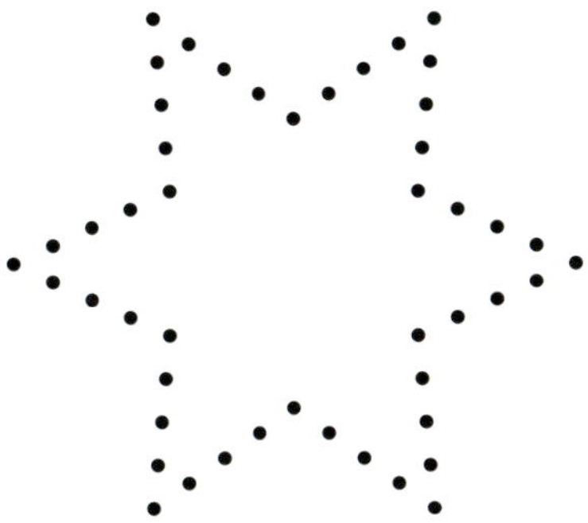

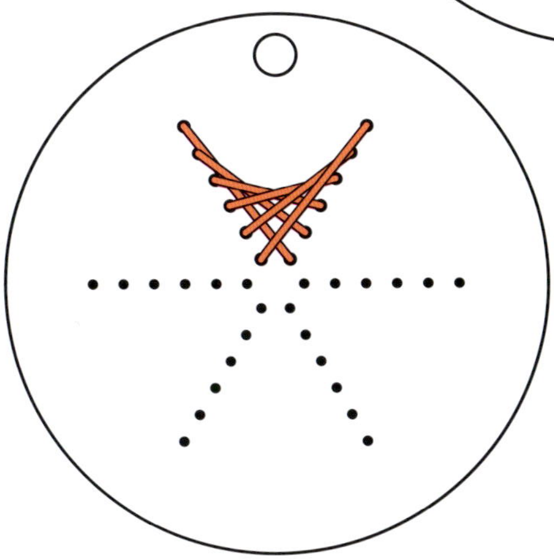

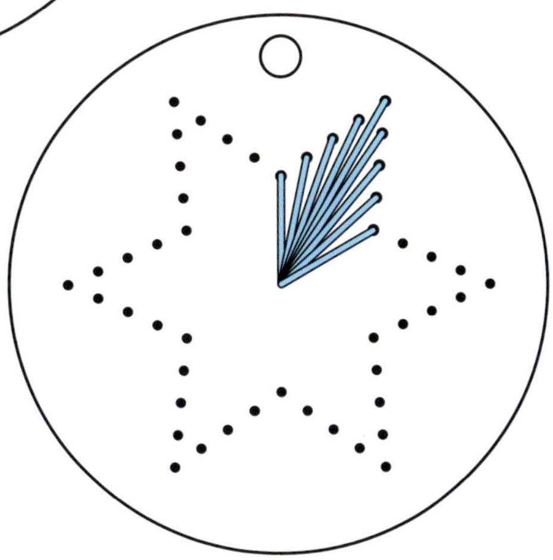

GESCHENKANHÄNGER DE LUXE (Seite 104)

Auf 200 % vergrößern

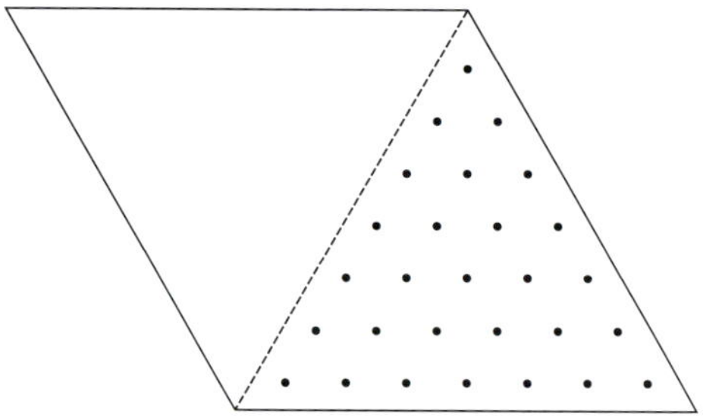

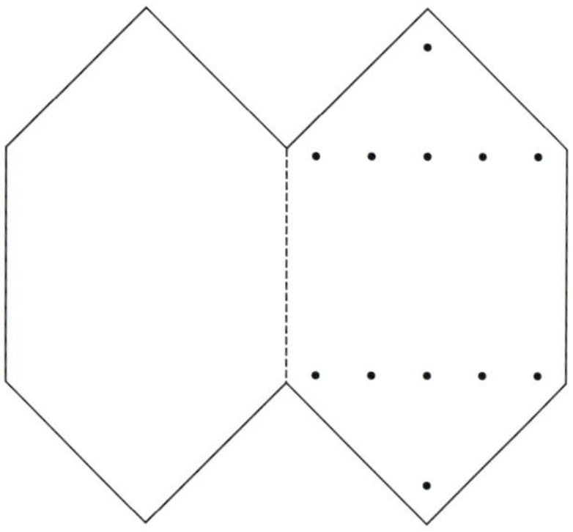

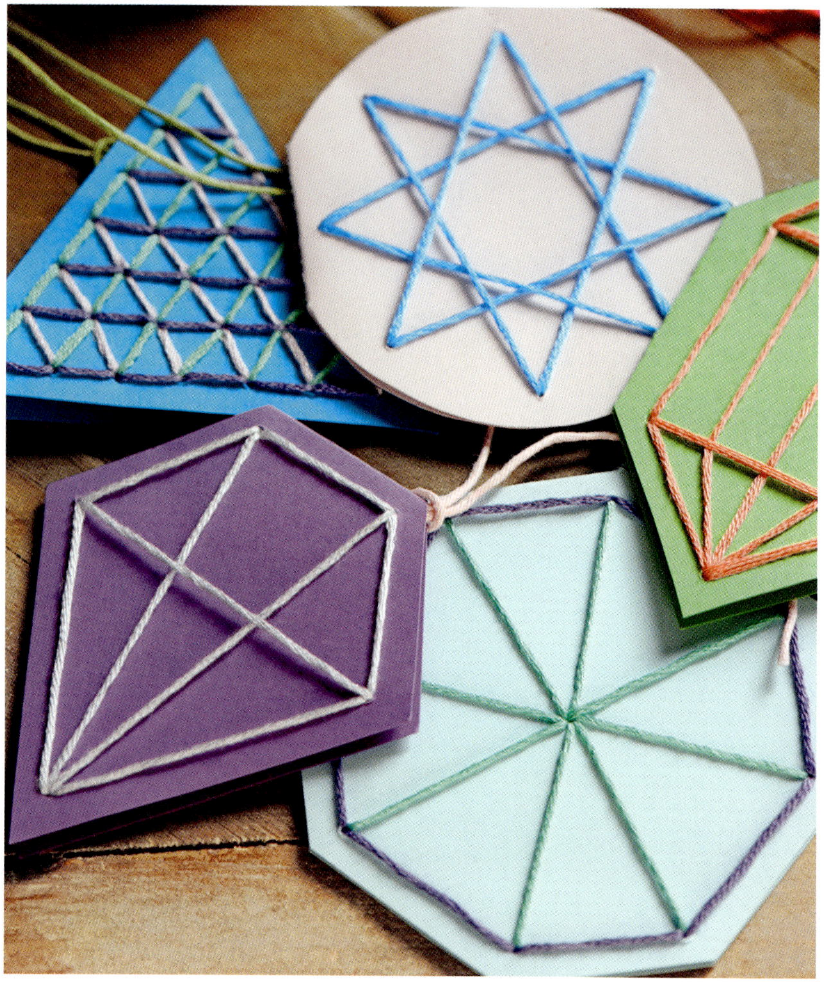

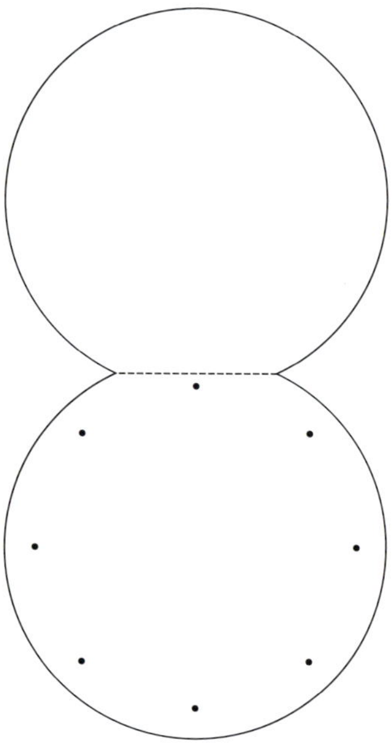

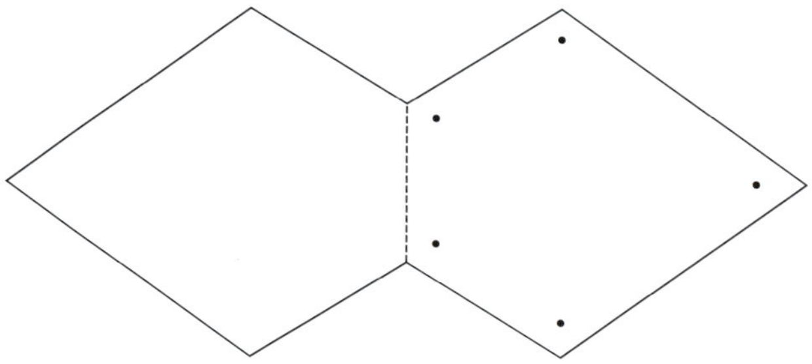

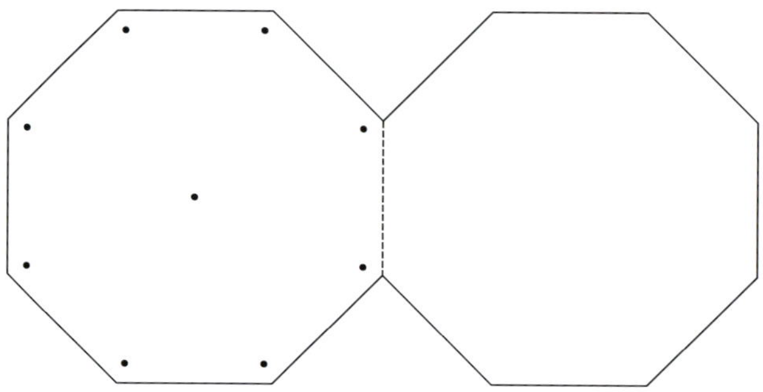

Bezugsquellen

DEUTSCHLAND

www.buttinette.com

www.wolle-roedel.com

www.handarbeitswaren.de

www.vbs-hobby.com

www.creativhorst.de

www.stickteufelchen.de

www.obi.de

www.hornbach.de

www.hagebau.de

www.ikea.com/de/de

ÖSTERREICH

www.junghanswolle.at

www.reginas-naehzubehoer.at

www.vbs-hobby.at

www.handarbeitsstube.at

www.wolldiskont.at

www.obi.at

www.hornbach.at

www.hagebau.at

www.ikea.com/at/de

DANKSAGUNG

Ein riesengroßes Dankeschön dem Team bei CICO – das Buch ist wunderbar gelungen, so wie man es von CICO-Büchern gewohnt ist. Fotos und Styling von höchster Qualität, informative Abbildungen und die hervorragende Redaktionsarbeit haben gemeinsam zu diesem schönen Erfolg beigetragen. Ich danke allen, die an diesem Buch mitgewirkt haben, vor allem Marie, Louise und Anna, mit denen ich fast täglich zusammengearbeitet habe.

Ich möchte auch meinem Mann und allen Familienmitgliedern danken, die mit ihrer Unterstützung das scheinbar Unmögliche möglich gemacht haben: Ein lebhafter Einjähriger wollte umsorgt sein – und das Buch wurde trotzdem fertig! Ohne Euch wäre es nicht zu schaffen gewesen.

Lucy Hopping

Stichwortverzeichnis